デューイの実験学校カリキュラムの研究

高浦勝義著

黎明書房

はしがき

　本書は，デューイ（John Dewey, 1859−1952）がシカゴ大学に附設した小学校（一般に実験学校，ないしデューイ実験学校と呼称さる）におけるカリキュラムを解明しようと意図したものである。

　わが国におけるデューイへの関心は高く，彼の最初の紹介は明治21年の元良勇次郎の「デューイ氏心理学」（『六号雑誌』に掲載）であったといわれている。その後もデューイ研究は継続され，上寺久雄[1]によれば，紀要，雑誌に発表された研究論文は，昭和34年7月現在で，実に計287（終戦前52，終戦後235）にのぼるという。

　しかし，このような中でも彼のカリキュラム研究となるとその数は非常に少なく（筆者の分析では287のうち僅かに14篇，うち13篇は第二次世界大戦後），その上，本書の課題であるシカゴ大学附属実験学校開設時のカリキュラム資料を使った研究となると皆無の状況であった。実は，筆者もデューイのカリキュラムの特質について吟味したことがあるが[2]，その論文といえども実験学校開設時のカリキュラム資料そのものを使ったものではなかった。

　こんなとき，筆者はシカゴ大学に出向き，当時の実験学校のカリキュラム資料そのものに直接接する機会に恵まれたのであった。

(1)　上寺久雄「日本に於けるデューイ研究目録」日本デューイ学会編『デューイ教育学の根本問題―デューイ誕生百年祭を記念して―』刀江書院，1961.
(2)　高浦勝義「デューイの実験学校カリキュラムの研究」日本デューイ学会『紀要』第14号，1973.

　このようにして出来上がった本書の構成について紹介すれば，先ず第1章では，本書の目的，意義，内容及び方法について論じている。

　中でも，本書で使っている資料について述べると，従来，デューイの実践

的側面を中心とするカリキュラム研究では主に『学校と社会』等が典拠とされてきた。しかし，この数年のうちに『大学広報』（University Record），『初等学校記録』（The Elementary School Record）等の実験学校当時の実践的資料の存在が明らかになり，新たな研究の成果が蓄積されつつある。本書は，これらのうちの『初等学校記録』を駆使することにしたものである。しかもこの資料に含まれる実験学校の各グループ別のカリキュラムの実際はこれまで紹介されることもなかったと思われ，全訳することにした。

　続く第2章では，「実験学校の開設とその歩み」と題し，実験室学校等いろいろな呼称のある中で，本書では「実験学校」ないし「デューイの実験学校」を正式名称とすることや，実験の意味と実験しようとした内容，そして実験学校の歩みとして，開設から終息までの場所，時期，子どもや教師の数，及び実験学校の発達の時期区分について明らかにしている。

　第3章は，「実験学校のカリキュラムを支える要因」と題し，実験学校のカリキュラムのあり方を左右すると思われる三つの要因を扱っている。一つは子ども集団が，当初の異年齢混合の編成から，やがて共通の能力に基づくほぼ年齢別に近い"グループ"別に編成されるようになったこと，二つ目は，子ども集団の変化につれ，教師集団も，当初の一人の教師が複数以上教科を担当するオール・ラウンド型から，それぞれの専門分野別のスペシャル型へと変化したこと，そして三つ目はこの学校の時間割の特質である。

　第4章では，実験学校のカリキュラムの実際を紹介，検討することにした。このため，まず，第1節から第9節までにおいては，資料とする『初等学校記録』の各グループ別（4歳〜13歳）のカリキュラムの実際を全訳しながら，検討することにした。そして，第10節は，中等教育期のカリキュラムについてと題し，14・15歳のカリキュラムを検討した。なお，この際，『初等学校記録』にはこの年齢のカリキュラムの報告はなされていないので，実験学校の教師であったメイヒューとエドワーズ両女史よりなる『デューイ・スクール』にみられるこの期のカリキュラムを取り出し，検討することにした。併せて，わが国におけるこの中等教育面の研究に訂正の必要のあることに言及している。

はしがき

　第5章では，このような実験学校にみられるカリキュラムを編成する際の原理として八つを取り出し，検討した。それらは，小型の社会としての学校のカリキュラムの編成，心理化されたカリキュラムの編成，生長・発達の過程に沿ったカリキュラムの編成，オキュペイションを中心とするカリキュラムの編成，カリキュラム編成における「相関」の原理，初等教育カリキュラムにおける歴史及び理科の意義，反省的思考を育てるカリキュラムの編成，カリキュラム編成における3R'sの処遇である。

　第6章では，「論文のまとめと課題」と題し，第1章から第5章までの本論文のまとめを改めてするとともに，わが国の学校教育への示唆として「心理化されたカリキュラム」の意義や生活科，総合的な学習の時間との関係，及び実験学校とその後のデューイ教育学の発展関係の究明の必要性といった課題を検討した。

　このような本書が，デューイ研究を志す研究者・学者はもとより，広くは教師をはじめとする学校関係者，行政関係者，その他教育研究者・学者等に愛読され，理論面・実践面両面において検討され追試されることを心より期待する次第である。

　最後に，黎明書房の武馬久仁裕社長には，今回もお世話になった。本書の企画から出版まで辛抱強く待ってくれるかたわら，終始暖かい言葉をかけて下さった。また，編集部の都築康予さんには編集の過程でいろいろとお世話になった。ここに記して，心よりお礼を申し上げる次第である。

　平成21（2009）年5月

高　浦　勝　義

目　　次

はしがき　*1*

第１章　研究の目的，意義，内容及び方法 ……………… *7*

第１節　研究の目的　*7*
第２節　研究の意義⑴－戦後日本の教育とＪ．デューイ　*8*
　　第１項　日本の戦後初期の教育とデューイ　*8*
　　第２項　戦後初期の日本の教育界にみられるデューイ受容の特質　*10*
　　第３項　わが国におけるデューイのカリキュラム研究の状況　*13*
　　第４項　日本デューイ学会の「紀要」にみられるデューイのカリキュラム研究の状況　*14*
　　第５項　日本におけるデューイの翻訳書，研究図書にみるカリキュラム研究の特質　*16*
第３節　研究の意義⑵－アメリカ合衆国におけるデューイのカリキュラム研究の動向－　*23*
第４節　論文構成の内容及び研究の方法・資料　*25*
　　第１項　論文構成の内容について　*25*
　　第２項　研究の方法・資料について　*26*

第２章　実験学校の開設とその歩み ……………… *45*

第１節　学校の名称について　*45*
第２節　実験の意味　*46*
第３節　実験学校で実験すべき内容　*49*

目　　次

　　　第1項　学校と生活との結合　50
　　　第2項　歴史と理科と芸術のたて直し　51
　　　第3項　読み・書き・算の，いわゆる3R'sの改善　53
　　　第4項　子どもへの個的対応　55
　　　第5項　自分の子どもたちの教育のため　56
　　第4節　実験学校の歩み　57

第3章　実験学校のカリキュラムを支える要因 ……………… 66

　　第1節　異年齢混合集団編成からグループ別集団編成へ　66
　　第2節　オール・ラウンド型教師からスペシャル型教師へ　70
　　第3節　時間割編成について　75

第4章　実験学校のカリキュラムの実際 ……………………… 81

　　第1節　グループⅠ・Ⅱ（4・5歳）のカリキュラム　81
　　第2節　グループⅢ（6歳）のカリキュラム　93
　　第3節　グループⅣ（7歳～7歳半）のカリキュラム－発明とオキュペイションに関する歴史的発展－　105
　　第4節　グループⅤ（7歳半～8歳）のカリキュラム　118
　　第5節　グループⅥ（8歳～8歳半）のカリキュラム　130
　　第6節　グループⅦ（9歳～12歳，平均10歳半）のカリキュラム　142
　　第7節　グループⅧ（11歳）のカリキュラム　155
　　第8節　グループⅨ（12歳）のカリキュラム　166
　　第9節　グループⅩ（13歳）のカリキュラム　179
　　第10節　中等教育期のカリキュラムについて　191
　　　第1項　実験学校における中等教育期のカリキュラムの特質　191
　　　第2項　先行研究にみられる中等教育期のカリキュラムの問題点　194

第5章　実験学校のカリキュラム編成の原理的特質 ……… *202*

第1節　小型の社会としての学校のカリキュラムの編成　*202*
第2節　心理化されたカリキュラムの編成　*206*
第3節　生長の過程に沿ったカリキュラムの編成　*211*
第4節　オキュペイションを中心とするカリキュラムの編成　*215*
第5節　カリキュラム編成における「相関」の原理　*220*
第6節　初等教育カリキュラムにおける歴史及び理科の意義　*225*
　第1項　歴史　*225*
　第2項　理科　*228*
第7節　反省的思考を育てるカリキュラムの編成　*231*
第8節　カリキュラム編成における3R'sの処遇　*234*

第6章　研究のまとめと課題 ……………………………… *241*

第1節　研究のまとめ　*241*
第2節　わが国の学校教育への示唆　*246*
　第1項　「心理化されたカリキュラムの編成」の必要性　*246*
　第2項　オキュペイションと生活科→総合的な学習の時間との関係
　　　　　248
第3節　実験学校とその後のデューイ教育学の発展　*252*
　第1項　実験学校の意義と課題　*252*
　第2項　実験学校後のデューイ教育学の発展　*254*

あとがき　*259*

第1章　研究の目的，意義，内容及び方法

第1節　研究の目的

　本論文は明星大学人文学研究科に提出の博士論文である。
　本論文のタイトルは「ジョン・デューイの実験学校カリキュラムの研究」である。
　周知のように，ジョン・デューイ（John Dewey, 1859-1952）は，1894年7月，35歳の時に，ミシガン大学よりシカゴ大学に転任した。シカゴ大学はデューイの転任の僅か2年前の1892年に，大学院大学として開校した大学であった。このため，そこの哲学科自体も新設であった。そして，その学科は，当時のアメリカの大学では例のなかった教育学科を併せた学科であり，そこの学科（＝哲学・教育学科）の主任として招聘されたのであった。初代の学長はハーパー（William Rainy Harper）であり，このような大学院大学の哲学科に教育学科を組み込むという構想を練っていたのである。
　この転任の意義について，大浦氏は「結果論的に言えば，デューイのシカゴへの転任そのものが，彼の実験主義哲学をいっそう洗練させると共に，特にそれを教育学中心の（すくなくとも，教育に焦点を置いた）思想体系として展開させたもの，と言うことができる。」[1]という。すなわち，デューイにとっては，新たに仕上げた実験主義を"教育"という場において新たに展開させる（＝実験的教育思想の展開）という，それこそ実験的な大きな出来事であったといえよう。
　このようなデューイが，僅か2年後の1896年1月に「実験学校」を開設したわけである。
　タナー（Laurel N. Tanner）によれば，デューイのそれまでの教育に関す

る出版物といえば，ほとんどなく，あるものといえば自分が学位を取る前に教えていた主に高等学校に関係するものであった。そして，1895年には，マクレラン（James McLellan）との共著『数の心理学と算数を教える方法へのその適用』（The psychology of number and its application to methods of teaching arithmetic），及び子どもの発達の教育への適用を扱った論文「教育へ適用した児童研究の成果」（The results of child study to education）を出したくらいである。同年秋には，遂に公には出版はされなかったが，実験学校のためのプランである「大学附属初等学校の組織案」（Plan of organization of the university primary school）を書いたくらいであったという[2]。教育に関する論文や提言が少ない上での船出である。このため，彼にはよほど心に暖めていた教育への思いがあったものと想像される。

　このようなデューイが，1896年1月にシカゴ大学に附属の実験学校（＝初等学校）を開設したのであった。そして，これを契機に，大学の改革や大学院生への業務はもとより，実験学校の実践及び教師との会議等，そして論文や著書の執筆等，多忙な大学教授生活を送ることになったのである。

　本論文「ジョン・デューイの実験学校カリキュラムの研究」は，デューイがシカゴ大学に附属の実験学校を開設した1896年1月から，彼がはからずもシカゴ大学をやめることになった1904年6月までの8ヵ年ちょっとの間を視野に入れ，そこでのカリキュラムの実際的な特質やその編成原理等を解明することを目的にしたものである。

第2節　研究の意義(1)　―戦後日本の教育とJ.デューイ―

第1項　日本の戦後初期の教育とデューイ

　船山の『戦後日本教育論争史―戦後教育思想の展望―』[3]の「第二部　教育本質論」の「第二章　経験主義教育論争―プラグマティズム批判」，及び『続戦後日本教育論争史』[4]の「第四部　教育内容論」の「第九章　カリキュラム論争」，「第五部　教育方法論」の「第十三章　問題解決学習論争」をみれ

第1章　研究の目的，意義，内容及び方法

ば，第二次大戦後から1957（昭32）年くらいまでの日本は，その理論界及び実践界において，あたかもデューイを輸入し，やがてそれを批判し，乗り越えることにその主眼があったかのようである。

たとえば「戦後は，アメリカ教育学が主流となり，一瞬にして流行の寵児とさえなった。」[5]と要約している。その中をみると，アメリカ教育学の典型を"経験主義教育"としておさえ，そして論争を，「1　経験主義教育論の移入」→「2　経験主義教育の功罪論議」→「3　相対主義教育論争」→「4　プラグマティズム教育の批判」→「5　デューイ教育学の批判」という項目のもとに整理している。そして，いずれの項目においても——各識者間の主張を紹介し整理しているわけであるが——，"デューイ教育学，デューイ，デューイ教育哲学，デューイの理論，デューイの経験主義，デューイの相対主義，デューイ思想，デューイ哲学"等の言葉が共通して認められるのである。

あるいは，船山によれば，もっと直接的に，「末吉氏は，戦後日本の教育に決定的な影響をあたえたものがアメリカの占領政策であり，その教育理論とくにデューイの経験主義だという。」[6]のである。

そして，各論争を通して，デューイの認識論では"客観的知識体系ないし真理の客観性"を無視ないし軽視するという点が共通していたのである。たとえば，「森氏は，デューイの認識論では，主体の『経験体系』の発展ということが重視されて，経験を『知識体系』として蓄積的に組織する面が十分考慮されていない」[7]——「経験主義が，もしも『歴史的実在や個人にたいする先行性と超越性の立場に立つならば』『指導性の後退』という病理現象は是正されよう。」[8]——「デューイは，事実・法則・知識などを，外部から提示すること一般に，反対している。このことはかれの認識論と切りはなしては考えられない。すなわちそれぞれの個人に有用な知識だけが真の知識であると考え，個人の主観をはなれた客観的真理の存在や客観的世界が人間の意識に先行することをみとめないからである。」[9]といったように。

このようないうなれば客観的知識を認めない——何を経験させるか（教えるか）という内容の先在性を認めないことが経験主義教育＝デューイ教育学

9

の根本的な誤りであるといったデューイ批判は，実は「第四部　教育内容論」[10]や「第五部　教育方法論」[11]にみられる各論争の背景の一部をなしていたように思われる。

　たとえば広岡の「牧歌的なカリキュラムの自己批判」[12]といったコア連盟内部の自己批判，あるいはコア・カリキュラムか教科カリキュラムかが大きな問題となっていたときの梅根らの『二つのカリキュラム』[13]，桑原―馬場をはじめとする問題解決学習か系統学習かの論争などはその典型であるといえよう。

　このような「教育論争史」を省みるとき，そこには，一方では，デューイの認識論ないし知識論からはカリキュラムを編成することは難しい，もっといえばデューイにはカリキュラムがなかったのではないかといった整理がある。そして他方では，カリキュラムというと，それは教科カリキュラム，もっといえば人類の文化遺産たる客観的知識より構成されるもので，それ以外から構成されることはない。こんな特質があるように思われる。同時に，私には，前述の「論争史」はいわば各識者の間の論争を扱っており，デューイの理論ないし考え方そのものの特質なり限界を扱うことが必ずしも主題ではなかった。あるいは論争における功罪とデューイ解釈とは必ずしも一致しないといった憾みがあるように思われる。

　ところが，よく知られるように，デューイは，1896年から1904年まで，シカゴでいわゆる実験学校を開設し，運営したわけである。しかし，これらの論争においてこの実験学校関係の諸資料が使われたか否かは不明である。もっといえば，そこでのカリキュラムが紹介されたり，あるいはそれが使われた形跡すらない。このことから考えても，はたしてデューイにはカリキュラム論がなかったとか，彼は学校で知識を教えることはなかったなどと評することはできないと思うのである。

第2項　戦後初期の日本の教育界にみられるデューイ受容の特質

　ところで，筆者は戦後のわが国におけるデューイ思想の受容の特質について今一歩つっこんだ検討をしたいと考えたことがある。すなわち，戦後のわ

第1章　研究の目的，意義，内容及び方法

が国においてデューイはどこまで輸入されたのであろうか。彼の思想のどんな特質が受容されたか。真に彼の思想は受容されたといえるか，について検討したことがある。

そして，その結果として，筆者は「戦後初期『社会科』と J. デューイ」[14]及び「コア・カリキュラム連盟の『三層四領域』論と J. デューイ」[15]を公にすることができた。

その要点をここで再説すれば，前者においては，①わが国における戦後初の社会科の昭和22（1947）年版（試案）は，1943年版の『ヴァージニア初等学校学習主導要領　1—7学年』を種本とし翻案したと考えること，②しかし，デューイ思想との関連が認められるのは，その初版たる1934年版であること，③その起草に当たった原理委員会によるカリキュラム編成の一般原理とデューイとの関連性を検討すると，六つの原理のうち，一見すると原理1，2，4，5は3，6と比べデューイ的ではあるが，しかしその意味内容を子細に検討すると，V.N.Kobayashi とは異なり，デューイ的なものからはかなり隔たったものとなっていること，④ヴァージニア・プランではカリキュラム編成法として「社会機能法」なる手法をとっているが，それらはデューイの実験学校でみられる「木工，料理，裁縫」を三典型とし，それとの関係における諸教科の徐々なる独立学習といったカリキュラムとは異なったものであること，⑤学習指導法として採用された「科学的方法」―「問題解決法」としての「問題の意識」→「提案された解決策」→「諸資料の収集と推敲」→「解決策の検証」はデューイの反省的思考そのものに近似した特質を持っていること，⑥昭和22年版社会科は1943年版ヴァージニア案を翻訳した形であるが，しかし，ヴァージニアではコア・カリキュラムとして作られたカリキュラムが，わが国では「社会科」としてその都合のよい部分のみが翻訳され（実際，教科の内容を関連的に扱った中心的な章はカット），したがってむしろ"翻案"されたと考えること，⑦昭和26年版社会科編には「単元とは問題解決活動のひとまとまり」という規定がなされており，この点はヴァージニア・プランの1934年版，1943年版のいずれにもない，日本的な特色であること，に言及した。

つまり，戦後の社会科は，ヴァージニア・プランと同様，問題解決という認識的特性に着目した点はデューイ的ではあったが，その他カリキュラム編成原理や教育目的等に関してはそうではなかったことを指摘したのであった。

　他方，後者においては，①「三層四領域」のうち，いかにという「三層」に関しては，梅根も森も「活動的作業」→「観念や事実の同化」→「科学的洞察」というデューイの『民主主義と教育』の第14章「教材の本質」部分に注目している点はデューイ的であること，②何をという「四領域」に関しては，梅根によれば，むしろ「スペンサーの分類にやや近いもの」であり，デューイのように，学校を民主的な社会実現のために単純化，純化，調和化した小型の社会と考えることに批判的であったこと，③「三層」のうちの三層めはやがて「独立系統課程（基礎課程）」と整理され，デューイ流の経験（「生活実践」と「生活拡充」）と齟齬を起こすことになり，ついには梅根も三層の根拠をデューイからドゥンカーに求めるようになること，④問題解決論争の中で，連盟は日本社会の根本問題を解決するための客観的知識を必要とするという立場から反論する，⑤連盟は，指導方法としてのデューイの反省的思考（＝問題解決学習）には着目するが，目的―内容的にはあくまでも日本社会の基本問題の解決をめざすことに落ちついたこと，を解明したのであった。

　両論文を通して，戦後のわが国に華々しく輸入され，実践され，あるいは研究されたデューイではあったが，結局は，教育法方面においてその反省的思考面が問題解決学習として注目されたが，他面目的，内容面においては軽視，ないし無視されたということができよう。もっとも，「単元」を「問題解決活動のひとまとまり」としたり，あるいは，かってコア連盟において「三層」を，単に方法のみならず，内容の組織だての原理とするといった特質がみられたりはしたが。

　そして，いずれにせよ，デューイのカリキュラム論，とりわけ彼がシカゴで開設し，運営した実験学校のカリキュラムの特質やその編成原理が注目されたり，それが輸入ないし紹介されることはなかったのである。

第1章　研究の目的，意義，内容及び方法

第3項　わが国におけるデューイのカリキュラム研究の状況

　わが国におけるデューイに関する研究状況を整理したものとして，たとえば，上寺の「日本に於けるデューイ研究目録」[16]や森の『日本におけるジョン・デューイ思想研究の整理』[17]などがある。

　このうち，前者は，昭和20年代以降から昭和34年7月までの時点におけるわが国のデューイ研究の特色を，「翻訳書」「研究書」「研究論文」（紀要，雑誌に発表されたもの）などの別に分類，整理している。ちなみに，元良勇次郎による明治21年の「デューイ氏心理学」という論文が『六号雑誌』に掲載されたのがわが国における最初のものであったといわれている。後者は，わが国におけるデューイ研究の特質を，その開始から（前者と同様の時代）平成2（1990）年までの文献目録によって，すなわち「翻訳書」「翻訳論文」「解説・研究書」「研究論文」などの別に分類・整理している。両者を通して，わが国におけるデューイ研究の特色のほぼ全貌を掴むことが可能である。

　今，前者の「研究論文」（紀要，雑誌に発表されたもの）によって，わが国におけるデューイ研究の特質をみると，昭和34年7月現在まで，実に計287（終戦前52，終戦後235）という多くの研究がリストされている。

　この計287篇のうち，デューイのカリキュラムに言及したと判断されるものは比較的少なく，筆者の分析では僅か14篇にすぎない[18]。しかも，そのうち13篇が第二次大戦後におけるものである。中でも，直接，実験学校やデューイのカリキュラムと銘打ったもの5件（杉浦，虎竹，倉澤（2件），大津の論文）を調べると，それぞれに貴重ではあるが，本論で意図しているような問題意識なり研究資料，すなわちシカゴ大学附属実験学校の開設当時の各グループ別のカリキュラムを解明したり，そのために必要な当時の実践的資料を使ったものはない。

　他方，後者（＝森）の中で扱われているうち，前者は，既述のように，昭和34年7月までの「研究論文」が扱われていたので，先ず，その後の昭和34（1959）年8月から昭和35（1960）年までの「研究論文」をみると，──第一部第二章第四節は「日本におけるデューイ文献目録（一九六〇年まで）」

13

となっている——，計34篇がリストされている。しかし，これらの中で，シカゴの実験学校やデューイのカリキュラムについての論考は，筆者の分析では該当なしであった。

　その後，後者は，「第一部第三章　日本におけるデューイ文献目録（一九六一年から一九九〇年まで）」において，日本におけるデューイ研究の特質を分析・検討している。そして，「翻訳書」「翻訳論文」「解説・研究書」「研究論文」「関連研究書」「関連研究論文」のうちの「研究論文」では，この間に，実に計866篇という多くのデューイ研究がリストされている。

　その中でも，シカゴの実験学校やデューイのカリキュラムの特質を扱ったものをみると，計24篇をあげることができる[19]。中でも，直接シカゴの実験学校や彼のカリキュラムと銘打った研究は8件（井上，松村，三浦，杉浦，市村，森田（2件），倉澤）である。それらをみると，それぞれに各種の資料を駆使しての研究がなされているが，概してそれらは理論的，ないし哲学的である。反面，デューイがシカゴ大学に開設した実験学校における実践的な資料を駆使しながら，その実際的な特質やそのようなカリキュラムの編成の原理を解明しようとする研究はみられない。

　なお，日本デューイ学会紀要に掲載の論文は別に言及することにしているので，ここでは省略することにする。

第4項　日本デューイ学会の「紀要」にみられるデューイのカリキュラム研究の状況

　それでは，日本デューイ学会の紀要の場合ではどうであろうか。どのような研究の特質なり研究状況がみられるであろうか。

　「日本デューイ学会」は昭和32（1957）年4月1日に発足した。そして，同学会は『日本デューイ学会紀要』を出版している。第1号は1960年11月15日に出版され，以後毎年一回のわりで出版され，2007年10月1日には第48号となっている。今，この「紀要」をデューイのカリキュラム研究という点に焦点化して検討するとき，はたして彼のカリキュラム研究に関してどんな研究上の特質がみられるであろうか。シカゴの実験学校におけるカリキュラム

第1章　研究の目的，意義，内容及び方法

研究の状況はどのように扱われているだろうか。

　これらの点について検討すると，たとえば齋藤は「……教育課程にかんする研究はそれほど進んでいない現状にある。……これは，デューイ学会でのカリキュラム研究の発表を概観しても言えることである。デューイの主張する教育課程編成の原理とデューイ・スクール（一八九六～一九〇三）の実際の教育課程編成との比較研究や，それぞれについての本格的な研究はまだみられないといっても，言い過ぎではないであろう。」[20]という指摘をしている。この齋藤の指摘は，実は，1993（平成5）年の同学会のシンポジューム「いま学校に求められるもの」においてなされたものである。そして，この場で，デューイのカリキュラム研究なり，実験学校カリキュラムの研究は学会においてもそれほど取り組まれて来ていない，本格的な研究はこれからだ，といった評をしているのである。

　筆者も，それなりにいろいろと調べてみたが，なるほど齋藤のいわれるような状況にあることが分かった。すなわち，それまでのデューイのカリキュラムに関する研究といえば，たとえば直接的なものとしては，吉本，松村，高浦，杉浦らの論文[21]を挙げることができるくらいで，極めて少ない。また，取り扱っている資料としては，デューイが1896年から運営したシカゴ実験学校における資料そのものを使っている研究は皆無である。その他としても，カリキュラム論に焦点化しながらデューイとブルーナー等を扱ったり，あるいはデューイの学校論や幼児教育論を扱った論考を数えることができるくらいである。

　そして，このようなデューイのカリキュラム研究の状況なり傾向は，その後2000（平成12）年くらいまで続く。すなわち，この間においても，たとえばデューイの教材論，職業教育論，幼児教育論を扱う論文が数点登場するくらいである。

　ところが，このような研究状況が1999年ないし2000年くらいから一転し，デューイのカリキュラム研究における新たな，いうなれば第二期たる時代が到来する。すなわち，これ以後，カリキュラムに関するデューイの主張，あるいはシカゴ大学の実験学校関係の実践に関わる諸資料を使ったカリキュラ

ム研究，ないし実験学校研究等が登場するようになるのである。

　すなわち，既述のように，筆者は，デューイ実験学校のカリキュラム研究を志して，同名の論文を日本デューイ学会「紀要」第14号に寄稿したのは1973年9月のことであった。そして，そこでは『大学附属小学校組織案』や『学校と社会』，J. J. フィンドレイの『学校と子ども』(1907)――デューイの『子どもとカリキュラム』及び9分冊より成る『初等学校記録』の中におけるデューイの論文の再録――やワースの『教師としてのジョン・デューイ』(1966) 等を参考にしながら，実験学校におけるカリキュラムの特質やその編成原理を解明しようとした。いわば，実験学校の様子を収めた理論的な文献を基に研究するものであった。ところが，最近になって，たとえば小柳[22]，千賀・高橋[23]，伊藤[24]，森[25]らの研究を挙げることができるように，実験学校開設当時の実践的資料を基に，実験学校のカリキュラムの特質やその運営等に関する論文が増えたのである。

　本論文は，デューイが1896年から1904年まで開設し，運営した実験学校のカリキュラムの研究を明らかにすることを目的にしている。このため，当然，実験学校の様子，とりわけカリキュラムに関する当時の実践資料も動員することになる。

第5項　日本におけるデューイの翻訳書，研究図書にみるカリキュラム研究の特質

＜デューイの著書の翻訳＞

　デューイ自身がシカゴに開設した実験学校の実践の特質を扱った彼自身の著作物で，日本語に翻訳されたものとして[26]，次のものをあげることができる。

　『学校と社会』，そして実験学校の成果を理論的に体系化したものとされる『民主主義と教育』の翻訳が回数多く出され，また，多くの人によって翻訳されていることが分かる。中でも，さすがに『学校と社会』の方が翻訳の時期がやや早いが，昭和以降はむしろ『民主主義と教育』の方が翻訳の時期と回数が多くなっている。その他，実験学校開設期に出された『子どもとカリ

キュラム』『私の教育学的信条』等も翻訳が手がけられている。いうなれば実験学校の＜理論的な成果＞を収めたデューイの著述は，わが国では関心が高かったと考えられるのである。

　ついでにいえば，近年では，デューイ著作集（初期5巻，中期15巻，後期17巻，全37巻）が南イリノイ大学出版部から出されている。本書の翻訳は出ていないが，デューイ研究者はもとより，研究者・学者を中心に愛読されているのは，わが国におけるデューイへの研究関心の高さを物語っているといえよう。

○『学校と社会』
　・上野陽一『学校と社会』明治34（1901）年
　・文部省（馬場是一郎）『学校と社会』日本書籍株式会社，明治38（1905）年
　・田制佐重『学校と社会』文教書院，大正14（1925）年
　・頼順生『デューイ「学校と社会」』世界教育文庫刊行会，昭和10（1935）年
　・宮原誠一『学校と社会』春秋社，昭和24（1949）年
　・同上『学校と社会』岩波文庫，昭和32（1957）年
　・毛利陽太郎『学校と社会』明治図書，昭和60（1985）年
　・市村尚久『学校と社会・子どもとカリキュラム』講談社，平成10（1998）年

○『子どもとカリキュラム』
　・杉浦宏『児童とカリキュラム』関書院，昭和42（1967）年
　・市村尚久『学校と社会・子どもとカリキュラム』講談社，平成10（1998）年

○『私の教育学的信条』
　・原田実『経験と教育』春秋社，昭和31（1956）年
　　＊本翻訳の中に，児玉三夫訳として収められている。
　・大浦猛編，遠藤昭彦・佐藤三郎訳『実験学校の理論』明治図書，昭和52（1977）年

＊本翻訳の中の「Ⅰ　実験学校の根底にある一般的な教育理論の一つと
　　　して―私の教育学的信条」が収められている。
○『民主主義と教育』
　・田制佐重（抄訳解説）『民本主義の教育』隆文館，大正7（1918）年
　・帆足理一郎『教育哲学概論―民本主義と教育―』絡陽堂，大正8（1919）
　　年
　・同上『教育哲学概論』新生堂，大正13（1924）年
　・田制佐重『民主主義と教育』春秋社，昭和2（1927）年
　・帆足理一郎『教育哲学概論』新生堂，昭和4（1929）年
　・同上『民主主義と教育』春秋社，昭和23（1948）年
　・同上『民主主義と教育』玉川大学出版部，昭和30（1955）年
　・松野安男『民主主義と教育』岩波文庫，昭和50（1975）年
　・金丸弘幸『民主主義と教育』玉川大学出版部，昭和59（1984）年
○下記の翻訳は，1894年から1900年までの間に発表した文章の中から，編者
　の大浦氏が16篇を選び，その翻訳集として出版したものである。
　・大浦猛編，遠藤昭彦・佐藤三郎訳『実験学校の理論』明治図書，昭和52
　　（1977）年

＜デューイのカリキュラムに関する研究図書＞

　次に，デューイのカリキュラム研究に関連すると思われる研究図書の中から，そのいくつかについて，やや詳しく，しかも本論文の意図に沿って紹介・検討すれば，以下のような特質が認められるように思われる。
　①　杉浦宏『デューイ教育思想の研究』刀江書院，昭和37（1962）年
　杉浦は，本書の「1」を「デューイ・スクールの理念と史的意義」（pp.9-44）と題して，デューイがシカゴ大学に開設した実験学校に関する研究成果を発表している。
　その成果をみると，ラッグ（Harold Rugg）の『アメリカ教育の基礎』（1947）に拠りながら，いわば理論的な関心事としてデューイ・スクールの特質を整理しようとされている。たとえば，シカゴの教育実験は強力な心理学的理論

第 1 章　研究の目的，意義，内容及び方法

によって建設された（p.21）とか，あるいはデューイによれば教育は成長を意味するし，この成長を如何なる意味に解釈するかの実験がデューイ・スクールの任務であった――成長の段階を次のように三分類した（p.27）といったように。

　このため，実験学校の実践的資料をベースにしながら，その歩みやカリキュラム等の特質を解明しようとする実証的な研究ではないように思われる。また，実験学校関係資料としてメイヒューとエドワーズの『デューイ・スクール』を使っているが，それもラッグの本に収められているものに拠っている。その他の実験学校関係資料への言及はみられない。

　②　大浦猛『実験主義教育思想の形成過程―デューイにおける初期教育思想の形成―』刀江書院，昭和40（1965）年

　大浦は，実験学校初期（1989年秋）及び後期（1898年10月の秋～1903年）とし，力点を実験学校前期に，いわば『学校と社会』の前までの思想形成の過程を重視し，その教育的特質を"理論的に"明らかにするところに主眼がある。このため，実験学校の記録としての実践報告や，年齢別のカリキュラムの特質に関する分析・検討はない。

　③　上寺久雄『現代教育の課題―デューイ教育学の再評価―』教育タイムス社，昭和41（1966）年

　第一章第三節に「実験学校の目的と課題」と題する部分がある。そして，論者は，目的と課題について，主にデューイが実験学校開設３年後に行った講演より成る『学校と社会』（1899）を基に，「心的活動ならびに心的過程の諸原理」による児童の教育の検討という理論的課題（＝過去と現代の心理学の対決）をもっていたこと及び，実践的側面として四つの具体的課題（本論文でも第２章第３節において言及している）を果たそうとしていたこと，をそれぞれ紹介している。

　しかし，理論的関心と実践的側面との関係が必ずしも明瞭でなかったり，あるいは論述において実験学校そのものの実践記録が使われているわけではなく，また，その存在についての記述もなされていない。

　④　牧野宇一郎『デューイ教育観の研究』風間書房，昭和52（1977）年

19

本書は,『デューイの真理観の研究』『デューイ価値観の研究』と合わせ, 著者のデューイ研究3部作をなすものである。デューイの教育観に賛意を評し, 彼の教育観の詳細を展開している。そして, 中に, 彼の初等段階, 中等段階及び高等教育期の教育・カリキュラムの特質の分析・検討がみられる。
　しかし, 筆者は, 後に明らかにされるように, デューイの中等教育カリキュラムに関する牧野の指摘なり主張には一部変更の必要性があると考えている。
　⑤　杉浦美朗『デューイにおける活動的な諸仕事の研究』風間書房, 昭和56（1981）年
　本書は, そのタイトルに表れているように,「一『活動的な諸仕事』と学校教育」（デューイの「活動的な諸仕事」(active occupation)の教育的意義, それを学校教育内容の中核として導入することの意義やその考え方, 活動的な諸仕事とは何か, 遊戯（play）と作業（work）との関係),「二『活動的な諸仕事』と教育課程」(諸教科の相関の基礎としての活動的な諸仕事の導入, 活動的な諸仕事と言語, 数・算, 理科, 歴史, 地理, 活動的な諸仕事を相関の基礎とするより形式的な諸教科をもって編成する小学校の教育課程の具体的な姿（＝単元学習――筆者注））が扱われている。
　そして, 論究において実験学校関係の実践的資料（Early Works, Middle Works 掲載の）が使われている。しかし, 実験学校でのグループ別カリキュラムの展開なり, その編成原理を扱いながら実験学校そのものの全体的特質を解明しようとする点がやや弱くなっているように思われる。
　⑥　杉浦美朗『デューイにおける教材の研究』風間書房, 昭和57（1982）年
　本書は, シカゴ大学での実践やカリキュラムの特質を明らかにするという視点よりは, むしろ目次に示されるように, デューイの教材観の特質を「知識と教材」「子ども教材」「社会と教材」という三つの観点から明らかにしようと意図している。
　このため, シカゴ大学での実践関係資料というよりは, 実践を通して明らかにされた理論的資料が中心的に使用されている。

第1章　研究の目的，意義，内容及び方法

⑦　倉澤剛『米国カリキュラム研究史』風間書房，昭和60（1985）年

　倉澤は，カリキュラムの歴史的研究，就中，アメリカのカリキュラム研究史を志している。その際，カリキュラム構成の社会的基礎，心理的基礎，技術的基礎の三者の関係のあり方が歴史的にどのようであったかを明らかにすることが課題であるという（p.3）。

　この一環として，「ジョン・デューイのカリキュラム研究」（第六章）に取り組み，また，第七章「実験学校におけるカリキュラム研究」の第一節を「デューイ学校のカリキュラム研究」としている。なお，著者は，デューイを，教科中心の保守的統制主義と児童中心の進歩的自由主義とを"正しく調停し，"やがて1910年代から30年代にわたる進歩主義教育運動に理論的基礎を与えた人として捉えている（p.245）。

　なお，倉澤が論究のために扱っている資料をみると，前者では主に『児童とカリキュラム』や『学校と社会』であり，後者では「大学附属小学校の三年間」であるように，実験学校の実践記録そのものではなく，その成果を収めた理論的なものである。この点から，本論文と重なる部分もあるが，実証的な研究というよりやや理論的な面からするデューイのカリキュラム研究であるといえよう。

⑧　佐藤学『米国カリキュラム改造史研究―単元学習の創造―』東京大学
　　出版会，平成2（1990）年

　佐藤は，アメリカ合衆国における"単元学習の開発と実践の展開過程"を検討し，カリキュラム改造（「教材と学習経験の方法的組織」）の様式と原理を歴史的に考察しようとしている。その一環として，デューイ・スクールに言及し，ここでの一貫したテーマは「社会的オキュペイション」を中心とするカリキュラムの実現であったとする。そして第四組（7歳）の「原始生活」，及び第六組（9歳）の「シカゴの発展」という二つの単元学習の事例の考察を通して，「同校の実践が，教材と学習経験の方法的組織において，教材と経験の一方を固定した構成としてではなく，両者を力動的に再構成する方式として捉え直しをはかった意義は大きい。」（p.57）という。

　ところで，彼が取り上げるカリキュラム関連資料は『大学広報』(University

21

Record)，シカゴ大学教育学部の『エレメンタリー・スクール・ティーチャー』，メイヒューとエドワーズの The Dewey School からのものであり，実験学校関係資料への直接的な言及はみられない。また，デューイ・スクールの歴史的意義を解明することに力点(「子ども中心主義」の系譜ととらえる)があり，実験学校のカリキュラムの全体的特質，さらにはそのようなカリキュラムの編成原理を解明したりする点が弱くなっている。

⑨　森章博『日本におけるジョン・デューイ思想研究の整理』秋桜社，平成4（1992）年

本書の第二部の「ジョン・デューイ思想の発展に関する研究」の中の「第四章　1894年からのシカゴ時代を中心として」において，シカゴ大学における教育学科の創設から教育学部への改組問題，著書論文，実験室学校の創設及びそこでの実践や報告物，辞職の問題を一通り扱っている。

しかし，たとえば実験室学校の自薦に関連していえば，そこで，どのような集団編成で，どんな授業が展開されたか，カリキュラムの特質はどのようなものであったか，実験室学校は8年間続いたとされるが，そこには何らかの発展的な関係があるのかどうか等の問題についての言及等がみられない。

⑩　松村将『シカゴの新学校』法律文化社，平成6（1994）年

松村は，シカゴの実験学校での教育実践の成功のゆえに，デューイはその後，一生涯教育実践を試みる必要を感じることはなく，もっぱら，理論的研究に没頭したと評している。その反面, 松村はさかんに「第2の仮説」とか，あるいは「新しい仮説を立て，……より完全な教育実践と教育理論の結実を努力していこうとする姿勢を彼は放棄してしまったと言わざるをえない」といってデューイを批判するのであるが，その内容を明らかにしていない。

また，本書を通じて，実験学校における中等教育期の研究には興味・関心がないように思われる。しかし，彼は既に，「デューイの中等教育論」『日本デューイ学会紀要』第10号，1969を書いたことがあるが，それをみると，牧野と同様，変更の必要がある叙述がみられると筆者は考えている。

第1章　研究の目的，意義，内容及び方法

第3節　研究の意義(2)
―アメリカ合衆国におけるデューイのカリキュラム研究の動向―

　アメリカにおいて，各年齢別のカリキュラムをはじめ，デューイの実験学校の運営の実際を詳細に報告する研究物が現れたのは，1936年であった。すなわち，この年に，実際にこの実験学校で教職に携わった2人の教師，すなわちメイヒュー（Katherine Camp Mayhew）とエドワーズ（Anna Camp Edwards）になる共著，『デューイ・スクール―シカゴ大学附属実験室学校 1896－1903―』（The Dewey School―The Laboratory School of the University of Chicago 1896－1903―）が出されたのであった。そして，デューイ自身もこの本に「序文」を寄せ，まず，本書は「私にとって，実験学校の起源，目的，そして方法についていわれていることに何かを付け加える必要はないほど適当なものである」[27]といい，また，「個人の自由と集合的な幸福との関係に関する問題が，今日，性急かつ激烈である」ときに，両者の価値をそこなわず，その問題の解決を意図した実験学校の様子を報告しようとする「タイムリ」[28]な本であると称賛したのであった。

　それまでも，またこの本以降も，デューイの教育論や哲学論をめぐるいろいろな著書，論文はみられるが，彼の実験学校の様子をベースにその実際なり，あるいは理論化作業を目指す研究物はなかなか現れなかったように思われる。おそらく，そのような研究物の典型は，1966年に出版されたワース（Arthur G. Wirth）の著書[29]であろう。

　そして，彼自身が「はしがき」で述べているように，「1894－1904」のシカゴ在任時代におけるデューイの言説をもとに，第一部「哲学的及び心理学的な理論」，第二部「実験学校におけるカリキュラム及び方法」を解明しようとしている。しかし，実験学校のカリキュラム，とりわけ初等レベルの実際的な様子を検討するときには，前述のメイヒューとエドワーズの本に拠っている。

　また，デューイの実験学校の基本的な考え方なりカリキュラム，その成果等をよくまとめたものとして，1987年のクリーバード（Herbert M.

23

Kliebard）の「デューイ実験学校のカリキュラム」(The Curriculum of the Dewey School)[30]をあげることができよう。なお、ワースと同様、彼がメイヒューとエドワーズ以外の資料、すなわち実験学校の実践に関わるいわば第一次資料そのものにどれだけ接したかは定かではない。

　このように、アメリカにおいても、デューイの哲学ないし教育理論の研究に比べ、実験学校のカリキュラム研究はやや少ない憾みがある。しかも、彼のカリキュラム研究に際し、使用する資料としては彼の著作した論文なり書物が中心であり、実践的な資料としてはメイヒューとエドワーズの『デューイの実験学校』が使われていた。しかし、このような研究傾向に対し、実験学校の実践に関する第一次資料も動員しながら、実験学校のカリキュラムの実際やデューイの考え方、その影響等を扱う研究がでてくるのが90年代に入ってからのことであるように思われる。その典型として、私は、タナー（Laurel N. Tanner）をあげたい。

　すなわち、彼女は、1991年には「デューイの実験室学校におけるカリキュラムの意味」と題する論文[31]をカリキュラム研究誌上に発表し、1997年には、それを基にしたと思われる、『デューイの実験室学校─今日への教訓』[32]という本を出版している。そして、後者の「はしがき」中で、彼女は、メイヒューとエドワーズによる本との違いや自らの本のねらいについて、次のように記している。すなわち、「実験学校の歴史に関する説明を欲するものは彼女らの本（メイヒューとエドワーズの書いた The Dewey School──筆者注）に帰る必要がある。私の本は一つの歴史であろうと意図しているのではない。本の関心は今にある。私たちができることは、彼らがやり遂げようとしたのと同じ問題に取り組むとき、デューイと彼のスタッフから学ぶことである。」[33]と。

第1章　研究の目的，意義，内容及び方法

第4節　論文構成の内容及び研究の方法・資料

第1項　論文構成の内容について

　さて，以上により，本論文のねらいはジョン・デューイの実験学校カリキュラムの研究を意図していることが浮き彫りにされてきたことと思うが，それでは，次に，そのための内容，すなわち本論文の構成を述べれば，以下の6章構成となっている。

　すなわち，まず論文の目的や意義，内容及び方法に言及している本章に続き，第2章では，「実験学校の開設とその歩み」と題し，実験学校というときの「実験」の意味，実験しようとした内容，そして実験学校の歩み（その場所及び子どもと教師の数の変遷，実験学校の発達の時期区分）を中心にして検討することにした。

　続く第3章では「実験学校のカリキュラムを支える要因」と題して，子どもの集団編成の問題，一人の教師がいろいろな教科を担当するオール・ラウンド型から専門分化した，いわゆるスペシャル型の教師へと変化した問題，そして，実験学校の時間割の特質を，それぞれ検討することにした。

　そして，第4章では，いよいよ実験学校のカリキュラムの実際的な特質を紹介・検討することにした。その際，実験学校には幼稚園段階から14歳ないし15歳までの子どもが在籍していたが，そのグループ編成の特質とそれぞれのグループのカリキュラムの特質を示したいと思う。そして，第5章では，このようなカリキュラムを編成する際の原理的特質について追究することにした。ここで筆者はカリキュラム編成の原理として，計八つの原理をあげ，それぞれの特質について検討している。

　最後の第6章では「研究のまとめと課題」と題して，研究のまとめやわが国の学校教育への示唆，実験学校の教育的成果がその後のデューイ教育学の発展に及ぼした影響についての追究の必要などを検討することにした。

第2項　研究の方法・資料について

＜実験学校開設当時の三つの実践的資料について＞

　本書は，ジョン・デューイの実験学校でのカリキュラムの特質及びその編成原理の解明を目指しているが，そのための方法として何よりも実験学校開設当時の実践的資料を使っての実証的な追究，そしてまた主にデューイの著述した論文や著書等による理論的な追究を駆使することにした。

　中でも，既述のように，実験学校開設当時の実践的資料を使うという試みは比較的最近のことである。私もかつて実験学校のカリキュラム研究をしたことがあるが，そのときに使った資料はいわば実験学校の様子を収めた実践的資料そのものではなく，いわばその間接的な資料なりそれを基にした理論的な研究資料であった。

　そして，筆者が"実験学校開設当時の実践的資料"というとき，それは主に，現在のシカゴ大学附属図書館の一つであるジョゼフ・レゲンシュタイン図書館の中の特別収集物研究センター（Special Collections Research Center, Joseph Regenstein Library, The University of Chicago Library）に収められている資料を指している。

　中でも，実験学校のカリキュラムを収めたものとして，大きく次の3点が注目されている。たとえば，小柳も示唆するように[34]，そのうちの一つは，シカゴ大学の『大学広報』（University Record）に収められた実験学校のカリキュラム資料である。そして，これらは，タイトルによって，次の三つのまとまりに区分することができる。

① School Report, Notes, and Plan: The University of Chicago School
第1巻第32号（1896年11月6日）から第2巻第13号（1897年6月23日）までの8ヵ月間にわたり，計30回報告されたカリキュラム関係資料。

② Reports of the University Elementary School
第2巻第34号（1897年11月19日）から第3巻第11号（1898年6月10日）までの8ヵ月間にわたり，計11回報告されたカリキュラム関係資料。

③ The University Elementary School

第1章　研究の目的，意義，内容及び方法

第3巻第30号（1898年10月21日）から第4巻第24号（1899年9月15日）までの11ヵ月にわたり，計33回報告されたカリキュラム関係資料。

二つ目は，『初等学校記録』（The Elementary School Record）である。
この資料は，ジョン・デューイ（John Dewey）とローラ・ラニオン（Laura L. Runyon）が編集に携わった記録で，1900年2月から12月にかけて，シカゴ大学出版から9分冊で逐次刊行された実践記録である。実験学校の研究成果を一般の教師・学校関係者等が広く活用できるようにと願って意図したものといえよう。

なお各巻とも，デューイが記述する部分（これらは，後にJ. J. フィンドレイの『学校と子ども』（1907）の中に再録されたり，あるいはデューイの『学校と社会』（1915）の中に再録されている）と，実験学校の教師が分担しながら，各グループ別の1年間の実践の特質を記述する部分より成っている。

その9分冊の構成は次のようになっている。

No.1：芸術（Art），1900年2月
No.2：音楽（Music），1900年3月
No.3：織物（Textile），1900年4月
No.4：植物学（Botany），1900年5月
No.5：幼稚園（Kindergarten），1900年6月
No.6：理科（Science），1900年9月
No.7：手工（Manual Training），1900年10月
No.8：歴史（History），1900年11月
No.9：カリキュラム（Curriculum），1900年12月

なお，現在，全米のいくつかの大学図書館等に収められている同研究文献は「The Elementary School Record」と題する1冊の本（pp.1～241）に纏められている。

三つ目は，『シカゴ大学附属実験学校教師レポート』（The University of Chicago Laboratory Schools Work Reports, 1898−1934）である。

この資料は，シカゴ大学附属実験学校（初等及び中等レベルの教育）の実際的な特質について，教師により月，及び１／４学期毎に報告された実践記録である。1898年から1934年までの記録が収められている。
　このうち，当時のデューイ実験学校の記録としては，1898－1899年度，1899年－1900年度，及び1900－1901年度の３冊の教師レポートが該当する。最初の1898年10月には，デューイによってレポート作成の要領（Scheme for Reports）が書かれている。

＜本論文の資料として『初等学校記録』（１９００）を取り上げる理由＞

　実験学校のカリキュラムそのものの全般的な紹介・検討に関しては，現在のところ，メイヒューとエドワーズの『デューイ・スクール』，及び小柳の『シカゴ大学実験学校の実践記録：1896－1899年』がある。
　このうち，前者の扱っている資料についてみると，彼女らは次のように述べている。すなわち，「1896年から1899年までの実験学校の包括的な説明は『大学広報』（University Record）の中に発表されている。1900年に関しては，学校の報告は『初等学校記録』（The Elementary School Record）と題する９シリーズの論文の中で発表されている。これらは後に一冊の本にまとめられたが，間もなく絶版になった。1901年及び1902年の記録は，ラニオン（Laura L. Runyon）によって注意深く収集され，編集された典型的な記録及び要約より成っている。これらは決して出版されなかった。著者たちが依拠した資料には以上に述べた刊行物や記録を含んでいるが，デューイ夫妻の当時及びその後の著作物，学校の卒業者や校友の著作物も含まれている。」[35]と。つまり，彼女たちは，本書の執筆に際していろいろと多種多様な実験学校関係資料を，いわば総合的に使用したというわけである。
　他方，小柳は，上記掲載の論文において，『大学広報』（School Record）に紹介されている実験学校カリキュラムについて，その３区分に沿って，1896年11月－1897年６月，1897年11月－1898年６月，及び1898年10月－1899年９月ごとに紹介・検討している。
　その際，彼は，1898－1899年度のものを，デューイに沿いながら，彼が総

第1章　研究の目的，意義，内容及び方法

長宛レポートの中でいっているような「3年間の成果を理論的に定式化」したもので，「実験の期間は事実上終了した」と考える，いわば"完成版"として紹介・検討している。

　しかし，筆者は，本論文においては，これらのいずれの方式も採らず，むしろ1900年の『The Elementary School Record』を実験学校カリキュラムを紹介・検討する際の資料にすることにした。しかも，その詳細はこれまで明らかではないところから，むしろその紹介も兼ねるところより，この書物に書かれている各学年別カリキュラムそのものを全訳することにした。

　その理由として，まず，メイヒューとエドワーズの場合を考えれば，使っている資料は彼女たちが勤めていた実験学校当時，いろいろな機会にいろいろな形で出された多種多様な実験学校関係資料を総合的に使っている。だからまた，いつの，どの資料を完成したものと考えるか等が明確でない憾みがある。

　他方，小柳の場合を考えれば，彼は，1898－1899年度におけるGroup Ⅷ（11歳）の「歴史」の報告の際，＜注＞を付けながら，「シカゴの発展の研究に続いて，南部植民地の典型としてバージニアを研究した。シカゴの研究と植民地の研究は，次年度以降3年目と4年目でおこなわれることになる。」[36]としている。そこで，＜注＞をみると，そこには，次のようにある。すなわち，「デューイは，1900年に書いた『初等教育における歴史の目的』と題する論文で，実験学校が最終的に到達した歴史教育の三段階構成を説明し，その中でシカゴと合衆国の地方的事情を取り上げるのは第1段階の3年目から第2段階の2年目まで，すなわち3年目と4年目と5年目であるとしている。ちなみに，実験学校が最終的に到達した歴史教育の三段階構成は次のように説明されている。第1期では，6歳児で社会的オキュペイション，7歳児で原始生活における発明のあゆみ，8歳児で移住，探検，発見の大運道を扱い，そして第2期への移行として，ここでシカゴと合衆国の探検と植民の歴史が扱われ，第2期の3ヵ年の学習内容は直接間接にここから取られる。そして，やはり3年目が第3期への移行期で，アメリカの初期の歴史とヨーロッパの関連を取りあげ，第3期で本来の歴史学習がはじまり，古代の地中海世界か

ら年代順にヨーロッパ史を扱い，そして再びアメリカ史に戻ってくるのである。」[37]とある。

ところで，小柳が「グループⅧ（11歳）」の1899年9月の「歴史」の報告において，上記のような＜注＞を付けたのは，11歳で扱われたシカゴの研究と植民地の研究が「次年度以降は3年目と4年目でおこなわれることになる。」ということの予告をするためであったと思われるが，さらに理由を探すと，デューイ自身が，当時，総長に充てた次の文章があったからではないかと思われる。

すなわち，そこには「当年の教育的に主な任務は過去3年間にわたる仕事の結果を学習指導要領に形式化することであった。このプログラムの形式化において考慮された主要な特質は次のようである。(1)各々の段階で全体的な子どもを活動に呼び入れるのに最大の可能性をもつような教材と方法を選択するため，引き続く年におけるいろいろなタイプの子どもたちの活動と興味（をどのように組むかという問題——筆者注）であるし，(2)次の年の作業が，文字通りの繰り返しなしに復習を与えるような方法で先立つ年の作業を利用しながら，毎年が次に提示された問題や材料に自然に導くような教材の系列化であるし，(3)教材をそのより専門化された側面へと次第に分化させること——たとえば，理科からの歴史の分化，自然科学から生物学の分化，等々である。(4)読み，書く，そして数といった記号の連続的な導入のための要求や機会を提供したり，補助としての本の増大する使用のための必然を提供することである。歴史の中におけるある学年に関するプログラムや，理科作業の系列に関するある些細な点が，現在考慮中であるが，しかし全体として採用された概要は卓越して機能していることが見出されており，それゆえこの方向における実験の期間は事実上終わりにあると考えられている。」[38]と述べられている。

つまり，1898－1899年の報告は「全体として採用された概要は卓越して機能していることが見出されており，それゆえこの方向における実験の期間は事実上終わりにある」ものとして評価できるが，それでも「歴史の中におけるある学年に関するプログラムや，理科作業の系列に関するある些細な点が，

現在考慮中であるが，……」という指摘がなされていたことも大きな要因ではなかったかと思うのである。

そこで，これら「現在考慮中」とされたうちの「歴史」に関してみると，確かに，小柳もいうように，『初等学校記録』（The Elementary School Record）のNo.8の「歴史」の中に掲載されているデューイの論文「初等教育における歴史の目的」（The Aim of History in Elementary Education）の中で検討されている[39]。

さらに調べていくと，『初等学校記録』の「グループⅤ（7歳半〜8歳）」のカリキュラムにおいて，デューイが予告したように，アメリカ・インディアン，そして定住者の歴史が取り上げられている。そして，前年度に取り扱ったフェニキア文明の学習，世界旅行者たちの研究（マルコ・ポーロ，ヘンリー王子，コロンブスのアメリカ発見）は，むしろグループⅧ（11歳）へと移動している。そして，「グループⅥ（8歳〜8歳半)」からシカゴの研究が開始され，冬学期からは合衆国の東方の植民地：バージニア，ニューイングランドの歴史が扱われている。さらに，「グループⅦ（9歳〜12歳，平均10歳半）」では革命前のアメリカの状況の復習，ニューイングランドと南方植民地間の交易，フランスとインディアンとの戦い，ワシントンの重要性，革命等が，「グループⅧ（11歳）」ではマルコ・ポーロからコロンブスに至る世界旅行の歴史が扱われているのである。

メイヒューとエドワーズ両女史の『デューイ・スクール』では，この変更点がどのように扱われているかみると，どうも変化する前と後の両方の「歴史」の扱いがみられるように思う。すなわち，──年齢区分はやや異なるが──，グループⅧ（11歳）は当校に1年半以内のaグループ，それより長い子ども組のbグループの2つに分けられた。そして，「aは世界の発見者の研究はしなかった。それゆえ，彼らの作業は，グループⅤの歴史と同じであった。」[40]すなわち，グループⅤ（8歳）で扱われるフェニキア文明の研究，世界の旅行者としてヘンリー王子やコロンブス等が扱われた。しかし，「bは歴史と理科とも異なったアプローチ」をとり，具体的には「イギリス村の生活の研究」(a study of English village)[41]をしたこと。そして，シカゴやバー

ジニア等の研究が取り上げられているのはグループⅥ（9歳）である[42]。

　なお，デューイ自身が夢見ていた第三期からの「年代記順序」に沿った歴史教育は，実験学校では，たとえ第三期の中等教育年齢の子どもはいたにせよ，第4章第10節で検討するように，その詳細をみることは出来ない。

　さて，筆者は，以上のような変更は大きな変更であったと考えている。たとえ彼自身が「しかし全体として採用された概要は卓越して機能していることが見出されており，それゆえこの方向における実験の期間は事実上終わりにあると考えられている。」といったにせよ，上記で検討したような変更内容は，1899年9月の新学期からのカリキュラムの一環をなしており，少なくとも「歴史」に関しては，いわば"作り直されたカリキュラム実施の1年目の記録"であると考えられるからである。

　ところで，今一つの問題，すなわち「理科作業の系列に関するある些細な点」とは一体どんな変更点を指すのであろうか。

　この点に関しては，上記の歴史のように直接的に扱ったと思われる彼自身の言説を探すことはできなかった。それでも筆者が思うには，「理科」も「歴史」と同様，6歳の「社会的オキュペイション」において生活を統一的に把握するときに始まり（もっとも，「歴史」でいえば歴史的でない歴史といわれるように，本人がそのように意識しているかどうかは別にして），そして，7歳からは，社会的オキュペイションと連動した「理科」の扱い（もちろん「歴史」の学習等と相関させながら）が強調されるようになるという点ではないかということである[43]。

　以上のような事情から，実験学校のカリキュラムとして，以下には『初等学校記録』（1900年2月から12月にかけてシカゴ大学より9分冊にて刊行された実験学校の実践記録集）にみられる各年齢ごとのカリキュラムの実際の特質を明らかにするのがよいと考えている。しかも，わが国では，この各巻にみられるデューイの論文を除けば，どんな記録かについて未だ紹介されたこともない。このため，本論文では，各グループのカリキュラムの実際の特質を明らかにするため，それらを全訳しながら紹介・検討することにしたい。

　なお，残る今一つの資料である『シカゴ大学附属実験学校教師レポート』

第1章　研究の目的，意義，内容及び方法

（The University of Chicago Laboratory Schools Work Reports, 1898-1934）であるが，その年代もかなり長期にわたるし，また，実践報告として『初等学校記録』を典型と考えるところにより，この資料も省くことにした。

<『初等学校記録』の体裁及び活用状況>

その体裁の詳細も含め，以下，『初等学校記録』としての9分冊の内容構成，及びこの本の活用状況について検討すると，以下の通りである。

○ No.1：芸術（Art），1900年2月
　・Principles of Education as applied to Art. (Lillian S. Cushman)
　・School Report：Group I and II．
　　　　　　　　　　Group III A. General Principles of Work, Educationally Considered.(John Dewey)
　　　　　　　　　　　B. Details of Work.
　　　　　　　　　　　C. Outline of Work for Winter and Spring.
　　　　　　　　　　Group IV. Historical Development of Invention and Occupations.
　　　　　　　　　　　A. General Principles.(John Dewey)
　　　　　　　　　　　B. Details of Work, Outline for Winter and Spring.

○ No.2：音楽（Music），1900年3月
　・Song Composition. (May Root Kern)
　・General Introduction to Groups V and VI. (John Dewey)
　・School Reports：Group V; (Details of Work) Outline for Winter and Spring.
　　　　　　　　　　Group VI; (Details of Work) Outline for Winter and Spring.

○ No.3：織物（Textile），1900年4月
　・Textile Industries. (Althea Harmer)
　・Psychology of Occupations.(John Dewey)

33

・School Reports：Group Ⅶ; (Details of Work) Outline for Winter Quater
　　　　　　　　　　　　and Spring Quarter. (Georgia F. Bacon)
　　　　　　　　　　Group　Ⅷ; (Details of Work) Outline for the Winter
　　　　　　　　　　　　Quater and Spring Quarter. (Mary Hill)
○ No.4：植物学（Botany），1900年5月
　　・Experiments in Plant Physiology.(Katharine Andrews)
　　・Reflective Attention. (John Dewey)
　　・School Reports：Group Ⅸ ; (Details of Work) Outline for Winter and
　　　　　　　　　　　　Spring.(Mary Hill)
　　　　　　　　　　Group Ⅹ ; (Details of Work) Outline for Winter and
　　　　　　　　　　　　Spring. (Laura L. Runyon)
○ No.5：幼稚園（Kindergarten），1900年6月
　　・School Reports：The Sub-Primary (Kindergarten)Department, General,
　　　　　　　　　　Outline of a Year's Work：Autumn and Winter,
　　　　　　　　　　Explanation of Outline, Daily Program. (Georgia P.
　　　　　　　　　　Scates)
　　・Froebel's Educational Principles.(John Dewey)
○ No.6：理科（Science），1900年9月
　　・Science in Elementary Education. (Katherine B. Camp)
　　・School Reports：Group Ⅲ. (Katharine A. Healy)
　　　　　　　　　　Group Ⅳ. (Mary Hill)
○ No.7：手工（Manual Training），1900年月10
　　・Manual Training. (Frank H. Ball)
　　・School Reports：Group Ⅴ.
　　　　　　　　　　Group Ⅵ.
○ No.8：歴史（History），1900年11月
　　・The Aim of History in Elementary Education.(John Dewey)
　　・History.(Georgia F. Bacon）
　　・School Reports：Group Ⅶ. (Mary Hill)

第1章　研究の目的，意義，内容及び方法

　　　　Group Ⅷ. (Marion Schibsby)
○ No.9：カリキュラム（Curriculum），1900年12月
　・The Psychology of the Elementary Curriculum. (John Dewey)
　・School Reports：Group Ⅸ.
　　　　Group Ⅹ.
　いうまでもなく，筆者は，本論文において，ここに収められている4・5歳（the Sub-Primary（Kindergarten））～13歳（Group Ⅹ）までのカリキュラムの実際の特質を取り扱おうとしているわけである。
　なお，ついでにいえば，上記のJohn Deweyの名前入りの原稿のうち，そのすべてがフィンドレイ（J. J. Findlay）の『学校と子ども』（The School and the Child, 1906）に収められ，紹介されている。すなわち，本書には，まず，デューイの「子どもとカリキュラム」(1902)が，続いて『初等学校記録』からの小論として，目次のNo.1～No.8に収められている。このうち，No.1の幼稚園（The Kindargarten）として，フレーベルの教育原理（Froebel's Educational Principles）の中の「遊び及びゲームに関して」（As Regards Play and Games）以下を，また，No.4の8歳児の子どもたち（Children of Eight Years of Age）は，『初等学校記録』では，五及び六グループへの一般的な紹介(General Introduction to Groups Ⅴ and Ⅵ)となっている以外は，目次を含め内容を再録している。すなわち，No.2の教育的に考えられた仕事の一般的原理（General Principles of Work, Educationally Considered），No.3の発明及びオキュペイションの歴史的発達（Historical Development of Inventions and Occupations），No.5のオキュペイションの心理学（Psychology of Occupations），No.6の反省的注意（Reflective Attention），No.7の初等教育における歴史の目的（The Aim of History in Elementary Educatuion），No.8の初等カリキュラムの心理学（The Psychology of the Elementary Curriculum）としている。
　また，デューイ自身のその後に改訂された『学校と社会』（1915）の中には，——フィンドレイのNo.3，4を除き，またNo.1を，デューイのいうFroebel's Educational Principlesに表題を変えて——再録されている。すなわち，上

記『初等学校記録』のNo.1のgroup ⅢとNo.4は「8. The Development of Attention」（反省の発達）に，No.3のPsychology of Occupationsは「7.The Psychology of Occupations」（オキュペイションの心理学）に，No.5のFroebel's Educational Principlesは「6. Froebel's Educational Priciples」（フレーベルの教育原理）に，No.8のThe Aim of History in Elementary Educationは「9. The Aim of History in Elementary Education」（初等教育における歴史の目的）に，No.9のThe Psychology of the Elementary Curriculum.は「5. The Psychology of Elementary Education」（初等教育の心理学）に，それぞれ収められているのである。

　くどいようであるが再度記せば，筆者は，これらフィンドレイの『学校と子ども』やデューイの『学校と社会』に収められていない『初等学校記録』にみられる各グループ別の（4歳〜13歳）カリキュラムの実際に目をつけ，それを紹介・検討しようとするわけである。しかも，このカリキュラムの実際編に関しては，わが国でこれまで紹介されたり，検討されたことがないように思われるので，本論文ではこの部分を全訳することにした。

　なお『初等学校記録』の各グループ別のカリキュラムの実際を扱っている第4章以外に予定している第2・3章や第5章の検討においては，シカゴ大学附属実験学校での研究の方針や実践の成果を発表したデューイの著書・論文，あるいは実践とともにその開設理由なり考え方を述べている『大学広報』等を駆使し（概ね1915年の『学校と社会』までを活用），いわば理論的な側面の追究をすることにした。

註
(1)　大浦猛『実験主義教育思想の成立過程—デューイにおける初期教育思想の形成—』刀江書院，1965, p.461.
(2)　Laurel N. Tanner, *Dewey's Laboratory School—Lessons for Today—*, Teachers College, 1997, p.42.
(3)　船山謙次『戦後日本教育論争史—戦後教育思想の展望—』東洋館，1958.
(4)　船山謙次『続　戦後日本教育論争史』東洋館，1960.

第 1 章　研究の目的，意義，内容及び方法

(5)　船山謙次『戦後日本教育論争史―戦後教育思想の展望―』東洋館，1958, p.100.
(6)　同上書，p.104.
(7)　同上書，p.101.
(8)　同上書，p.103.
(9)　同上書，pp.115 – 116.
(10)　船山謙次『続　戦後日本教育論争史』東洋館，1960, pp.13 – 80.
(11)　同上書，pp. 317 – 408.
(12)　広岡亮蔵「牧歌的なカリキュラムの自己批判」コア・カリキュラム連盟『カリキュラム』1950.
(13)　梅根悟・森昭『二つのカリキュラム』黎明書房，1951.
(14)　高浦勝義「戦後初期『社会科』と J. デューイ」『国立教育研究所研究集録』第12，1986.
(15)　高浦勝義「コア・カリキュラム連盟の『三層四領域論』と J. デューイ」『国立教育研究所研究集録』第13号，1986.
(16)　上寺久雄「日本に於けるデューイ研究目録」(14)日本デューイ学会編『デューイ教育学の根本問題―デューイ誕生百年祭を記念して―』刀江書院，1961.
(17)　森章博『日本におけるジョン・デューイ思想研究の整理』秋桜社，平成4（1992）年．
(18)　参照：
・永野芳夫「『学校と社会』及び『学校と児童』」（教育学術会，大正6（1917）年）．
・森昭「現代哲学とカリキュラム―デューイ哲学における経験主義批判―」『教育1月』昭和25（1950）年．
・武田加寿雄「『経験―教科カリキュラム』の理論と構想―経験主義の検討と前進―」『教育学研究』第19巻4号，昭和27（1952）年．
・仲原晶子「デューイの学校作業論の本質」『関西大学文学会人文論及』第3巻第5号，昭和28（1953）年．
・下池恵常「ジョン・デューイ『学校と社会』の研究（二）」『社会科研究』2巻1号，昭和29（1954）年．
・松浦鶴造「伝統的教育対進歩主義教育」『広島大学教育学部研究紀要』昭和30（1955）年．
・中川敬行「デューイ教育学に於ける題材論」『学位論文概要』第2巻，広島大学教育学研究室，昭和31（1956）年．
・胡豊四「経験論と教育課程の構成」『山口大学教育学部内教育叢書』第1巻，

昭和31（1956）年．
- 杉浦宏「デューイ・スクールの理念と史的意義」『教育社会学研究』昭和31（1956）年．
- 三浦典郎「デューイの教育観―伝統的教育の批判をもとにして―」『東北学院大学論集人文科学』第32号，昭和32（1957）年．
- 虎竹正之「デューイ実験学校の哲学的背景―形成期のデューイ哲学―」『教育科学15』広大教育研究会，昭和32（1957）年．
- 倉澤剛「デューイ学校のカリキュラム実際案」安藤堯雄等編『教育方法学―その人間観的基礎―』明治図書，昭和32（1957）年．
- 大津茂「実験学校」大津教育研究所，昭和33（1958）年．
- 倉澤剛「ジョン・デューイのカリキュラム研究」『東京学芸大学研究報告』第9集，昭和33（1958）年．

(19) 参照：
- 大柴衛「アメリカの名門校―デューイ実験学校の印象―」『教育学術新聞』昭和36（1961）年5月22日号．
- 竹田清夫「教材論―ヴィルマンとデューイの教材観の比較―」『東京教育大学教育学部紀要』第8巻，昭和37（1962）年．
- 長谷川淳「ジョン・デューイ『学校と社会』における技術教育論」『教育』12巻4号，昭和37（1962）年．
- 竹田清夫「教材論（二）―教材の種類と教材の配列及び提供に関するヴィルマンとデューイの立場の比較―」『東京教育大学教育学部紀要』第9巻，昭和38（1963）年．
- 井上弘「デューイの縮図学校」『教育方法の基本原理』明治図書，昭和40（1965）年．
- 松村将「デューイ・スクール」『アメリカ教育思潮の研究』京都大学アメリカ研究所，昭和41（1966）年．
- 三浦典郎「デューイの学校論―1902年の論文をもとにして―」『東北学院大学論集』第51号，昭和43（1968）年．
- 天野正輝「J. S. Brunerによるデューイ批判の検討」『京都大学教育学部紀要』VX号，昭和44（1969）年．
- 前田博「教育課程における美術の位置―スペンサーとデューイとの比較―」『教育基礎論』明治図書，昭和45（1970）年．
- 牧野宇一郎「ブルーナー教授の『デューイの後に来るもの』について」『大阪

第 1 章　研究の目的, 意義, 内容及び方法

　　　市立大学文学部紀要』33巻 6 分冊, 昭和47（1972）年.
・牧野宇一郎「ブルーナー教授の『デューイの後に来るもの』について―デューイの『私の教育学的信条』との比較（下）―」『大阪市立大学文学部人文研究』24巻 4 分冊, 昭和47（1972）年.
・杉浦美朗「学校の機能―Dewey と Bruner を巡って―」『新教育時代』73号, 昭和48（1973）年.
・松村将「デューイの『仕事』教育論」『立命館大学文学部創設五十周年記念論文集Ⅰ』昭和52（1977）年.
・杉浦美朗「デューイのカリキュラム理論についての一考察（一）」『三重大学教育学部研究紀要　教育科学』第29巻第 4 号, 昭和53（1978）年.
・市村尚久「デューイとシカゴ大学付属小学校―実験学校―」『教職課程』4 号, 昭和54（1979）年.
・森田尚人「デューイ教育思想の成立（上）―シカゴ実験学校・1896〜1904―」『聖心女子大学論叢』59集, 昭和57（1982）年.
・森田尚人「デューイ教育思想の成立（下）―シカゴ実験学校・1896〜1904―」『聖心女子大学論叢』60集, 昭和57（1982）年.
・藤岡信勝「デューイの『仕事』と『ものをつくる探求』」『社会教育』20巻245号, 昭和58（1983）年.
・上寺常和「デューイの学校論―個人と社会の関連を中心として―」『関西教育学会紀要』8 号, 昭和59（1984）年.
・毛利陽太郎「工業化社会の発展とデューイの作業教育論」ジョン・デューイ『世界新教育運動選書10　学校と社会』明治図書, 昭和60（1985）年.
・倉澤剛「デューイ学校のカリキュラム研究他」『米国カリキュラム研究史』風間書房, 昭和60（1985）年.
・市村尚久「デューイの中等学校制度改革の思想」『アメリカ六・三制の成立過程』早稲田大学出版部, 昭和62（1987）年.
・森下一期「デューイの作業教育と技能観」長尾十三二編『世界新教育運動選書別巻②　新教育運動の理論』明治図書, 昭和63（1988）年.
・森脇健夫「デューイの地理観と地理教育論―デューイ・スクールのカリキュラム分析をもとにして―」『大阪教育大学紀要』38巻 1 号, 平成元（1989）年.
⒇　齋藤勉「経験の意味の増加としての学校教育論」日本デューイ学会『日本デューイ学会紀要』第35号, 1994.
(21)　参照：

・吉本均「問題解決学習過程の再検討―今日におけるデューイ理論の評価と批判―」『日本デューイ学会紀要』第6号，1965.
・松村将「デューイの中等教育論」『日本デューイ学会紀要』第10号，1969.
・同上「デューイのシカゴ時代のカリキュラム論―その形成をうながしたもの―」『日本デューイ学会紀要』第19号，1978.
・高浦勝義「デューイの実験学校カリキュラムの研究」『日本デューイ学会紀要』第14号，1973.

　　筆者は，実は，本論文が公表される前の同年1月に，九州大学大学院教育学研究科に博士課程修了論文（「特選題目研究」論文）を提出している。タイトルは「デューイ教育学におけるカリキュラム構成の原理について」と題したものであった。なお，この提出論文は未公表論文とされている。筆者は，この未公表論文を基に，日本デューイ学会で，表題のもとで口頭発表し，そして同紀要に投稿したのである。

・杉浦美朗「デューイのカリキュラム論についての一つの考察（1）」『日本デューイ学会紀要』第19号，1978.
・同上「『活動的な諸仕事』について（1）」（『日本デューイ学会紀要』第21号，1980.）
・同上「『活動的な諸仕事』について（2）」（『日本デューイ学会紀要』第22号，1981.）
・なお，関連して，小林恵「デューイ・スクールのOccupationについて」日本教育方法学会紀要『教育方法学研究』第4巻，1978.

(22) 小柳正司；
・「デューイ・スクールの真実―シカゴ大学実験学校はどのような学校だったのか―」『鹿児島大学教育学部研究紀要　教育科学編』第50巻，1999.
・「シカゴ大学実験学校の実践記録：1896－1899年」『鹿児島大学教育学部研究紀要教育科学編』第51巻，2000.
・「シカゴ時代のジョン・デューイの書簡について（1）―実験学校設立に至るまでの経過―」『鹿児島大学教育学部研究紀要　教育科学編』第52巻，2001.
・「シカゴ大学時代のジョン・デューイの書簡について（2）―実験学校の開始から最初の六ヶ月間の経緯―」『鹿児島大学教育学部研究紀要　教育科学編』第52巻，2001.
・「シカゴ大学時代のジョン・デューイの書簡について（3）―実験学校の開始から『学校と社会』の出版まで：1896～1900」『鹿児島大学教育学部研究紀要

第 1 章　研究の目的，意義，内容及び方法

　　　教育科学編』第53巻，2002.
　・「シカゴ大学時代のジョン・デューイの書簡について（4）―実験学校の開始
　　から『学校と社会』の出版まで：1896～1900」『鹿児島大学教育学部研究紀要
　　教育科学編』第53巻，2002.
　・「シカゴ大学時代のジョン・デューイの書簡について（5）―シカゴ大学教育
　　学部の組織改革案をめぐって：1902～1903」『鹿児島大学教育学部研究紀要』
　　第58巻，2007.
(23)　千賀愛（単独・共同）；
　＜単独＞
　・「デューイ実験学校と特別な教育的配慮の実践―教師間の連携と個々の子ども
　　への視点―」『日本デューイ学会紀要』第42号，2001.
　・「実験学校の『読み書き（Reading and Writing）』学習と特別な教育的配慮の
　　実践」『日本デューイ学会紀要』第43号，2002.
　＜千賀愛・高橋智（共同）＞
　・「一九世紀末シカゴの児童・教育問題とデューイ」『東京学芸大学紀要』第52
　　集（第一部門・教育科学），2001.
　・「デューイ実験学校と多様なニーズをもつ子どもへの特別な教育的拝領―健康
　　問題と学習困難への取組を中心に」『SNEジャーナル』第6巻，2001.
　・「一九世紀末シカゴの児童・教育問題とデューイ」『東京学芸大学紀要』第52
　　集（第一部門：教育科学）
　・「デューイ実験学校と特別な教育的配慮の実践―算数学習における子どもの困
　　難・ニーズへの対応」『学芸大学大学紀要』第53集（第一部門：教育科学）
　・The Dewey's Laboratory School and Special Education Consideration/ Case
　　with Various Educational Needs in the End of 19th Century. The Japanese
　　Journal of Specail Education.
　・「デューイ実験学校と子どもの発達的ニーズに応じるカリキュラム編成論」『東
　　京学芸大学教育学部附属教育実践総合センター研究紀要』第27号，2003.
(24)　伊藤敦美；
　・「デューイ実験学校における『歴史』実践の検討」『おおみか教育研究』第7号，
　　2003.
　・「デューイ実験学校における『衣』実践の検討」『日本デューイ学会紀要』第
　　44号，2003.
　・「デューイ実験学校における教員スタッフ研究―『家事』実践におけるカリキュ

ラム編成力を中心にして—」『現代社会文化研究』第29号，2004.
 ・「デューイ実験学校におけるカリキュラム構成原理の研究」『日本デューイ学会紀要』第45号，2004.
　　この論文のタイトルは本論文と極めて近似しているので，特にここで論評することにする。
　　著者は，この論文を通して「授業計画において構想されたカリキュラムの構成原理が，実験学校の教員による授業実践においてどのように実践化されたのか，その授業実践をうけてデューイはどのように解釈を行ったのかを明らかにする」ことを目指しているという。
　　この論文に接し，まず，このような問題意識が成立するか否かが問われると思う。つまり，「構想」—「実践」—「解釈」の間を"一貫するカリキュラム構成原理"があったかの印象を受けるが，しかしそのような構成原理の定説はないように思われる。
　　そこで，論文をみると，「解釈」を通しての「構想」—「実践」との間の一致や不一致，また「実践」—「解釈」を通してみる「構想」の有無といった点におけるカリキュラム構成原理の一貫性が明確ではなく，したがってまた，これらの検討を通した10の主要なカリキュラム構成原理の出所が不明となっているように思われる。しかも，この10の原理も，デューイがいっていることではないわけである。
　　資料について言及すれば，「実践」をはじめ，「構想」—「解釈」において使用する資料の規定が明確でない。とりわけ「実践」においては，著者の試みた「衣」の授業実践以外は登場せず，実験学校のカリキュラムの全体的特質等はどうであったか，またどんな資料をみればよいかなどへの言及がない。
 ・「デューイ実験学校における『食』実践」『日本家庭科教育研究学会誌』第47号，2005.
(25)　森久佳：
 ・「デューイ・スクール（Dewey School）におけるカリキュラム開発の形態に関する一考察—初期（1896〜98年）の活動例を中心として」『教育方法学研究』第28号，2002.
 ・「デューイ・スクール（Dewey School）における『歴史（History）』のカリキュラム開発に関する実証的考察—1898〜99年における教科の『分化（differenciation）』の形態を確立する過程に着目して—」日本カリキュラム学会『カリキュラム研究』第13号，2004.
(26)　参照：
 ・上寺久雄「日本に於けるデューイ研究目録」日本デューイ学会編『デューイ教育学の根本問題—デューイ誕生百年祭を記念して—』刀江書院，1961.

第 1 章　研究の目的，意義，内容及び方法

・森章博『日本におけるジョン・デューイ思想研究の整理』秋桜社, 平成 4（1992）年 8 月.
(27)　Katherine C. Mayhew and Anna C. Edwards, *The Dewey School—The Laboratory School of the University of Chikago 1896 – 1903*, 1936, 1965, Atherton Press, p. XIII.
(28)　Ibid., p. XIV.
(29)　Arthur G. Wirth, *John Dewey as Educator—His Design for work in Education (1894 – 1904)*, John Wiley & Sons, Inc., 1966.
(30)　Herbert M. Kliebard, *The Struggle For The American Curriclum 1893 – 1958*, Routledge & Kegan Paul, 1986.
(31)　Laurel N. Tanner, *The Meaning of Curriculum in Dewey's Laboratory School (1896 – 1904) in CURRICULUM STUDIES*, 1991, Vol. 23, No.2.
(32)　Laurel N. Tanner, *Dewey's Laboratory School—Lessons for Today*, Teachers College, 1997.
(33)　Ibid., pp. XII–XIII.
(34)　参照：小柳正司「シカゴ実験学校の実践記録：1896年 – 1899年」『鹿児島大学教育学部研究紀要　教育科学編』第51巻, 2000, pp.115 – 118.
(35)　Katherine C. Mayhew and Anna C. Edwards, Op. Cit., pp. IX – X.
(36)　小柳正司「シカゴ大学実験学校の実践記録：1896年 – 1899年」『鹿児島大学教育学部研究紀要　教育科学編』第51巻, 2000, p.202.
(37)　小柳正司, 同上, pp.214 – 215.
(38)　John Dewey, The University Elementary School, in *The President's Report: July 1898 – July 1899*, MW, Vol. 1, p.318.
(39)　John Dewey, The Aim of History in Elementary Education, in *The Elementary School Record*, No.8, History, November, 1900, p.203.
(40)　Katherine C. Mayhew and Anna C. Edwards, Op. Cit., p.185.
(41)　Ibid., p.187.
(42)　Ibid., pp.145 – 160.
(43)　参照：
　・John Dewey, The Psychology of the Elementary Curriculum, in *The Elementary School Record*, No. 9, Curriculum, December, 1900, pp.228 – 229.
　・John Dewey, School Reports: Groups I And II, Group III, in *The Elementary School Record*, No. 1, Art, February, 1900, pp.12 – 15.

- John Dewey, General Introduction to Groups V And Ⅵ, in *The Elementary School Record*, No. 2, Music, March, 1900, pp.49 – 51.
- John Dewey, Reflective Attention, in *The Elementary School Record*, No. 4, Botany, May, 1900, pp.111 – 113.

第2章　実験学校の開設とその歩み

第1節　学校の名称について

　デューイが，1896年1月から1904年5月までシカゴで開設した学校には，いろいろな呼称がある。
　まず，毎週金曜日に発行されていたシカゴ大学の『大学広報』(University Record)にはこの学校の実践報告が掲載されているが，そのときの名称は，最初の報告たる1896年11月6日から1897年6月25日までは「大学附属学校」(The University School)ないし「シカゴ大学附属学校」(The University of Chicago School)となっている。なお，1897年5月21日には，「シカゴ大学附属学校」の記録とともに，デューイ自身が学校の概要を紹介するために書いたタイトルは「大学附属小学校」(The University Elementary School : History and Character)となっている。そして，1897年9月17日から最後の報告となる1899年9月15日には，——デューイ自身はこれより少し前に既にそのように使っていたわけであるが——「大学附属小学校」(The University Elementary School)の名前が冠せられている。
　デューイ自身が，開設の前の年の1895年に書いたプランには「大学附属初等学校」(The University Primary School)の名称が付けられている。ところが，開設当初，先の『大学広報』にみられるように，デューイはあえて"初等"という呼称を正式には使わなかったわけである。その事情について，小柳は「おそらくはデューイの強い意向を反映してのことであろう。すなわち，彼は，当面の間，実験学校は初等段階の学校として出発するが，将来的には中等段階までも含むことを予定していたのである。そのため，大学内の一組織としての学校の公式名称はUnversity Primary Schoolでは困る，あくま

45

でも University School であるべきだということであろう。」[(1)]と述べている。
　ところが，やがて前述のように1897年５月の段階から彼は「大学附属小学校」という公式名称を使うようになるのであるが，その理由に関しては，「1896年10月にシカゴ手工学校（The Chicago Manual Training School）がシカゴ大学に編入され，これがシカゴ大学の予備門として大学に付設されていたサウス・サイド・アカデミー（South Side Academy）という中等学校といっしょになって，The University Secondary School（大学附属中等学校）が発足したからであろう。つまり，シカゴ大学の組織として The University Secondary School が存在するようになったので，大学の組織として The University of Chicago School（または単に The University School）の呼称は使えなくなり，そうした事情で実験学校の名称を The University Elementary School にしたものと思われる。」[(2)]と述べている。
　その他の呼称を探れば，他に実験学校（experimental school），実験室学校（laboratory school），あるいはデューイ附属学校（Dewey School）などの呼称をあげることができよう。
　本論文では，実験室というとやや違和感を覚えるし，かといって附属小学校というと，彼のこの学校には中等教育期の子どもも在学していたのでやや狭い。附属であろうとなかろうと，とにかくデューイがシカゴ大学に開設したという意味で，また，実験室のように，そこで何か新たなことをやってみる学校という意味で「実験学校」（experimental school），あるいは「デューイの実験学校」（Dewey's experimental school）と呼称することにしたい。

第２節　実験の意味

　デューイは，生物学や物理学，あるいは化学といったいわゆる自然科学の諸分野が"実験室"を有しているように，教育学においても"実験室"をもちたい，あるいはもつべきだと考えていたように思われる。しかも，一般に"実験室"というときと同様，二つの目的をもっているという。すなわち，「学校の基礎をなしている概念は実験室の概念である。それは，実験室が生

第 2 章　実験学校の開設とその歩み

物学，物理学，あるいは化学に対してもつすべてと同じ関係を，教育学の仕事に対してもっている。そのようなどの実験室とも同様に，それは 2 つの主な目的をもっている。すなわち，(1)理論的声明や原理を示し，テストし，検証し，そして批判すること，(2)その特殊な方向における事実や原理の総計を増やすことである。」[3]と。

すなわち，一つは理論なり原理をテストし，検証し，批判することであり，今一つはそれを補完し，豊かにするよう事実や原理を増やすことであるという。

そして，このような原理の探究は，一般の学校ですぐに適用できたり，あるいは有益であるような方法や手段を工夫することではないという。すなわち，「実験室の主要な機能が直ぐに実際的な使用におくことができる手段や方法を工夫することではないように，この学校の主要な目的は年齢ごとの学校体系に直接適用できることに関連した方法を工夫することではない。現在の基準にしたがってよい教師を提供することはある学校の役割であるし，また，新たな基準や理念を作り，かくして諸条件の中で次第に変化に導くことは他の役割である。現在，公立学校のケースであるよりはより小規模なクラス，より多くの教師，そして異なった学習仮説をもつことが賢明であるなら，この点を説明するある機関があるべきである。今問題としている学校はこのことをなすことを望んではいるが，しかし実行できないことを目的にしようとも思わないし，公立学校に直接翻訳できるような性格をもつことを第一義的にめざすものでもない。」[4]というのである。

だから，デューイにとっては，「すぐに実際的な使用に委ねられるような方法や手段を工夫することが実験室の主な機能ではないように，学年別の学校制度の中に，それらの直接的な適用に関する方法を工夫することがこの学校の主な目的ではない。」[5]ということになる。

そうではなく，あくまでも実験の意義は「実験を遂行しようとする目的は他の人々が実験をする必要をなくすことである。少なくとも他の人々が，さほど多くの実験をする必要はないが，しかしある事柄に従うべき明確で建設的な何かをもつことである。」[6]という。

ところで，"実験"というとき，とりわけ教育において何かを実験するというとき，自分の子どもが実験台とされる，あるいは子どもはモルモットではない，といって批判する向きがある。そのような声について，デューイは次のようにいっている。すなわち，「学校はしばしば実験学校と呼ばれている。そして，ある意味では，それは適切な名前である。私はそれをあまり頻繁に使うことを好まない。というのは，親たちが，私たちは子どもたちに実験をしていると考え，したがって彼らは自然に反対することを恐れているからである。しかし，それは教育や教育問題に関する実験学校である，少なくとも私はそのように希望する。私たちは，これらの問題を解決することができるかどうか，そしていかにしてそれらは解決できるかを，実際に試みたり，実施したりすることによって——単に議論や理論化によってではなく——見出そうと試みているのである。」[7]と。

　他方，少し視点を変え，実験学校と大学との関係について考えてみたい。すなわち，たとえば日本には「附属学校」という言葉があるが，その場合の附属学校，すなわち大学の実験学校の意義はどのように考えられるのであろうか。

　まず，デューイは「現在のところ，合衆国には，この大学で初めてなされることと比べれば，組織的で十分にバランスのとれたやり方で，教育学（pedagogy）に関する卒業生の仕事のために提供される機会は与えられていない。」[8]という。

　すなわち，今のところ全米のどの大学においても，教育学の卒業生が教育に取り組むのに必要な理論や方法等を組織的かつバランスのとれたやり方で提供している大学は他にない。そのような大学附属の学校（＝実験学校）を開きたいというわけである。

　だから，そのような大学附属の実験学校では，また，「私たちは，ここで，大学は，価値ある教材及び正しい方法の発展のために貢献するように，すべてのその資源を小学校が自由に使えるようにし，他方，当小学校は，その見返りに，教育の学生が理論や観念が実演され，検証され，批判され，強化され，また，新たな真理の展開をみる実験室であるような，一層親しい結合を

さえ望むのである。私たちは，当小学校が，シカゴ大学との関係において，統一された教育の生きたモデルとなることを望むのである。」⁽⁹⁾という。大学附属の実験学校は，一方では大学の教師や学生にとっての"実験室"となり，他方では，附属の教師や子どもが大学の資料や資源等の一切を使うことができるという互恵的な関係の下で機能すべきことが考えられていたのである。

では，大学及び附属校双方がともに賛意できる共通の方向なり考え方として何を期待していたかというと，デューイは，「私は，私たちのこの特殊な学校とシカゴ大学との関係についてさらに一言述べたいと思う。……シカゴ大学附属の教育学的な学校の背後に存するものは，四歳の子どもから始まる教育から，シカゴ大学大学院の教育にまで延びているような統一化を果たすためのモデルとして役立つような何かを作りあげるという必要性である。……幼い子どもの教育と成熟している青年の教育とを分離している障壁を打破したいのである。また，誰の目にとっても初等と高等の別はなく，ただ教育があるということを示すような，初等の教育と高等の教育とを同定したいのである。」⁽¹⁰⁾という。すなわち，当時のいろいろな教育的障壁を打破し，そして幼児教育から大学院教育まで通じるような一つの教育学理論を解明することを，大学及び附属校双方の任務と考えていたのである。

第3節　実験学校で実験すべき内容

それでは，このようなために彼は具体的にどのような教育学原理をテストし，またそのためのいろいろな事実を収集しようとしたのであろうか。

実は，この点は後に検討する「カリキュラム構成の原理的特質」とも重なる面がかなりあるように思う。というのも，一般にも，カリキュラムをこのようなものとして編成するという際の原理的特質があるからこそ現実の学校のカリキュラムのその善し悪しを区別できるし，また，カリキュラム上いったい何を実験しようとしたかという目的・内容等も明らかになると思われるからである。実際，彼には「Plan of Organization of the University Primary

School, 1895」という，まさに論文名からしても，そのような構成原理を扱っていると思われる論文があるわけである。

しかし，そのような原理的な特質も含め，カリキュラム構成の構成原理は別に扱うことにし，ここでは，実験学校で何を実験しようとしたか，現実の学校のカリキュラムのどこが，いかなる理由によって"実験"の結果，解消されようとしたかに関して，いわば直接的に論じた資料があるので，それによってみることにしたい。その資料とは当初の1899年に，3回に分けて行われた教育連続講演会の講演録を収めた『The School and Sociey』に所収されている「大学附属小学校の三年間」（Three Years of University Chicago Elementary School）である。

すなわち，彼は，実験学校の開設当初に，具体的に以下のような四つの疑問なり解決すべき問題があったという。なお，デューイ自身はこの四つの問題点を実験学校を開設することにより解決しようとしたというのであるが，しかし，メイヒューとエドワーズによれば，「彼自身の子どもたちの生長と発達の機会」を提供しようとしたことも，デューイが実験学校を開設しようとしたときの理由の一つであったという。このため，以下では，開設理由としてこの五つのことを検討したいと思う。

第1項　学校と生活との結合

まず，彼は「学校を，子どもがある課業を学ぶためにのみやってくる場所とするのではなく，学校を家庭や近隣の生活と密接な関連にもたらすためには，何をなすことができるか，そしてそれをいかになすことができるであろうか？」[11]という問題なり疑問を掲げる。別には，「私たちは，ここで学校制度それ自体の統一及び組織化という問題を解明し，そしてすべての教育にとって，そのような組織の可能性と必要性を論証するために，学校制度を生活と親密に関連づけることによりこのことを成し遂げたい。」[12]と。つまり，学校と"生活"との関連づけということをすべてのベースにしたいという主張である。学校を単なる課業の学びの場として構想するのではなく，むしろ子どもが日常の家庭生活や近隣の生活で営んでいる"生活"と関連させるよ

うな学校を実現したい。そのことにより教育上のいろいろな問題の解決に迫りたい，このような志向性が強くうかがえる。

しかし，そうはいっても次のことを忘れてはならないと彼はいう。すなわち，「子どもは単に，家庭で既に経験した事物を学校にもたらし，そしてそれらを勉強するべきだということを意味するのではなく，むしろ，可能な限り，子どもは家庭と同じような態度や見方を学校で持たなければならないということを意味している。」[13]——あるいはまた，「子どもを家庭で取り組ませ，生長させている動機が学校においても用いられなければならないし，そうすることによって，子どもは，家庭での行為の原理とは区別され，学校にのみ属しているような別セットの行為の原理を獲得してはならないということを意味している。」[14]という。

デューイは，当時の学校が"課業の学びの場"（＝実は，3 R's 中心の学びの場）となっていたのを改め，むしろ学校を"生活の場"にしようと意図していた。しかも，子どもが生活しているそのままを，その通りに導入するというわけではなく，むしろそこに見られるのと同じ取り組みの態度なり見方，生長の動機こそ取り込むようにせよという。

ではいったい，なぜ，学校と生活とを関連づけようとしたのであろうか。いったい学校と生活とを結合すればどんなよさがあるのであろうか。子どもが家庭生活で見せる態度なり見方はなぜに彼の目にとまったのであろうか。このような問題については，第5章で改めて考えることにしたい。

第2項　歴史と理科と芸術のたて直し

二つ目には，彼は「歴史と理科と芸術の教材を導入する方法，そして，子ども自身の生活の中で積極的な価値及び真の意義をもたせるには何をなすことができるか，そしてまた，最も幼い子どもたちでさえ，技能や知識において達成すべき価値ある何かを提示したり，さらには小さな子どもにとって，高校生か大学生の学科が彼にとってあるのとほとんど同じようであるようにするには何をなすことができるであろうか？」[15]という。

ここでは，歴史，理科，そして美術を取り入れる意義やその方法について

の彼なりの提案をしたかったことが述べられている。

当時の学校はといえば,「学校における子どもの最初の3年間の75ないし80％が学習の形式に——実質ではない,すなわち読み,書き,算といった記号の習得に充てられていた」[16]という。しかも,そのような読み・書き・算の学習は,「歴史及び自然の実証的な真理によって表されるような子どもの知的,道徳的経験におけると同じ種類の増加ではない。」[17]という。

ではいったい,読み・書き・算の学習を含め,当時,歴史,理科等の学習はどのように行われていたのであろうか。

中野[18]は,キャルドウェルの次の表を紹介することによって,アメリカの独立後の初等カリキュラムの発展を示している。

米国の独立後の初等カリキュラムの発展

1775	1825	1850	1875	1900
読み方	文　法	歴　史	図　画	生理学及衛生
綴　字	読み方	言語及文法	公民（civics）	文　学
書き方	綴　字	読み方	歴　史	図　画
算　術	書き方	綴　字	言語及文法	公　民
聖　書	算　術	書き方	読み方	歴　史
	品　行	算　術	綴　字	言語及文法
	簿　記	品　行	書き方	読み方
	地　理	簿　記	算　術	綴　字
		実物教授	品　行	書き方
			自然学習	算　術
			地　理	遊　戯
			音　楽	自然学習
			体　育	地　理
				音　楽
				体　育
				裁　縫
				手　工

第2章 実験学校の開設とその歩み

　この表によってみると，いわゆる読み（読み方）・書き（書き方／綴字）・算（算術）といった3R'sの導入は早く，1775年には初等カリキュラムの典型となっていた。その後，「地理」（1825年），歴史（1850年）の導入がやや早く，反面，図画，音楽，体育の導入は1875年とやや遅れている。なお，1900年になると，デューイも『学校と社会』（1899年）において指摘していたように，「遊戯」「裁縫」「手工」等の作業教育の導入が定着しつつある様子がうかがえる。

　さて，この表も勘案しながら考えると，デューイの実験学校運営当時（1896年～1904年）には，ほとんどすべての教科が既に確立されていたことが分かる。そこで，問題は，その内容なり扱いであるが，残念ながら，中野氏はこの点を扱っていない。そこで，他を探すと，たとえばデューイを中心としながらまとめた NEA の中間報告書といわれている『Report of the Committee on a Detailed Plan for a Report on Elementary Education, 1897』では，このように多くの教科が既に導入されているが，問題は，「それらが，そこに，無用の長物，ないし外的な付属品としてあるか，あるいは彼ら自身の仕事をするのみならず，すべての教育的要因の価値を強化するような有機的な要因としてある。したがって，その関係が一つあるいは他の形式をとるにつれ，いわゆる"新"教育は，生徒の混雑，彼の困惑，そして過度の刺激を意味するか，あるいは彼の生活の秩序ある発展及び豊かさを意味するかである。」[19]であると述べている。

　さて，このようにみてくると，3R'sをはじめ，歴史，理科，芸術等の学習が，当時，どうも期待するような子どもの生活の秩序ある発展を促していない――別には知的，道徳的経験における実証的な真理の増加に通じるような扱いをされていない。このような状況を反省し，改めてこれらの学習の内容，方法両面でのたて直しを図ろうとしたところにデューイの二つ目の願いがあったといえよう。

第3項　読み・書き・算の，いわゆる3R'sの改善

　第三として，デューイは3R'sの学習の問題点及びその改善をあげている。

すなわち，前記の第2項の中でも触れたように，当時の伝統的なカリキュラムでは，「学校における子どもの最初の3年間の75ないし80%が読み・書き・算といった記号の習得」に充てられていた。しかし，その現実＝実態といえば，彼によれば，一つには，これらシンボルの学習が「純粋に現実の二次的で紋切り型の代替物」となり，また二つ目として，「子どもは知的な渇望なしに，機敏さなしに，問題的態度なしに本に近づき，その結果，嘆かわしく卑属なものとなっている。また，空想への単なる手当たり次第の刺激，情緒的な耽溺，真実の世界から架空の国への逃避を求めて読書と結合し，思考や探究を弱めたり，思考や探究への活力を無力にするような本へのみじめな依存となっている。」[20]という。ぜひとも改める必要がるといえよう。

　しかも，彼によれば，3R'sの学習は，生理学的な見地からも問題があるという。すなわち，「まず，生理学者は，子どもの感覚器官や連結された神経，そして運動筋肉装置は，この期にあっては，読み・書きの学習に限定したり分析したりする作業にとって最もよく適合してはいない。感覚及び運動中枢が発達する秩序，すなわち一般的には，進歩の方向は身体的システムを全体として処理するより大きな，より粗い適応（身体の主要部分に最も近いところ）から，有機体の周辺部や末端を処理する精巧かつ正確な適応にまでであるということによって表現される秩序がある。眼科医は私たちに，子どもの視力は本質的には未開人のそれである。すなわち，近くの事物を詳細にではなく，大きなそして何かしら離れた事物をひとかたまりにして見るのに適している。この法則を犯すことは不当な神経の緊張を意味する。また，それは少なく仕事をすることができる中枢に最大の緊張を与えることを意味する。書くという行為は——とりわけ，小さな手で，そして正確さに関する最大限達成できる程度で規定された線の上を書くように子どもに強いるという学校における粗野なやり方で，長く取り組まれてきたが——，専門家によってのみ確かに理解されるような筋肉運動の適応の繊細さと複雑さを含んでいる。……疑いのない例外があるが，現在の生理学的な知識は視覚及び書かれた言語形式に対して偶然的な注意より以上の何かのための十分早い年齢としておよそ8歳を指摘している。」[21]と。

ところで，だからといって，デューイは読み・書き・算の学習を全く必要なしとしているのではない。むしろ，これらの学習の強味や良さを出すための本来の姿，そのあるべき道を探ろうとするといった方がより適切である。すなわち，彼は，そのための問題意識を次のように表現しているからである。「これらの形式的で，記号的な分野における教授——すなわち，賢明に読んだり，書いたり，計算する能力の習得——を，彼らの背景としての日常の経験やオキュペイションとともに，そして一層固有な内容をもつ他の学科との一定の関連において実行するにはどのようにすればよいか，そして，子どもが，それら自身のために子どもに訴える教科の結合を通じてそれらの必要を感じるような方法でいかに実行すればよいであろうか？ もしこれが達成されるなら，彼は技術的能力（technical ability）を得るための活力ある動因をもつことであろう。」[22]と。

第4項　子どもへの個的対応

　第四として，デューイが実験学校を開設し，問題解決しようとしたことは子どもの「個的対応」(individual attention) ということであった。
　そして，このために，彼が考えていた具体的な改善点としては次のようなことがあった。すなわち，「このことは，小さなグループ——一クラス8名〜10名——，及び子どもの知的な要求や到達度，さらに身体的健康や生長をかなり多数の教師によって組織的に管理することによって保証されるのである。このことを保証するためには，私たちは，現在，一週間につき135時間の授業時間を設けている。すなわち，一日に3時間の授業のために9名の教師を，つまり一グループにつき一人の教師を充てている。個々の子どもの能力及び必要への配慮についてこの声明をなすために少ない言葉でよいが，しかし，道徳的，身体的，及び知的な側面にわたる本校の教育の目的や方法のすべては，個々の子どもの能力及び必要への配慮と密接に関係している。」[23]と。
　子どもの編成において，一クラスないし一グループを8〜10名という小規模にすること，一人一人の子どもの知的，道徳的，身体的等の生長・発達を促すためには，何よりもそれらの発達を個的に管理する必要があり，そのた

めには教師の授業時間をおさえ，各グループ（クラス）に一人の教師を充てるように配慮することなどが考えられている。

その他，たとえば子どもの集団編成において，当初は「異年齢混合の集団編成」（年齢や学力において異なる子どもを混合させる方法）を試み，途中から子どもが多くなったので「子どもの共通な能力（common capacity）によって集団編成する」方式——読み・書き能力ではない他の一般的な知的能力や精神的機敏さ等——へと組み替えたが，子どもを異年齢混合方式の考え方を保持しようとした実践[24]，あるいは教師集団を，一人の教師が多くの教科を担当するというゼネラリスト型から，主要な分科（branch）を担当する部門型（departmental）の組織へと変更しつつも，「子どもの最善の発達への共通の献身」や「当校の主要な目的や方法への共通な忠誠」といった精神を実現しようとした実践[25]，さらには学校の「秩序を保つ」（keeping order）が，それは子どもの「自由」（freedom）の上にこそ育つという実践[26]等が現実にみられたわけであるが，このような試みの中にもこの子どもへの個的対応という方針が具体化されていると考えられる。

第5項　自分の子どもたちの教育のため

以上は，デューイ自身が述べた実験学校開設の理由というか，そこで実験すべき内容を中心に検討したものであった。

しかし，いろいろと文献を調べていくと，これらの理由の他に，デューイ自身，理想的な学校を開き，そこで自分の子どもたちの教育を行いたいという個人的な理由もあったようである。

たとえば，この点を，実験学校で直接教鞭を執ったこともあるメイヒューとエドワーズは，次のように述べている。すなわち，「デューイの哲学の実践への早い開花は，彼の教育哲学を検証するため，そして彼自身の子どもたちの生長と発達の機会を与えるための実験室という二重の欲求によって刺激されていた。ある時，彼が自分の注意を教育哲学に向けるようになったことがいかにして分かるかを尋ねられた時，デューイは，『それは主として私の子ども達のためであった』と答えたのであった。」[27]と。大浦は，この特質

第２章　実験学校の開設とその歩み

を次のように表現している。すなわち、「なお、当時のデューイが実験学校を欲した心境の中には、理論的必要とは別に、自分の子供たちに対する実際的配慮も加わっていたこと、を見逃してはならないであろう。彼がミシガンからシカーゴウへ移った1894年には、長男フレデリック・長女エヴリン・次男モリスが、それぞれ七歳・四歳・一歳になっており、彼は、自分が小学校時代に体験したあの『知的な退屈』を、新しい時代の子供たちに再び味わわせたくなかったのである。」[28]と。——実験学校を開設した1896年１月当時、フレデリックは８歳、エヴリンは６歳になっていたという。——

　周りの学校をみると、既述の四つのことからも分かるように、デューイにとってはいろいろと解決すべき問題があり、自分のかわいい子どもたちをそのような学校に通わせたくない。否、通わせるわけにはいかない、と考えたことも自然なことであったであろうと思う。しかも、単にそう思ったということのみならず、実際に、学校を開き、そこで自分の理想とする教育を受けさせたことは、そして、そのことが彼の教育哲学の必然的な要請を満足させるためであったとすれば、今更ながら、彼の偉大さを痛感させられるといえよう。

第４節　実験学校の歩み

＜実験学校の開設と移転＞

　デューイの開設した実験学校は、開設からその終わりを告げるまで、１カ所にずっと止まっていたわけではなく、より広い場所、敷地、建物等を求めて３回も場所を変えたのであった。今、その後を振り返ることにしたい。

　① 　実験学校の開始[29]

　デューイが実験学校を開始させたのは、1896年１月の第１週の月曜日の朝であった。建物は57番街389番地にある住宅であった。大学近くの小さな民家であった。子どもは、６歳から９歳までの12人であった。

　教師は２名であった。ミッチェルさん（Clara F. Mitchell）は教師として従事し、スメドリーさん（F. W. Smedley）は手工の担当者であった。

なお，ダイキューゼン氏の解説するところによれば，次のように報告されている[30]。
- 最初の朝は歌で始まり，続いて庭や台所等々の使用について，子どもたちの知識と観察力をテストする目的の考察が行われた。
- 子どもたちは机に座らせられ，ボール紙を配られた。朝の終わり頃には，子どもたちは各自鉛筆と他のものを入れる紙箱を仕上げた。子どもの一人が話をして，体育によってそのプログラムは締めくくられた。

② 第1回目の移転[31]

1896年10月，キムバーク街5714番地に移転した。子どもは，6歳から12歳までの32名であった。

教師は専任教師の3名であった。ミッチェルさんは歴史と文学を担当。キャンプさん（Katherine B. Camp）が，新たに教員スタッフとなり，理科と家庭を担当。それに木工と工作の正規の教師であった。なお，その他として音楽の非常勤の教師，3人の大学院生の助手がいた。また，大学の女子体育担当のアンダーソン先生が援助した。

③ 第2回目の移転[32]

このように子どもの数の増加により住居が狭くなったため，クリスマス休暇を利用して，1897年1月に移転。学校は57番地とロザリーコートの南東コーナーにあるサウス・パーク・クラブハウス（the old South Park Club House, Corner of 57th Street and Rosalie Court）に位置している。

子どもは，6歳から10歳までの40人であった。

この年の春（1897）には，ミッチェルさんが辞め，アンドルーズさん（Katherine Andrews）とベーコンさん（Georgia Bacon）が常勤スタッフに加えられた。

ベーコンさんは，1897年10月の新年度から校長になった。また，教師は16人に増え，子どもも60人となった。

なおまた，この新年度（1897－1898年度）から以後，University Record に報告される実験学校の公式名称が，従来の The University of Chicago School（シカゴ大学附属学校）から，The University Elementary School（大

第2章　実験学校の開設とその歩み

学附属小学校）へと変更になっているが（公式には，この名称はUniversity Recordの1897年9月17日号以降に使用されている），その理由に関して，小柳は次のように述べている。すなわち，「1896年10月にシカゴ手工学校（The Chicago Manual Training School）がシカゴ大学に編入され，これがシカゴ大学の予備門として大学に付設されていたサウス・サイド・アカデミー（South Side Academy）という中等学校といっしょになって，The University Secondary School（大学附属中等学校）が発足したからであろう。つまり，シカゴ大学の組織としてThe University Secondary Schoolが存在するようになったので，大学の組織としてThe University of Chicago School（または単にThe University School）の呼称は使えなくなり，そうした事情で実験学校の名称をThe University Elementary Schoolにしたものと思われる。」[33]と解説している。

④　第3回目の移転[34]

子どもが60人と増えたこともあり，一層広い校舎・校地が必要となり，その結果，エリス街5142番地にある大きな，広々とした邸宅を，1898年6月同年度から向こう3年間にわたって確保することになった。

そして，この建物には大改良が加えられ，同年10月3日から授業が開始された。子どもは，4歳から13歳までの82人に達していた。なお，1898-99年の同学年度内には，最高の95人を数えた。

また，同年10月の新年度から，4歳児から5歳児を対象に幼稚部が作られた。そして，このとき，2つのグループが作られ，それぞれ10名ずつに限定されていた。

なお，その後も，この実験学校は同じ地にとどまったが，子どもは増え続け，1902年には子どもの数は140人，教師（時間講師も含め）は23人，大学院の助手10人にまで増加した。そして，この地に実験学校の終焉までとどまったのである。

＜実験学校の発達の時期区分＞

ところで，前記のように移転を繰り返した実験学校であるが，次の問題は，

その歩みなり発展の時期区分をいかにみるかという問題がある。

　たとえばメイヒューとエドワーズは，大きく二期に分けて考えている。すなわち，第一期は1896年から1898年までであり，第二期は1898年から1903年までであるという[35]。しかも，彼女らによれば，第一期はさらに，実験学校を開設し，「主にすべきでないことは何かを示す」ことを意図した「試行錯誤期」とそれ以降とに区分されることが可能であるという[36]。だから，実質的には三期であり，それぞれ「試行錯誤期」→「発展期」→「充実期」とでも表現できようか。

　そして，小柳は，このメイヒューとエドワーズの考え方に拠りながらも，「実験学校では最初の2年間（1896年〜1898年）は教育実践の移行期にあたり，3年目の1898-99年度に入って，いわゆる『社会的オキュペイション』（social occupation）を核とする教科課程が一応の完成をみるに至り，その後はこの教科課程にもとづいてさらに精度の高い実践が展開されていった」[37]と提案している。1898年10月（秋）を境にし，それ以前とそれ以降に分け，それ以降を「第二期」としてとらえていこうとされている。その第二期内をいわば"完成期"（ないし充実期）とみていこうというわけである[38]。

　筆者も，第一期（「試行錯誤期」→「発展期」）→1898年度を境に，第二期（「完成期」）と考えていくこと自体はそれでよいと考えるのであるが，既述のことも視野に入れれば，この第二期内を「完成前期」→1899年度以降の「完成後期」を区分出来るのではないかと考えている。本論文では，以上のような理由から，この＜完成後期＞の実験学校のカリキュラムの特質を，シカゴ大学出版より刊行された『初等学校記録』の中に報告されている各グループ別のカリキュラムの実際によって考えていくことにしたのである。

　なお，メイヒューとエドワーズもいうように，実験学校の終息は，デューイの理論—教育学仮説が行き詰まったからではなく，別の要因によるものであった。すなわち，1903年のF．パーカーの死による両初等学校の合併，さらに2つの中等学校合併による計四つの学校長をデューイは引き受けたが，合併後の1年後に初等学校の管理スタッフの何人かをやめさせるというシカゴ教員養成学院の理事会との約束について全く知らされていなかったことが

第2章　実験学校の開設とその歩み

分かり，またその事を受け入れることはできず，遂に1904年春，先ず校長を，次いで教育学部長を辞任したのである[39]。このため，この期を入れて「終末期」と呼んでもよいかも知れない。しかし一般にいう終末期ないし終息期とは異なり，"突然"に，しかも教育以外の要因により実験学校が終わった，あるいは終わらざるを得なくなったということを強調するため，あえて"充実期"の後（次）に終末期を設けることはしないことにした。

なお，ついでながらいうと，このような実験学校の終末のゆえんであろう。たとえばメイヒューとエドワーズは「現在の合併校は，どのような意味においても，その目的あるいは方法のいずれかの後継者であるとみなすことはできない。」[40]という。同じように，F. W. ジャクソンは「今日の実験室学校が，……その学校の創設者が想定したような，教育的実験室とは違っていることだけは確かなことである。」[41]と述べている。つまり，実験学校そのものは，1904年春以降今日まで，シカゴ大学附属初等・中等学校として存在しているわけであるが，しかし，デューイが去った後のカリキュラム等は彼の実験学校当時のそれとは別のものと考えられている[42]。

註

(1) 小柳正司「シカゴ大学実験学校の記録　1896−1899」『鹿児島大学教育学部研究紀要教育科学編』第51巻，2000, p.120.
(2) 同上，p.120.
(3) John Dewey, *The University School*, October 31, 1896, EW, Vol.5, p.437.
(4) *Univertsity Recored*, November 6, 1896, pp.417−418.
(5) John Dewey, Op. Cit., p.437.
(6) John Dewey, Waste in Education, in *The School and Society*, MW, Vol.1, p.56.
(7) John Dewey, Three Years of The University Elementary School, in *The School and Society*, MW, Vol.1, p.61.
(8) John Dewey, *The Need for a Laboratory School*, 1896, EW, Vol.5, p.433.
(9) John Dewey, Waste in Education, in *The School and Society*, MW, Vol.1, p.56.
(10) Ibid., p.55.
(11) John Dewey, Three Years of The University Elementary School, in *The School and Society*, MW, Vol.1, p.59.

⑿　John Dewey, Waste in Education, in *The School and Society*, MW, Vol.1, p.56.
⒀　John Dewey, Thrre Years of The University Elementary School, in *The School and Society*, MW, Vol.1, p.59.
⒁　Ibid., p.59.
⒂　Ibid., p.59.
⒃　Ibid., p.59.
⒄　Ibid., pp.59－60.
⒅　中野和光『米国初等中等教育課程の成立過程の研究』風間書房，平成元（1989）年，p.172.
⒆　NEA, *Report of the Committee on a Detailed Plan for a Report on Elementary Education*, EW, Vol.5, pp.450－451.
⒇　John Dewey, Op. Cit., p.112.
㉑　John Dewey, *The Primary-Education Fetich*, May 1898, EW, Vol. 5, pp.259－260.
㉒　John Dewey, Three Years of The University Elementary School, in *The School and Society*, MW, Vol.1, p.60.
㉓　Ibid., pp.60－61.
㉔　Ibid., pp.64－65.
㉕　Ibid., p.65.
㉖　Ibid., pp.65－66.
㉗　Katherine C. Mayhew and Anna C. Edwards, *The Dewey School: The Laboratory School of the University of Chocago 1896－1903*, 1936, 1965, Atherton Press, p.446.
㉘　大浦猛『実験主義教育思想の成立過程―デューイにおける初期教育思想の形成―』刀江書院，昭和40（1965）年，p.602.
㉙　参照：
　・The University Elementary School, in *The President's Report:1897－1898*, p.232.
　・Katherine C. Mayhew and Anna C. Edwards, Op.cit., p.7.
㉚　G・ダイキューゼン，三浦典郎・石田理訳『ジョン・デューイの生涯と思想』清水弘文堂，昭和52（1977）年，p.140.
㉛　参照：
　・*University Record*, November 6, 1896.
　・Katherine C. Mayhew and Anna C. Edwards, Op.cit., p.8.

第 2 章　実験学校の開設とその歩み

(32) 小柳正司「シカゴ大学実験学校の実践記録　1896－1899」『鹿児島大学教育学部研究紀要　教育科学編』第51巻，2000, p.120.
(33) 参照：
・*University Record*, January 8, 1897, February 19, 1897, and December 17, 1897.
・Katherine C. Mayhew and Anna C. Edwards, Op.cit., p.8.
(34) 参照：
・*University Record*, June 17, 1898, September 23, 1898, and October 14, 1898.
・Katherine C. Mayhew and Anna C. Edwards, Op.cit., p.8.
(35) Katherine C. Mayhew and Anna C. Edwards, Op.cit., p.39.
(36) Ibid., pp.7－8.
(37) 小柳正司，同上書，p.119.
(38) 参照：

　実験学校の時期を1898年とそれ以前とに大きく区分使用とする見方は大方の見方であるといえよう。
　①たとえば，松村は「デューイ・スクールの歩みを全体として眺めると，1898年10月の新校舎への移転が転換点となって，充実期に入ったとみてよい。というのも，ただ新校舎といった外的条件の変化だけにとどまらず，この機会をとらえて，大学との関係をより緊密にするために部門形式（departmental form）が採用され，下級初等部（sub-primary department）を新設して，4－5歳の幼児を収容すると入った学校組織そのものにも変更が加えられていたからである。」(『シカゴの新学校』法律文化社，1994, p.32) という。つまり，実験学校は1898年10月を境に「充実期」に入ったというのである。そして，その根拠として，(ⅰ)部門形式の採用，(ⅱ)下級初等部の新設をあげる。
　なお，松村氏は1898年10月より以前をそのように呼ぶか，また，充実期は，デューイが辞任した1904年春に突然終わるのか等に関しては言及なし。
　②大浦氏も，松村氏と同様，ほぼ1898年秋を境に，それ以前の「草創・生成の時期」，ないし「実験前期（シカーゴウ時代第二期）」，そしてそれ以後の「安定・整備の時期」ないし実験「後期（シカーゴウ時代第三期）」とに区分していこうとされている（『実験主義教育思想の形成過程—デューイにおける初期教育思想の形成—』刀江書院，昭和40（1965）年3月，p.676）。
　そして，その理由として，松村氏と同様，「1898年10月に三度目の移転を行って，ようやく校地・校舎も落ち着き，特別教室の最低必要量を得，職員組織も整い，初めて幼稚園段階（4，5歳）から13歳までの児童を迎えるに至り，カリキュ

ラムの基礎も固まるに至ったからである。」と述べている（同書, p.676）。

　なお, 同氏は「草創・生成期」をシカゴ時代第二期としているが, 氏によれば, シカーゴウ時代第一期は, 彼が1894年7月にシカゴにやって来, やがて二期たる実験学校開設前に, いわば教育実験のために実験学校を開き, そこで確認し, 具体化し, あるいは変容され, 否認さるであろう「教育学的仮説」を形成するまでという（同書, pp.632-673）。

　ついでにいえば, 同氏によれば,「その大きな変化（実験主義者に変わった＝高浦注）が部分的に始まったのはほぼ1890年, 新しい立場への移行が実質的に終わったのはほぼ1894年である」（大浦猛編『実験学校の理論　デューイ』明治図書, 1977, p.225）という。このため, デューイがシカゴ大学に赴任したときには, 実験主義者としての面目躍如たるものがあり, 第一期はまさに"実験主義教育学の仮説"づくりの時代に相当すると考えられるのである。

(39)　Katherine C. Mayhew and Anna C. Edwards, Op. Cit., pp.14-18.
(40)　Ibid., p.18.
(41)　ジョン・デューイ, 市村尚久訳『学校と社会・子どもとカリキュラム』講談社, 1998, p.18.
(42)　参照：
　①　佐藤学『米国カリキュラム改造史研究―単元学習の創造―』東京大学出版会, 1990.

　「一九〇四年, シカゴ大学教育学部の教育方法学にいた「S. C. パーカーにおける『効率性』原理の実践への適用」は, シカゴ大学実験学校の実践の変容の理論的な表現であり, 同時に, 同校の実践の変容を促進した原因の一つとなった。以下, 実践の変容の側面から考察しよう。」(p.89) とし, 同校の1905年版, 1908年版, 1917版（社会科）の三つのカリキュラムを検討している。1905年版はジャックマンによって作成されたカリキュラム, 1908年版はジャックマン没後の同校の実践を規定したカリキュラムであるという。

　「シカゴ大学実験学校の単元学習は, こうして, デューイ・スクールの閉鎖以降, 功利主義を基本原理とする様式の洗練と変容をとげている。」(p.93)
　②　メイヒュー, エドワーズ, 梅根悟・石原静子訳『デューイ実験学校』明治図書, 1978.

　「……デューイがやめ, 実験学校の人びとも三～四人を除いてやがて四散して, この教育実験は終わった。合併後の短い年月は実験学校の終末期であって, 現在の合併校を, その目的・方法からいってスクールの後継者と見ることはでき

第2章　実験学校の開設とその歩み

ない。」（pp.33-34）
③　大浦猛『実験主義教育思想の成立過程―デューイにおける初期教育思想の形成―』刀江書院，1965．
　「さて，デューイの辞任に引き続き，実験学校の教師たちも三，四人を残してほぼ全員が退陣し，ここにシカーゴウの教育実験の精神は実質的に解消した。つまり，教育学部と結合した年度の中途において，デューイの実験学校はその歴史を閉じたのである。しかも，デューイは，その後，自ら実験的な学校経営に乗り出すことをしなかったので，これは，彼による教育学実験の完全な終幕となったわけである。」（p.616）

第3章　実験学校のカリキュラムを支える要因

　実験学校のカリキュラムの特質そのものを紹介，検討する前に，そのカリキュラムのあり方を実質的に左右すると思われる三つの要因なり条件について検討することにしたい。一つは，子どものクラス集団ないし集団編成をどのようなものとして構想し，実践したかという点である。二つ目は，子どもたちの指導に当たる教師をいかなる形で雇用したか，あるいは子どもの指導に当たる教師集団をどのように編成したかという問題である。そして，最後に，実験学校における時間割はどうなっていたかを検討することにしたい。

第1節　異年齢混合集団編成からグループ別集団編成へ

　まず，子どもの集団編成についてであるが，デューイは，当初，いわゆる異年齢混合による子ども集団の編成を考えていたように思われる。
　たとえば，「学校は，しばらくの間，子どもが生活する，すなわち彼が参加すると感じ，また貢献する地域社会の生活（community life）の一人のメンバーである機関である。」[1]ので，それにふさわしく，「学校は，一つの機関として，いろいろな力と行為の多様性を通して実現される精神と目的との地域社会でなければならない。」[2]と考えた。そして，そのためには「現在の学年システムから，いろいろと異なる年齢（age），気質（temperament），生来の能力（native ability），そして学力（attainment）の子どもたちをいっしょにするのに十分なシステムへの出発を要求する。このようにしてのみ，労働の分割に含まれている共同的精神（co-operative spirit）を，同じ達成を仮定された多くの人々が全く同じ結果を獲得するために働いているときに不可避的に発達させた競争的な精神と置き換えることができる。」[3]と考え

第3章　実験学校のカリキュラムを支える要因

たのである。
　同様なことを，彼は──幼稚園の実践から学んだとして──子どもたちを「学年編成したり（to grade）」[4]，あるいは「厳格な学年システム（rigidly graded system）」にするよりも（＝子どもに利己主義・わがままを育てる），「どの子も異なる年齢や達成や興味をもつ子どもとの接触から利益を得る」[5]ような集団編成を推奨していたのである。
　だから，実験学校開設の当初（1896年1月～）においては，6歳から9歳までの子ども全員で12人であったので，この異年齢の12人を一つの混合の集団に編成し，一人の教師で担当するというシステムを採用したのであろう。
　ところが，実践途中から，この考え方をやや修正している。すなわち，学年制にやや近い形（彼は，それをグループⅠ，Ⅱ，Ⅲ，……と呼んでいるが，該当する年齢は一部重複したり，あるいは年により若干異なっている）に変更している。この間の事情について，彼は，次のようにいっている。すなわち，「当校開設当初において，私たちは，年長の子どもが年少の子どもの面倒をみるという一定の責任を想定させることにより道徳的な利点はもちろん，このようにして獲得される対等の立場でのやりとりの中に知的な利点があると信じ，異なる年齢（ages）や学力達成（attainments）の子どもたちをできるだけ混合させた（mix up）。当校が大きくなるにつれ，この方法を断念し，そして子どもたちを彼らの共通の能力（capacities）という観点からグループ分けすることが必要になった。しかしながら，このようなグループ分けは，読み・書きの能力に基づくものではなく，心的態度や興味の類似性，そして一般的な知的能力や精神的な機敏さに基づくものである。私たちが『学年制』学校（graded school）の厳格な梯子方式を作るのではなく，私たちは依然として子どもたちを混合させるという考えを遂行しようとするやり方がある。この方向の一つのステップは子どもたちを動きまわらせ，いろいろな教師と接触させることである。……（中略）……子どもたちは，また，歌ったり，いろいろなグループの人々によって読まれるものとしての全体の学校作業のレポートのための一般集会で出会う。年長の子どもたちは，また，年少のグループのいくつかに加わったり，もし可能ならば，手作業の

場合のように，年長の子どもたちの学習に入るために一週に半時間を与えられている。いろいろなやり方で，私たちは学校全体を通して家庭的精神を保ち，孤立した学級や学年の感情をなくすよう努めている。」[6]と。

このように，デューイは年齢も学力も異なる子どもの異年齢混合による集団編成から，心的態度や興味の類似性，一般的な知的能力や精神的な機敏さに基づく集団編成（やや学年制に近い集団編成）へと変えている。そして，その理由について「当校が大きくなるにつれ」という。私は，次に検討しようとする担当教師の問題も大きな要因となったのではないかと思う。

なお，その時期であるが，1896年10月の時点で（一回目の移転後，キンバーク街で6歳から11歳までの子ども32名を集めていた），既に，子どもは次のような5つのグループに分けられていた[7]。

　　Group Ⅰ：・・・・・・・・・・5歳半～6歳
　　Group Ⅱ：・・・・・・・・・・6歳～7歳
　　Group Ⅲ：・・・・・・・・・・6歳半～7歳～8歳
　　Group Ⅳ：・・・・・・・・・・7歳～9歳
　　Group Ⅴ：・・・・・・・・・・9歳～11歳

なお，『大学広報』の1897年4月16日号では，「春学期の開始とともに，12人の新しい子どもが学校に入学許可され，そしてグループは5つから6つのグループへと再組織された。子どもたちの学習の進路を保つ上での混乱を避けるため，現在のグループⅥを以前のグループⅤとし，そして，以前は学校にいなかったが最近入学許可された子どもたちを含むよう，グループⅠまで下りていくよう注意する必要がある。」[8]と述べられている。

そして，このような「共通の能力に基づくグループ編成」という方針は，その後次第に整備され，1897年12月17日号では，子どもは「8つのグループ」に編成され，「年少グループ（当時5歳～6歳）は8人に限定され，（当時，最年長者であった）12歳後には12から15人まで増やす」という方針が提出されていた。なお，このグループ編成は「柔軟であり，子どもたちは専門的な達成ではなく，知的成熟及び学習の能力にしたがって分類される。同じグループの子どもたちは同じ一般的な方向にそって学習の量を変え，かくして目的

第3章　実験学校のカリキュラムを支える要因

と題材の共同を個人的な遂行の多様性と結びつけるのである。子どもたちは，彼らが一層困難な学習の刺激を必要とする兆候を示す時にはいつでもあるグループから他のグループへと進む。試験は行われないし，評点も与えられない。」[9]と付け加えられていた。

　ちなみに，この1897年12月17日号以後のグループ別編成を掲げると，次のようである。
○1897年12月17日号
　　Group Ⅰ：　　　｜
　　Group Ⅱ：　　　｝従前と同様
　　Group Ⅲ：　　　｜
　　Group Ⅳ，Ⅴ：・・・・・・平均7～8歳
　　Group Ⅵ：・・・・・・・・平均8～10歳
　　Group Ⅶ：・・・・・・・・平均11歳
　　Group Ⅷ：・・・・・・・・平均12歳
↓
○1898年10月以降
　なお，1898年10月の新年度から，新たに幼稚園グループが加えられ，「下位初等部」（Sub-Primary Department）を構成するようになった。そして，以下のような計10によるグループ編成が採用されるようになる。
　　Sub-Primary Department：・・・・4歳～6歳
　　Group Ⅰ：・・・・・・・・・・・6歳～7歳
　　Group Ⅱ：・・7～8歳：人数が多かったので，2つのグループに分けた。
　　Group Ⅲ：・・7～8歳：　（同上）
　　Group Ⅳ：・・・・・・・・・・・7歳半～8歳
　　Group Ⅴ：・・・・・・・・・・・8歳半～9歳
　　Group Ⅵ：・・・・・・・・・・・9歳～9歳半
　　Group Ⅶ：・・・・・・・・・・・10歳～11歳
　　Group Ⅷ：・・・・・・・11歳
　　Group Ⅸ：・・・・・・・・・・・平均12歳

↓
○『初等学校記録』(1900年2月～12月)では，次のようなグループ別実践報告がなされている。

 Sub-Primary or Kindergarten Department：4歳～5歳
 Group Ⅲ：6歳
 Group Ⅳ：7歳～7歳半
 Group Ⅴ：7歳半～8歳
 Group Ⅵ：8歳～8歳半
 Group Ⅶ：9歳～12歳
 Group Ⅷ：11歳
 Group Ⅸ：12歳
 Group Ⅹ：13歳

なお，実験学校には13歳を超えた年齢の子どもが在学していた。しかし，彼らの存在は，『初等学校記録』には明らかではなく，このため，K. C. メイヒューとA. C. エドワーズの『デューイ・スクール』に拠ることにした。

なお，この本では，第12章：Group Ⅹ（13歳）と，第13章：Group Ⅺ（14歳～15歳まで）となっている。つまり，デューイ・スクールには，中等教育年齢の子ども（当時の一般的状況では，6歳～14歳までが初等教育年齢，14歳～18歳までが中等教育年齢）が在籍していたことが報告されているわけである。

第2節　オール・ラウンド型教師からスペシャル型教師へ

既述のように，1896年1月に実験学校がスタートした当初は，6歳から9歳までの子ども全員で12人であったので，この異年齢の12人を一つの混合の集団に編成し，一人の教師で担当するという，いわゆるオール・ラウンド・ティーチャーが求められていた。

しかし，この制度が，やがて変更され，いわゆるスペシャル・ティーチャー

第3章　実験学校のカリキュラムを支える要因

型教師制へと変更されたのである。この変更について，デューイは次のように説明している。

　すなわち，「教授能力の組織は，学習の必要性がその主要な分科を支持するにつれ，次第に部門別（dapartmental）になってきた。そこで，私たちは今，理科，歴史，家庭的ないし家事的技芸，狭義の手工訓練（材木と金属），音楽，芸術（すなわち，描画，水彩画，粘土細工等），そして体育といった区分を認めている。学習が中等教育期へと進んでいくにつれて，言語と数学もまた必然的に，一層分化した，明確な位置を占めるであろう。……（中略）……子どもは，それぞれの方向における専門家との接触から学科や知識における利益を獲得するし，他方，個々の教師は，いろいろな方法で共通の考えに奉仕し，かくしてそれを増し，そして力強くする。」[10]と。

　では，なにゆえにそのような変更が必要になったのであろうか。すると，オール・ラウンド・ティーチャーのもとでは，「科学的事実を事実と真実であるように提示させることの困難さ」[11]があったという。すなわち，「子どもの興味を起こさせるどのような現象も十分に善であり，もし子どもの注意を喚起し機敏にさせるのであれば，それが期待されるべきすべてであるということが仮定されていた。しかしながら，子どもが得るものは真実（truth）であるべきだし，それ以外のどのようなものにも従属してはならないということがまさに必要であった。子どもに間違ったものをみせる観察の訓練は，しばしばそれがそうであると考えられているほど望ましくはない。科学的作業をスペシャリストである人々による以外に提出させる困難さは，同様に，他の教科に関する変化を導く。」[12]と考えられたのであった。

　そして，今度は逆に，スペシャリスト制にすると，次のようなことが懸念される。すなわち，「スペシャリストがその結果を活用するとき，しばしば各々が他と独立して自らの作業をし，したがって子どもの生活の統一が多くのスペシャリストの嗜好と獲得物の犠牲になることがある。」といった状況である。しかしながら，「それはスペシャリストの問題ではなく，むしろエキスパートの問題である。」──「したがって，学校は持続的な協議と共同を通して同意と調和を維持するエキスパートによっていろいろな方向の作業を推し進

めようとしている。いろいろな学科やオキュペイションが同じ一般的な原理によって統制されるとき、目的と方法の統一が獲得される。」[13]と考えるようにしたという。

その開設の半年後、クララ・ミッチェルさんに加え、新たにキャサリン・キャンプさんが実験学校に採用されたのは、このような理由によるのであろう。これにより、ミッチェルさんは彼女本来の専門である文学と歴史を担当し、キャンプさんは本来の理科を担当したのである[14]。

実際、このときの報告をみると[15]、「教師の立場から」、そして他方、「子どもの立場から」と題して学校の様子が報告されているが、そのときの子どものグループをみると、子どものグループは各活動に応じて、次のように報告されていたのである（10月16日付けの報告）。すなわち、このとき（1896年10月16日の時点で）既に、――既述のように――、子ども集団は異年齢合同の一つのクラスないし集団ではなくなり、「共通の能力」によりやや学年制に近い集団編成の方針がとられていたのである。

すなわち、次のようなグループ編成がみられるのである。

1　構成的活動：グループⅠ～Ⅴ、Ⅰ～Ⅲ、Ⅰ～Ⅱ、Ⅳ～Ⅴに分けて報告されている。
2　芸術的活動：グループⅠ～Ⅲ、Ⅳ～Ⅴに分けて報告されている。
3　実験的活動：グループⅠ～Ⅴ、Ⅳ～Ⅴ、Ⅴ、Ⅰ～Ⅲに分けて報告されている。
4　料理：グループⅠ～Ⅲ、Ⅰ～Ⅱ、Ⅲ、Ⅳ～Ⅴに分けて報告されている。
5　裁縫：グループⅠ～Ⅴ、Ⅴ、Ⅰ～Ⅲに分けて報告されている。
6　ゲーム
7　物語をすること：グループⅠ～Ⅱ、Ⅲ、Ⅳ～Ⅴに分けて報告されている。

つまり、このとき既に、常勤の教師は3名で、教科担任制をとったから、どこかで複数の組が一つの授業を受けざるをえないという状況にあったことが推測されるのである。すなわち、グループⅠ～Ⅱ、グループⅠ～Ⅳ、グループⅣ～Ⅴが一緒に授業を受けるという場合が多く、ときにはグループⅤのみ、

第3章　実験学校のカリキュラムを支える要因

Ⅲのみという単独の集団で授業を受けたりするというケースが報告されるようになっているのである。

ところで，私は，先の学習集団の編成の変更のみならず，ここにみたスペシャル・ティーチャー制への変更とは，いうなれば車の両輪として機能することが必然であったと考える者，したがってその時期にしてもほぼ同時期であると考える者であるが，はたしてそのように考えてよいものであろうか。

小柳もそのように考え，既述のように，子どもが五つのグループに編成されるようになった時から（1896年11月6日号の『大学広報』より）スペシャル・ティーチャー制への移行が始まっていたという。すなわち，この当時，「常勤の教師が3名なのに生徒のほうは五つに組分けされ，しかもそれが学年制に近い組分けになっている。なぜこのような組分けが行われたか。その理由として考えられるのは，教師がオール・ラウンド・ティーチャーからスペシャリスト・ティーチャーに切り替えられたのと同様に，生徒の方も異年齢混合の子ども集団から，年齢や能力の点でよりスペシャライズされた子ども集団へと編成される必要があったということであろう。つまり，教師の側が教科担任制をとるのに対応して，生徒の方は一定の発達段階ごとに区別されたということであろう。」[16]という。

そして，このようないわば教科担任制は年とともに充実し，1897年12月17日号の『大学広報』には，次のような教員スタッフ名及びそれぞれの担当が記されるに至ったのである。

「教師スタッフは次のようである：すなわち，

　ベーコンさんは(Miss Georgia A. Bacon)，校長で，歴史のディレクター。

　キャンプさんは（Miss Katharine B. Camp），理科及び家庭科のディレクター。

　スメドリーさんは（Mr. F. W. Smedley），木工作業。

　アンドルーズさんは（Miss Katharine Andrews），理科のインストラクター。

　ハーマーさんは（Miss Althea Harmer），料理及び裁縫のインストラクター。

ファーニスさんは（Miss Ida M. Furniss），体育のインストラクター。
　テイラーさんは（Miss May Taylor），音楽のインストラクター。
　アシュルマンさんは（Miss Ashleman），フランス語のインストラクター。
　ムーアさん（Mr. E. C. Moore），ムーア博士（Dr. Moore），レイさん（Miss Lucia Ray），キャンプさん（Miss Anna Camp），ザッカーマンさん（Miss Zuckerman）は，助手。
　助手は1時間半から2時間，毎日学校にある程度の時間をまかせる大学の学生である。」[17]

　なお，1898年10月14日号の『大学広報』には，次のように報告されている。「家庭科は大きな部屋を持っていた。すなわち，二つのグループが一緒に学習するのに十分に大きな台所，昼食を持ってくる子どもたちのための食堂，そしてその日のために割り当てられたグループによって調理された昼食を食べる"公式の"食堂があった。この部屋には二つの食卓，食器棚，そして一揃いのお皿が備えられており，正餐の施与は料理における技能はもちろん思考と管理のことがらであった。アルセア・ハーマー（Miss Althea Harmer）が昨年から家庭科の部長であり，助手は今年度，メアリー・タフ（Miss Mary Tough）であった。
　理科部は，部長はキャサリン・キャンプ（Miss Catherine Camp）であり，助手はキャサリン・アンドルーズ（Miss Katherine Andrews）とメアリー・ヒル（Miss Mary Hill）であり，三つの実験室，すなわち物理学，化学，植物学のための実験室であり，各々昨年よりも一層よく用意されていた。
　リリアン・カッシュマン（Miss Lillian Cushman）の指示下にあった芸術，そしてP. O. カーン（Mrs. P. O. Kern）の監督下にあった音楽には特別な部屋があてがわれた。
　歴史部は，校長のジョージア・ベーコン（Miss Georgia Bacon）の指示の下，助手はローラ L. ラニオン（Miss Laura L. Runyon）であり，三つの部屋を持っていた。ベーコンはまた，英語と数の学習の教授を担当していた。
　ボール（Mr. Ball）の下にあった手工はうしろの建物の二階の部屋であり，

第3章　実験学校のカリキュラムを支える要因

一階は，アイダ・ファーニス（Miss Ida Furniss）の指示下の体育館に当てられていた。

　メインビルの大きな正面の二つの部屋は4歳半と6歳までの間の子どもたちの使用のために別にされていた。この部には12名の子どもたちのための静かな部屋があった。経験のある幼稚園教師であるラ・ビクトール（Miss La Victoire）の担当の下で教えられていた。

　幼稚園の上の子どもたちは九つのグループに分けられ，各々，年長者グループを除いて，10名に限定されていた。グループIXの平均年齢は12歳であり，このグループは中等教育期の学習に入っていた。そこでは，一層フォーマルな課業が割り当てられていた。

　フランス語はローリー・アシュルマン（Mademoiselle Lorley Ashleman）によって，ラテン語はマリアン・シプスバイ（Miss Marion Schipsby）によって教えられていた。

　既述の部長と正規の助手に加え，大学から3人の学生が定期的に彼らの時間のある部分を与えられており，学校の全教授力は16名であった。」[18]と。

第3節　時間割編成について

　時間割に関しては，『大学広報』においてもみられるが（たとえば，1896年12月18日号，1897年2月5日号，1898年2月25日号等），しかし，それらは教科別になされたり，あるいはグループ別になされたりで，全貌を明らかにするにはやや困難であった。そこで，以下には，メイヒューとエドワーズの『デューイ・スクール』より，その特質を紹介することにする。

　彼女らによれば，最初の年（1896年）の終わりごろ，デューイから「子どもの年齢，発達段階に沿った活動のタイプと時間の研究や必要性」が出されたという。その後，時間割が決められていったが，以下に示される時間割表は「毎週1回の教師の会合，デューイの観察（学校に毎日きていた），さらにはデューイ夫人，両親や友達，訪問した教師・管理者，大学院の学生らの議論から生じたものであった。」[19]という。

なお，彼女らは，大きく1896－1898年度のもの，及び1898－1903年度のものとを示している。両者の年齢区分の取り方，時間の示し方（週に何日か，そして週に何時間か，あるいは1日に何時間，そして週に何時間か），あるいは教科の示し方をみると，両者の間には違いが認められるが，しかし，その理由等は言及されていない[20]。本論文では1900年の『初等学校記録』を典型としながら各グループ別のカリキュラムの実際的特質を検討しようとしているので，以下では後者の時間割の方がより参考になると考え，それを紹介することにした。以下の通りである。

実験学校の1898－1903年度[21]の時間割
第一段階の典型的なプログラム（5－7歳）

教　　科	1日の時間	週の時間
社会的オキュペイション	1と1／2，あるいは1	6と1／2～5
原始人のオキュペイション（歴史と理科）	〃	〃
技術（読み・書き）	1／2（週に3回）	1と1／2～2と1／2
体育，あるいは部屋か庭でのゲーム	1／2	2と1／2
音楽，あるいは美術	1／2	1と1／2
料理	1／2＋1（週に2回）	1と1／2
遠足，あるいは集会，あるいは工作	1／2～1	1と1／2
計	3	15

移行期の典型的なプログラム（7－8歳）

教　　科	1日の時間	週の時間
歴史と地理	1	5
技術（読み・書き）	1／2（週に2回）	2
理科	1か，1／2（週に3回）	2
料理	1と1／2	1と1／2
織物	1か，1／2（週に3回）	2
工作	1／2か1（週に3回）	2

第3章　実験学校のカリキュラムを支える要因

音楽と美術	1／2（週に6回）	3
体育	1／2	2と1／2
計	4	20

第二段階の典型的なプログラム（9-10～12歳）

教　　科	1日の時間	週の時間
歴史と地理	1	5
技術	1／2	2と1／2
理科	1と1／2	2か，2と1／2
料理		1と1／2
織物，あるいは工作		2
美術		1と1／2
音楽	1か1／2	1と1／2
体育		2と1／2
現代語	1／2	2と1／2
計	4と1／2	22と1／2

〈註〉[22]
- 8歳から後，美術は30分から1時間へ，時には1時間30分にまで伸ばされる。そして年に1／4ないし2／4学期に集中的に実施され，それ以外の時は織物，料理，あるいは理科を交代。また，歴史，音楽，フランス語，そして英語の時間は30分ずつで，週平均2時間に保たれる。
- 8歳までは，この時間表通りであるが，週に4日，同じ教室で同じ教師による1時間の授業がある。
- 8ないし9歳から，数の作業，すなわち算術の独立した授業が始まるが，しかし，20分から30分より長くはない。その他，数の作業は学校の他の活動から生じる問題を扱う。
- 生長の第二段階プログラムについていえば，
  ①　料理，理科，織物そして工作は変化する要因である。

② 技術は週に１時間30分から２時間30間で変化する。
　　③ 独立して行われる数の作業は９歳と10歳で加わり，その分，技術の時間が増え，実験作業に与えられる時間が減少する。
　　④ 学校は２時30分まで続くので，現代語及びラテン語の学習の時間を確保できる。
　　⑤ 美術と織物は，１時間から１時間30分ずつ，週に３ないし４時間，３ヵ月ごとに交代しながら実施される。
　　⑥ この時期の後半から，毎日，知的作業（scholastic）に１時間30分，身体的活動（physical exercise）に１時間30分，表出的活動（expressive activity）に１時間30分を充てるようバランスを保つ。
・４～５歳児：学校は９時から11時30分まで。
・６歳児：９時から12時まで。
・７歳児：９時から，クラスの条件によって，午後，１時間の作業の延長あり。
・それ以降の子どもは午後の授業があり，最年長の子どもは１時間30分までの作業の延長あり。
・６～９歳児：
　　① 活動的作業や討論を含む社会的オキュペイションに１時間から１時間30分
　　② 体育あるいは戸外遊びに30分
　　③ 美術か，あるいは音楽に30分
　　④ 残り時間は，多様。たとえば，週に１日の料理，（一般に30分の）織物作業，工作，あるいは社会的オキュペイションと結合した作業のどちらかの手作業にさかれる。
　　⑤ ところが，このような時間割は週に「集会」があったり，２週に一度の遠足，８歳児の印刷にかける個別作業及び読み・書きにおける特別作業により，壊れる。
・８～12歳児：
　　① 午後に１時間が加わる。

第3章　実験学校のカリキュラムを支える要因

② 同じ時間割が維持されるが，しかし，社会的オキュペイション（学期から学期へと変化する）及び，織物作業，あるいは数の技術のドリルがある場合には別だ。
③ 第二の終わりに向け，集中した時間の大部分が理科に与えられるが，その時，三つの教科，すなわち織物，美術，そして理科は，毎学期いずれか一つ，というように連続して与えられる。
・全ての児童のために，30分の体育がなされる。
① 7歳までは，この時間に戸外での遊びの形を取る。
② グループは結合され，およそ25人の子どもが一クラスを作る。6歳の子どもは時々7歳児と，また時には5歳児と遊ぶ。
③ 組織化されたゲーム(organized game)への興味が発達してくると，それは9歳から上の子どもであるが，体育館での時間が授業が増え，また学校終了後の遊び時間が入ってくる。なお，体育館，戸外，あるいは大きな筋肉を使うゲームに1時間か30分ずつ2回となる。
④ 戸外で組織された遊びは管理される。大学のコーチの一人は子どもが野球及バスケットボールの技量を高める手助けをする。
⑤ 大学の一貫として，子どもは健康状態の規制を受けるため，身体検査を受ける。

註
(1) John Dewey, *Plan of Organization of the University Primary School*, 1895, EW, Vol. 5, p.224.
(2) Ibid., p.225.
(3) Ibid., p.225.
(4) John Dewey, *A Pedagogical Experiment*, 1896, EW, Vol.5, p.244.
(5) Ibid., p.245.
(6) John Dewey, *Three Years of The University Elementary School*, MW, Vol.1, pp.64-65.
(7) *University Record*, November 6, 1896, p.420.
　この中に，1896年10月31日になされたデューイの「大学附属学校（The University School）」と題する演説記録とともに，実験学校の様子が，それぞれⅠ：

1896年10月16日付け，Ⅱ：1896年10月23日付け，Ⅲ：1896年10月30日付けとして報告されている。このⅠの報告の中に，既に学習集団がこのような五つのグループ別に分けられており，それぞれのグループ別の報告がみられる。

(8) Ibid., April 16, 1897, p.24.
(9) Ibid., December 17, 1897, p.304.
(10) John Dewey, *Three Years of The University Elementary School*, MW, Vol.1, p.65.
(11) Katherine C. Mayhew and Anna C. Edwards, *The Dewey School : The Laboratory School of the University of Chicago 1896－1903*, 1936, 1965, Atherton Press, p.35.
(12) Ibid., pp.35－36.
(13) Ibid., p.36.
　なお，同様な指摘は，John Dewey, The University Elementary School : History and Character, in *University Record*, May 21, 1897, MW, Vol.1, p.334にもある。
(14) *University Recored*, November 6, 1896, p.417.
(15) Ibid., p.420.
(16) 小柳正司「シカゴ大学実験学校の記録：1896－1899年」『鹿児島大学教育学部研究紀要　教育科学編』第51巻，2000, p.127.
(17) *University Record*, December 17, 1897, p.303.
(18) *University Record*, October 14, 1898, p.176.
(19) Katherine C. Mayhew and Anna C. Edwards, Op.cit., p.382.
(20) Ibid., pp.382－389.
(21) Ibid., pp.385－386.
(22) Ibid., pp.386－389.

第4章　実験学校のカリキュラムの実際

　『初等学校記録』に報告された4・5歳～13歳までの各グループごとのカリキュラムの実際的特質を，全訳しながら紹介・検討すると，以下のようである。また，後に記すように，実験学校には14・15歳までの児童がいたので，この部分のカリキュラムの特質も検討することにしたい。

第1節　グループⅠ・Ⅱ（4・5歳）のカリキュラム

【要点】

　このグループのカリキュラムの実際は，スケイツ（Georgia P. Scates）先生によって報告されている。それによると，先ず最初の報告（『初等学校記録』のNo.1の芸術）では，単に，詳細は後にといわれている。そして，その詳細な報告は『初等学校記録』のNo.5の幼稚園においてなされている。それによれば，まず，この下位小学校（幼稚園部）には4歳～5歳の24人がおり，子どもたちは3つのグループ（一人の教師がそれぞれ各グループ8人ずつ担当）に分かれ，他に3人の学生アシスタントがいるとの報告がなされている。続いて，「一般的なことがら」が，それから「1年間の学習の概要」として秋と冬学期，そして春学期の予定が，次いで「概要の説明」として実践の様子が報告されている。以下には，このうちの「1年間の学習の概要」及び「概要の説明」を検討することにする。

　「概要の説明」によると，以下のように，先ず秋と冬学期では，＜家族のメンバーと彼らが毎日していること，そして，料理という名のもとで，洗濯，アイロンかけ，パン焼き，クリーニング，掃除といった日常的な仕事＞＜いろいろな家やその外部（外部の建築，材料，装飾）と内部の配置と家具＞及

び＜光熱＞が取り上げられている。さらに，春学期になると，＜遊び＞＜構成的作業＞＜自然の学習（動植物の世話や観察，毎日の天気調べ，クリスマス時期におけるサンタクロースの歌やゲーム・準備，戸外でのおもちゃ作りや戸外での遊び，ピクニック用の籠編み，葉巻箱の色塗り，夏の防御法）＞＜外面的作業＞＜贈り物＞＜歌と物語＞＜料理＞の学習が報告されている。

　なお，構成的作業の，たとえばのこぎりで木材を切る場合などと関連づけた「数の学習」がなされている。また，料理の計量カップの場面においても――この点は報告書では明示されていないが――数の学習がなされたといえよう。

【実際の特質】

　さて，まず，「１年間の学習の概要」(1)を紹介すれば，以下のようになっている。

１年間の学習の概要
秋と冬

1. 家族のいろいろなメンバー，と彼らの毎日の興味。
   a) 父。彼の職業。
   b) 母。家庭での彼女の義務。
   c) 兄弟姉妹。彼らの毎日の興味。
   d) 赤ん坊。赤ん坊に与えられる世話。赤ん坊の遊び，等々。
   e) 料理 ｛洗濯／アイロンかけ｝ 石炭の使用 ｛石炭の仕事場。／石炭の貨車。／馬の納屋，蹄鉄工の生事の紹介。｝
      パン焼き ｛供給のための食料雑貨店。／牛乳配達人と氷配達人。／使用された台所用品。｝
      クリーニング ｛使用された物品が持ち込まれる店。｝
      掃除 ｛使用された必要な物品制作。｝

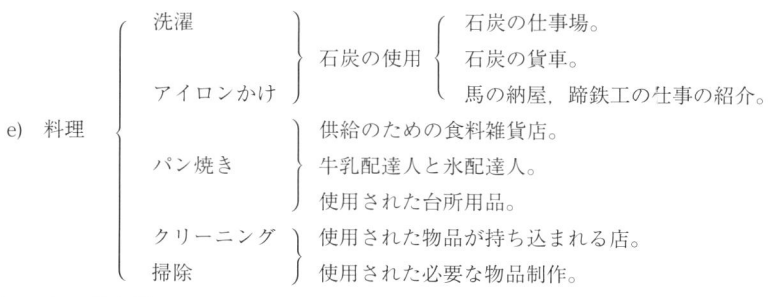

2. いろいろな家。
   a) 必要な部屋だけある，小さな家。
   b) アパート。
   c) 十分な設備を備えた，大きな家。

3. これらの家の外部の建築。

第4章　実験学校のカリキュラムの実際

　　4．家の建築に用いる材料。
　　　　木材，石，レンガ，モルタル，くぎ。
　　　　大工とレンガ職人の仕事，そして彼らの道具。
　　　　木材置き場と金物店への訪問。
　　5．外部の装飾。
　　6．内部の配置と家具。
　　　　壁紙職人と室内装飾業者の仕事。
　　　a) 寝室。
　　　b) 応接室。
　　　c) 図書館。
　　　d) 居間。
　　　e) 台所。
　　　f) 洗たく室。
　　7．熱と光。
　　　　　　　　　　　　春
　1．戸外のゲームとおもちゃ。
　2．植物園の準備。
　3．自然の学習。
　4．戸外の村づくり。
　5．戸外の遠足と近隣の興味ある場所へのピクニック。
　6．私たちが夏を過ごす方法。暑さからの保護。

　続いて，この「1年間の学習の概要」に基づいて実践された様子を「概要の説明」によってみると，次のようである。なお，＜見出し＞は筆者がつけた。

＜遊び（Play）＞
　「子どもたちの大きなグループとの接触の新しさが減った後，そして家庭の経験を演じることが話す力をゆるめた後，わずかな外の世界が入り込んでくる。そのとき，通常の家庭生活が，他の家庭と接触したり，彼らが受け取ったり与えたりする基礎として用いられる。かくして子どもは最初の2年間，学校生活を"家庭"で遊びながら過ごす。若者は単純なゲームで一緒に遊ぶことを学ぶ，すなわち単純な材料——たとえばヘネシーブロックのような大

きなブロック，砂，粘土，糸巻きや他の材料，そして価値あることを証明した箱一杯の色々なおもちゃの単なる扱いの中で彼らの手を用いることを学ぶ。含まれている単なる活動は，手段や目的にかかわらず，彼らを満足させる。彼らは彼らの大きな筋肉をはい上がったり，ジャンプしたり，走ったり，ころがったりするのに使うことを必要としたり，楽しむ。これらすべては彼らが彼ら自身によってグループとして遊ぶことを必要とするゲームの中で用いることができる。この遊ぶこと自身は彼らに表現のための一層の自由を与える。というのも若い子どもたちは暗示なしには遊ばないし，最初はあまりにもおどおどして大グループの中で彼ら自身を表現することができないからである。それは，すべての者にとってゲームに参加する機会を与える。

　すべての彼らの手作業は大きな筋肉の使用を含むようなものでなければならない。一時に少しのステップを含み，あまり密接に関連していないものでなければならない。つまり，各々のステップはそれ自身でかなり完全な全体として子どもに訴えなければならない。それは，子どもたちが完成した対象を利用することができるものに多くの興味を覚えるように，完了したときの対象とある遊びを可能にするような性質のものでなくてはならない。」[2]

＜構成的作業（Constructive Work）。相関しての「工作」「数」の学習：太字は筆者＞

　「1年を過ごした後，かくして子どもは少し進んだ学習のために備えて帰ってくる。そして構成的作業がその必要を満足させるように思える。前の年の間に彼はそれに関する何かをなしてはいないが，それは一層単純である。たとえば，木材4インチの小片と1インチ四方の立方体より成る椅子を作るとき，これら2つの断片が，若い子どもたちがそれらを一緒に組み立てる方法を見つけるために与えられる。年長の子どもたちは立方体と彼らが測定する長い木材の小片が与えられ，椅子を構成する前に長さをみる。椅子に使う皮のクッションが若い子どもたちに与えられ，椅子に合うサイズにカットされた。他方，年長の子どもたちは彼ら自身の測定に沿ってクッションをカットするための大きな断片を与えられた。

第4章　実験学校のカリキュラムの実際

　認識は興味の源泉である。事物の値打ちや価値は子どもにとって，彼がそれを処理することができるもの，そして彼の可能性を使い尽くすためにどのくらいの彼の力を必要としているかに依存している。構成的作業はこれらの条件を満たしている。

　子どもは構成的作業をするとき常に夢中になっている。この種の作業において彼の注意がそれ自身を世話するための理由は達せられる一定の目論見があるということである。すなわち，子どもは自分にそれを強いられることなしに，手段と目的，力と結果との間の相互作用を理解する。彼は何かを成し遂げていると感じる。

　構成的作業のための最も強い心理学的な理由は，それが注意のためのすべての条件を提供するということである。子どもは受け身のままに止まってはいないし，構成的作業をすることができる。そして，もし彼が事物に彼の全注意を与えるならば，彼はその事物にしばらくの間夢中になるし，興味を覚えるのである。

　構成的作業は**工作**を含んでいる。すなわち，堅い，平らなマニラ紙を作り上げる作業，フェルト，布，ラフィア，トウ，ロウソクの芯づくり，あるいは容易に取り扱ったり時間をつぶすのにあまり長くかからない何らかの材料を織ったり，また，厚紙箱や必要とされた使用に適切で適合できる他の材料を使ったりすることを含んでいる。家庭でなすべき作業のための暗示を子どもに提供する材料，そして彼の家庭の近くで見出すことができる材料はもっとも価値がある。

　もし単純な方法で，そして作業の他の面に付随してもたらされるなら，年長の子どもたちに関するある簡単な**数**の学習が，のこぎりで切る木材や，カットする紙，等々の測定と関連付けてなされる。

　この材料の使用の実際的な側面に関する疑問が出費に関してしばしば出される。それは都市のいくつかの大きな公立学校の幼稚園では実際的であることが見出されている。この学校では，たとえば，24人の子どもたち各々に次のような品物，すなわち，ベッド，4つの椅子，本棚と本，テーブル，ストーブ，机，洗濯板，アイロンかけ板，衣服のかけ棒，帽子かけ，食器だな，押

入，そして敷物のわく，をもったおもちゃの家を供給することを可能にするため3ドルで十分な木材が調達された。一人の大工が残り物からこの材木をのこぎりでひき，後で測定し，子どもたちによって必要とされる長さをのこぎりで切るように，木材の端を立方体，ブロック，そしていろいろな幅の細長い切れに切った。製作品のいくつかは1パッケージ10セントかかるダイヤモンド染料で色づけされた。

　この材料はすべての厚紙の模型製作及び色付きの図版，あるいは普通に使われている折り紙と同じように高価なものではない。公立学校では，子どもたちは，彼らが喜んでその目的のために貢献するであろう余分のペニーを請求されるかも知れない。そしてこれらのペニーは，求めに応じて確保することができ，年長の子どもたちによってのこぎりで切り刻むことができるような空の石鹸箱，葉巻箱，そしてのり箱に加えて，必要なすべての材料を十分に提供するのである。もちろん，よいのこぎり（オールとロケットによって売りだされている"特別なボール"が子どもたちの使用のために作られる）とハンマーは，図示された簡単なベンチの留め金の助けとともに，のこひきを容易にしようとテーブルに置かれた必要なものである。しかし，もし要求が十分になされるなら，教育委員会にこれらのための金を補助させるための何らの困難はないし，お金は他のことのために蓄えられるということが理解される。

　再び，問題が尋ねられる。すなわち，この構成的作業は他の作業よりも教師の側により多くの準備を必要としないか？　と。

　それは子どもの前にギフト箱を置くよりも，そして彼がすばらしい原理を得ることを期待する遊びに，ある連続性を含むために細かな指示に彼が従うことを必要とするよりも，多くの作業を必要とする。あるいは，子どもに紙片を与えたり，折り畳む過程において接近して見たり，模倣したりするためにいろいろなステップを必要とするよりも多くの作業を必要とする。それは教師の側における思考，一定の知識そして子どもたちによってなされるべき作業の計画を必要とする。また，もっとも少ない可能な方向ともっともよい可能な結果とをもっとも素早くなすことができる方法を必要とする。

第４章　実験学校のカリキュラムの実際

　よい作業の基準は，子どもたちによってなされ，かくして子ども自身の努力によってできるだけ大きな割合で成し遂げられるようにしておくものに関する教師の最小の準備にある。このことは，それを子どもたちに提示する前に，作業の注意深い計画を教師の側に要求する。

　小さな家についての話に関連していえば，各々の子どもは家を作るための大きな石鹸箱からおもちゃの家を作った。私たちは外側に色を塗り，内側に紙を貼り，木材から家具を作った。その後，私たちが大きな，より完全な家について話したとき，私たちは学校のために大きな５つの部屋のあるおもちゃの家をつくり，家具を備え付けることにした。おもちゃの家は年長の子どもたちによって学校の中に作られ，そして彼らは幼稚園の子どもたちがなすことができない家具に関するすべての作業を行った。この作業と並行して，私たちは，電気から暖かい被服とベッド，遊びの店からゲームを持ち込んだり，買ったり売ったりする等々に至る私たちの変化に関する話をしたりしながら，自然の変化に関する不断の説明を行った。植物と動物の世話，秋早くにおける球根植物のための庭の準備のすべては子どもたちを自然ややり方を観察することに機敏にさせた。私たちは，色つきのチョークか絵の具でそれが現れたときの自然の世界を図解しながら，それを"その日の物語"と呼びながら，毎日の天候の記録をとった。これらの図解は本にまとめ，各々の子どもはその年の終わりに家に持ち帰った。

　クリスマス前の２週間，私たちは家でクリスマスのためのある贈り物に着手させることによって準備を始めた。この間，子どもたちの考えは自然とサンタクロースに置かれ，そして明らかな準備が多くの種類の店でなされた。"サンタクロース"ゲームが示され，子どもたちによって組織された。そして，私たちは"それはクリスマスの前の夜であったこと"，及びいくつかの"サンタクロース"の歌を学んだ。贈り物が作られた人々に与えられる驚きの中に含まれた秘密，及びサンタクロースが私たちのクリスマスツリーの集いにやってくることの不思議さと予想はこのことをもっとも楽しいときとした。

　クリスマスの準備に関する主な危険は最後になすべき多くのことを残しているので，教師と子どもたち双方は神経の緊張を経験しなければならない。

春には，戸外で過ごすのに十分に暖かいとすぐに私たちはこま，凧，まり等のようなものを使用するために持ち出し，おもちゃを作り始めた。私たちのぶらんこ，シーソー，そして砂の山は戸外の遊びに付加的な興味を与える。私たちの庭は掘られ，熊手を用い，種を蒔くために準備された。天気のよくない日には私たちは銅線でつるす木材繊維の籠を編み，茶の木をひもにしてそれらを一列に並べ，泥でそれらを一杯にし，その中に種を植えた。私たちはまた，遠足に用いるピクニック籠を籐（とう）で編み，植木箱を作る葉巻箱に色を塗った。私たちは，夏の季節の到来に備える方法や必要とされる暑さに対する防御法について話をした。秋と冬にはおそらくは形式的な概要から明らかであるよりもより多くの"自然"の学習がなされるが，春学期にはこの側面は特に支配的である。」(3)

＜外面的作業（Surface Work）＞
　「なされた唯一の外面的作業は描画，着色，そして物語に関して紙をカットすること，あるいは，想像から，作業のある特別な側面についての例解である。もっとも若い子どもたちとともに，描画と着色は純粋に想像的であり，彼らの思考とイメージの表現媒体として用いられた。年長の子どもたちとともに，一定の暗示が用いられ，事物が子どもによって引っ張られときにみえる方法とそれが真にみえるときの違いを示された。自然が観察され，もっとも価値ある暗示は，子どもが彼の描画を見，比較することができる戸外の場面の何らかの再現と関連付けたものである。」(4)

＜贈り物（Gifts）＞
　「4つの建物の贈り物が，ある普通のブロックとして，すなわち作業の異なった側面を例解するための媒体として用いられた。それらは，贈り物をもたらすために計画された作業ではなく，彼らの使用の系列，等々を観察する作業に完全に順応された。この点は根本的なものであり，それは幼稚園を開放するための唯一の方法であると思えるものである。箱の中でそれらをもつことはそれらを扱うことを容易にし，より秩序正しく使用するようにさせる

第4章 実験学校のカリキュラムの実際

ならば，同じサイズのあるブロックがその目的の答えである。一層大きな形式が例解のために一層望ましいものであるような建物において，ヘネシーブロックと，大工によって作られたような組み合せブロックのいくつかの箱が，テーブルではなく，床で用いられた。このことは，子どもたちが何か大きなものを作るとき必ず一緒に遊ぶように，グループ作業を促すよい機会を与える。ある特別な形が作業のある側面をよく例解するとき，教師は，これらの暗示の遂行をそれらについての子どもの理解に任せたり，もともとの作業の機会を与えながら，ある目的のためのあるブロックを使用することに関する暗示を通して建物の形を指示する。贈り物として，望ましいときに，私たちは他の材料とおもちゃを用い，かくしてときどき充たされない欲求を満足させる。」(5)

＜ゲーム（Games）＞
「用いられるゲームは，大工ゲームのような，子どもたちによって組織された作業に特に適合するものとともに，ニャンニャン，ハンカチ落とし，大さらまわし，お手玉競争，指ぬき隠し（hide − the − thimble），駅馬車といったような昔の子どもたちのゲームである。これらのゲームにおいて，子どもはルールを作ることができるし，また，通常は，それらが遂行されるのをみることができる。子どもたちが彼らの他のオキュペイションを劇的に成し遂げるとともに，これらの子どもたちの伝統的なゲームは，社会的及び知的目的双方にとってより有用に思えるし，また，そこでは，概して，教師のみがその観念（教育的側面）を理解し，子どもたちは物理的及び情緒的興奮をのみ得るような，また，外的指図の下での"遊び"から生じる機械的なルーティンを差し引くために誇張された，いわゆる"象徴的"ゲームよりは，フレーベルの精神（たとえ彼の文字通りの意味でないにせよ）により適切である。
　子どもがルールを観察することができ始めるとき，彼は，ある結果を得るための一定の秩序という意味でのルール，ゲームや構成的作業，等々の中でとられるステップにおける一定不変の系列といったような，他の事物におけるきまりを理解することができる。彼は，このことすべてを彼が他の子ども

たちと遊ぶゲームから作るし，手に入れる。このことは一般的な心理発達の兆候である。

　ゲームに先だって15分間がリズムにさかれ，そのとき，子どもはピアノや手拍子によって示されるいろいろなリズムについての彼の考えを遂行した。しかしながら，注意はリズムの心的イメージを作るために払われ，彼らはやがて物理的刺激への依存から自由にされた。このことはよい身体的な練習を与えるし，注意を提供する機会を与える。子どもはリズムに本能的に反応するし，そして，野蛮人と同じように反応するので，それはメロディに先行し，そして彼の音楽教育の基礎を形づくる。

　同様にして，台所の鋼鉄のベルの訓練は彼が楽音を認識する準備をする。これらは，ピアノに代わって，主に彼等の楽音の絶対的純粋さのために用いられる。というのも，それらは子どもたちの小さなグループに関して実行することができるし，また，少ない楽音なので，子どもたちは圧倒されず，かくして目隠ししながら，識別するゲームに楽音を見出す一層の機会を得ながら，楽音が出された。多くて8人が一時にベルをうまく鳴らすことができるまで，私たちは通常，週に3回，10分間ずついろいろな子どもたちのグループを選ぶ。」[6]

＜歌と物語（Song and Stories）＞
　「私たちが歌や物語に捧げた時間は可能な限り社会的で，風習やルーティンから自由になされた。私たちはグループになって一緒に集まり，私たちが最も好きな歌を歌い，そして歌はその使用に適応できると思えるようにドラマ化された。話された物語はこのグループの子どもたちのために選択され，単純にされ，そしてそれらのほとんどは，ときおり神話，伝説，寓話，あるいは童話が持ち込まれたけれども，平凡な事物であった。これらのいくつかは"アツリのベル（The Bell of Atri）"，"ディッパーの伝説（Legend of the Dipper）"，"ライオンとネズミ（Lion and Mouse）"や"ウサギとカメ（Hare and Tortoise）"に関するイソップの寓話，"靴屋と小さなちびっ子（Shoemakers and Little Elves）"，"4人の巨人（The Four Giants），"そし

て"眠れる美女（Sleeping Beauty）"である。この期はまさに空想と想像の時期なので，子どもの想像力を興奮させる何の理由もない。すなわち，想像力を明確にするのに必要な表現の適切な様式が育成され，与えられるべきである。子どもたちの環境はその選択に影響を及ぼすべきであり，貧しい地域の子どもたちは知的な家庭出身の子どもたちよりもより多くの童話を必要とする。」(7)

＜料理（Cooking）＞

「週に一度，私たちは，学校の台所で，私たちの午餐に食べるための何かを料理した。私たちは，4分の1カップの穀物，4分の1カップの水，そして小さじ一杯の塩を用いながら穀物食づくりを始め，そして家庭用品を取り出したり測定がなされた後に，穀物食を完成するために10分費した。後に，私たちは料理するのに20分かけて，果物をとろ火で煮た。

最初，子どもたちは計量カップの"最初の線まで"は4分の1であることを示さなければならなかった。それから，私たちは4分の1カップの穀物と2分の1カップの水を必要とする調理法を用いた。指示を与える際，私たちは2分の1カップを"2番目の線まで，あるいは4分の2カップ"と名づけた。これらの料理法の各々を異なった穀物に関して2回用いた後，年長の子どもたちは料理するべき穀物を示されたとき，調理法を思い出し，そして個別的に，また彼らの驚いたことに4分の2は2分の1カップと同じであることを発見した。4分の1カップの穀物と1と2分の1カップの水とを必要とする穀物の料理において，年長の子どもたちは4分の4は全カップを構成していることを発見した。彼らは部分の全体に関する関係についてのこの発見を彼らの他の作業に押し進めた。そして彼は彼の父親が知らない何かを知ったし，すなわちもし彼がリンゴを2個もち，それぞれを4つの部分にカットするなら，彼は8人の少年に十分であるということを家で彼の父親に話した。そして，大規模な箱一杯の組み合わせブロックで遊ぶとき，子どもたちはもっとも大きなサイズのものすべてを選び，それから一緒に配置した2つがそれぞれもっとも長いものと同じ長さであることを発見しようとした。

料理は常にある予期しない結果を見出すという計量における興味からスタートするように思われる。私たちは特に適切であると思えるような偶然の機会がやってくるときを除き暗示が子どもたちから出たようにさせ，それから私たちは一定の計量を用いることによっていかに作業はより簡単になすことができるかを示した。

　最初，小麦のクリームを料理するとき，何人かの年少の子どもたちは，自然に，かたまりを防ぐために最初に冷たい水の中で混ぜるという指示を忘れた。そして，彼らの元気いっぱいの精神の流れは，すぐに，それをすべて同時に沸騰している水に注いだ。彼らの隣人の穀物はその料理における指示にしたがったがゆえに一層よく料理されていることを発見した彼らの落胆は永く痕跡を残した。私たちがツルコケモモのジャムを料理するときに同じことが起こった。何人かはあわてており，最初に砂糖を入れた。しかし指示に従い，ツルコケモモが氷結せずに割れるまで待った彼らはジュースが一層こくがあり，深い色をしていることを見出した。これらの単純な実験は，子どもたちが興味を持ったとき，彼らを世話するのを手伝うことに対して多くのことをなした。家具の順序正しい扱いとそれらを使った後に所定の場所にしまうことは注意深さと事物をなすことにおける一定の順序を創造するものである。子どもは，彼が何かを明確に成し遂げるように仕事を与えられるとき，そのように感じる。また，彼が手を伸ばすことができる一定の目論見があり，料理が完成したとき食べ物はどんな味がするかを発見するのを知りたがったり待ったりする付加的な興味が常にあるように仕事を与えられるとき，そのように感じる。

　以下は，私たちが料理した穀物と果物のリストである：すなわち，完全な米（whole rice），薄片の米（flaked rice），小麦（wheatena），小麦のクリーム，でんぷん，薄片小麦，オートミール，ポップコーン，ひき割りトウモロコシ，ツルコケモモのゼリー，アップルソース，とろとろ煮たプラム，とろとろ煮たアンズ，とろとろ煮たナシである。」[8]

　そして，最後に，以下のような＜毎日の計画＞（Daily Program）が示さ

第4章　実験学校のカリキュラムの実際

れている。

```
                    毎日の計画
 9：00 - 9：30    手仕事。週1日の料理。
 9：00 - 10：00   歌と物語。
10：00 - 10：30   手作業。
10：30 - 10：40   リーダーに従う。その間，部屋の空気の入れ換え，そして個人的
                 な欲求の世話をする。
10：40 - 11：15   午餐。
11：15 - 11：45   ゲームとリズム。
```

「毎日の計画の順序は固定されたものではない。それは子どもたちがなす学習につれ変化する。目的は一時にあまりに長く一種類の学習に彼らをつなぎ止めないように，固定した興味の時間に続いてくつろぎの時間を来させるためである。手作業の時間は構成的作業，ブロックでの遊び，線画，絵画，粘土ないし砂の作業，あるいはなされるべき作業の何らかの表現媒体を含んでいる。近くの場所への何らかの戸外の遠足がこの時に行われた。

私たちは毎日午餐をする。子どもたちはテーブルをセットしたり，子どもたちの給仕をしたり世話をやいたり，そして皿を洗ったりしまったりする全責任をおった。私たちのメニューは，クリームと砂糖，そして大さじ一杯の準備した穀物（グレープナット，朝食用穀物食），ビスケット，グラノーズ・フレーク等々，そしてクラッカーと小さなコップ一杯のミルク，あるいは寒い日にはカップ一杯のココアよりなっている。このメニューは月5ドルで，24人の子どもたちと3人の教師に供されている。」[9]

第2節　グループⅢ（6歳）のカリキュラム

【要点】

このグループの報告では，まず，平均年齢が6歳で，二つのグループに分

かれ，各グループには17人いること。そして，グループ全体はアンドルーズ（Katherine Andrews）先生が担当し，また，彼女が作業の詳細を計画し，実行したことが記述されている。

次に，グループⅢでは，No.1の芸術においては，まずデューイが「A．教育的に考えられた作業の一般原理」を書き，続いてヒーリー（Katharine Andrews Healy）先生が「B．作業の詳細」として秋学期の実践の様子及び「C．冬及び春学期の学習の概要」を書いている。そして，その冬及び春学期の実践の様子は，同じくヒーリー先生によってNo.6の理科に報告されている。

ヒーリー先生によって報告されている実践上の特質を紹介すると，次のようである。すなわち，グループⅠ・Ⅱ（4・5歳）では＜家庭のオキュペイション＞中心であったが，このグループでは＜社会の典型的なオキュペイション＞ないし＜産業上のオキュペイション＞中心であったことが報告されている。すなわち，ここでは穀物農場を手始めに，以下，酪農，羊農場，綿農園，絹の研究，砂糖の栽培，材木産業の研究に関する学習の報告がなされている。

そして，これらのいろいろな社会的なオキュペイションの学習に関連して，＜工作＞＜芸術＞＜数の学習＞＜穀物料理＞＜理科の学習＞が展開されている。さらには，この他＜裁縫＞＜料理＞＜音楽＞＜体育＞＜物語の読み・書き＞＜芸術＞＜工作＞の学習が報告されている。

また，これら料理，裁縫，工作の学習と関連して＜数＞の学習が報告されている。

【実際の特質】

まず，「B．作業の詳細」によれば，No.1の芸術には，以下のようにその実践の後が記されている。なお，＜見出し＞は筆者がつけた。

＜社会的なオキュペイション＞
＜(1) 穀物農場＞

「秋の学習は典型的な穀物農場から始まった。教師は子どもたちに，彼ら

第4章　実験学校のカリキュラムの実際

が昨日家で食べた食べ物のいくつかの名をあげ，そしていかにそれらが獲得されたか話すよう求めた。ほとんどの子どもたちはこれらが"商店"，あるいは彼らが夏に訪問した小さな農場以外のところからきていることについて知らなかった。教師は，それゆえ，彼らが彼らのために食べ物を準備する起源と過程を発見するのを助けたり，そして彼らがこれらの食べ物を生産し，町の人々にそれらをもたらした人々であったことを演じるように彼らを導くことに乗り出した。

　パンはもつべき重要な事物として述べられ，そしてパンは小麦から作られたり，小麦が膨らませられたりすることを知った子どもたちは小麦を植え，収穫する過程を記述した。

　植木箱のために小さな農園が計画され，そして冬の小麦が植えられた。すべてのプロセスを遂行して小麦が成熟するのを待つにはあまりにも長くかかるので，茎状の小麦が獲得され，お店で作られたから竿で脱穀された。子どもたちは，まず，穀粒を脱穀するため棒きれを用い，その後旋回軸を動かしながら，最後の木材の余分な断片が示された。それから，小麦全体の穀粒から白い粉を得るという問題がやってきた。子どもたちはそれを砕いて粉にし，強く打つことが示され，そして，このことは臼の中でなされた。しかし，褐色の部分は，それが白よりは粒が大きいことが観察されたが，依然としてそこにあり，そしてそれを吟味する暗示がなされた。立派なふるいを用いることにより，彼らは精麦製でない小麦粉を手に入れ，そして，粗い綿布を用いながら，白い小麦粉を精製した。すべてそのようなケースにおいて，また話された構成的作業において，子どもたちは，それを実際に行う前に，可能な限り心的に，彼らの計画とそれを実施する方法をはっきりさせるよう導かれた。不成功は一層の暗示と新たな計画をもたらすための動機とされた。

　いく人かの子どもたちは彼らが農夫であり，他の者は製粉業者を演じ，そして穀粒を製粉所に輸送し，そして返礼に小麦粉を手に入れるという過程を遂行した。その後，倉庫が紹介され，町の少量の蓄えにかわって大規模な貯蔵が維持され，そして電報や手紙による出荷の注文をもたらす可能性，子どもたちは生産者と消費者との中間的な工夫についてほとんど，あるいは何の

95

観念ももっていないことを示す議論が紹介された。」(10)

＜相関しての「工作」「芸術」「数」「料理」の学習：太字は筆者＞
　「植木箱の農園のためにフェンスが**工作**室で作られ，このため，子どもたちは鉄道やポストの長さを測ったり，のこぎり，ナイフ，そして子ども用ののみを使用した。彼らは，また，トウモロコシを納屋に運ぶため干し草の荷馬車と２輪荷馬車を作った。
　彼らは新たな作付けのために種を保存しておく必要を理解し，その後，クラスは昨年子どもたちによって植えられた庭に行き，種を集め，それらを封筒に入れ，ラベルを貼った。いろいろな種類の種を集めながら，教師はそれをまくための種のさやのいろいろな配列に子どもたちの注意を喚起した。
　花は農場のまわりを気持ちよくするので，ヒヤシンスやスイセンの球根が植木鉢に植えられ，根がでるまで庭に埋められた。子どもたちはこれらの世話をする責任を負わされた。
　彼らの農場の一部にはトウモロコシが植えられた。そして，彼らが小麦に関してなしたように，ばら撒くというよりは，丘に植える必要が示された。工作室では，彼らは自分たちの農業用具に加えるべくまぐわ（harrow）を作った。
　芸術の教師とともに，彼らは粘土でいろいろな農場の果物を作り，そして農業生活を木炭や白墨で図解した。彼らの注意にもたらされた専門的な特質は農場を書くときの地平線の表現であり，また，ばら撒かれたトウモロコシの山に見られるような，手元や離れたところにある事物の位置の展望であった。農家は，風景におけるマッス（mass：美術で同じ色，影などの広がり）と位置に関する観念を与えるためモデルとしてブロックで建てられた。彼らはまた，農夫が種をまくことを図解した。子どもは，まず，自分自身で姿勢をとり，動きを作り，それから紙の上にそれを描こうとした。あるいは，彼はその役割を演じている他の子どもを観察した。彼らはまた，粘土で，農夫が種をまき，熊手を用いている姿を作った。
　農業生活に関するミレーの絵が，彼らが自分自身で田舎の生活を再現する

第4章　実験学校のカリキュラムの実際

のを補助するために用いられた。

　たくさんのトウモロコシがとれ，そして農場に関する観念を遂行する中で，小麦のように使用された。子どもたちは一定の**測定**をすることは便利であることを発見したし，また，私たちが使ったものは"ペック（8.8ℓ）"と呼ばれていることが話された。そして，それから半ペックに分割され，さらに台所からのメジャーの助けを借りて，4分の1ペックに，さらにパイント（0.47ℓ）に分割された。いく人かの子どもたちは分数について何の概念も持っていなかったし，また"半分"とか"4分の1"といった言葉さえ彼らにとっては，分割された全体の部分を意味しなかった。彼らは，彼らが4分の1の中におけるパイントの数，そしてペックにおける4分の1を記憶することができるまでメジャーを使った。彼らの小型の農場のために，彼らはボール紙から一定の比例で小さなメジャーを作った。これらはトウモロコシを買ったり売ったりすることに使われた。

　週に一度，子どもたちはいくらかの穀物を**料理**するため台所にたった。彼らは，まず，薄片にしたトウモロコシを使い，そして実験によって，それは料理においては多くの量の水を必要とすることを発見した。各々の子どもは4分の1カップの穀物と水を計り，そして指示に従ってそれを料理した。彼らは薄片の小麦は薄片のトウモロコシよりも2倍重いことを発見し，そしてそれは2倍の水の量が必要であると推論した。彼らは，以前のように，4分の1カップの穀物を使い，この水の2倍の量は半カップを意味することを発見した。彼らは，小麦は6倍もの水を，粉にしたトウモロコシは5倍の水を必要とすることを発見し，そして，各々のケースにおいて，必要な水の量をカップ一杯いくつ分によって計算した。毎回計算することを省くため，彼らは参照のための記録を作り始めた。これらは穀物の名前と，水か穀物の量を示すための分数を包含していた。」[11]

＜(2)　酪農。相関しての「数」「工作」の学習：太字は筆者＞
　「一般的な農場の話において，乳牛が言及され，ミルクからの生産物が言及された。そこで，主に穀粒のために使用される農場を議論した後，私たち

97

は主に酪農生産物を生産する農場を考え始めた。子どもたちは乳牛のためにはたくさんの草がなければならないことを理解した，また水も。そして，いく人かは日陰が暑い日のために望ましいことを示した。学校の隣につながれている乳牛は，特に咀嚼するため，食い戻しが口へともたらされる筋肉運動を発見するために，注意深く観察された。この習性が野生の乳牛にいかに始まったかは，肉食獣のゆえに，群れが短時間ですばやく食べるようし向けられ，そして，それゆえ，一度に食べ，そして暇なときに咀嚼するという習性を発達させたときにさかのぼる。

　チーズやバターは私たちの酪農の産物として作られる。どのくらい多くのミルクが用いられるかを知ることは望ましいことであると考えられるし，そのために４分の１やパイント，そしてジルカップがもたらされ，それらの関係が注目される。そして，各々の子どもはどのくらい多くのジルやパイントが４分の１カップの中にあるかを彼らが話すことができるまで**測定**を実行した。子どもたちはミルクの上澄みをすくい，それを酸敗させた。彼らは口の広いビンでミルクをかき回すのに使うかくはん装置を**工作**室で作った。いく人かの子どもたちはすくいとったミルクからチーズをつくったし，他のものはバターを作った。バターは洗われ塩漬けされ，そして一部はクラッカーやチーズとともに食べられた。残りのものは，４インチ角にカットされ，粗い綿布か紙の中に"荷造り"された。農場の産物はその後売りに出され，バターの小塊やチーズの固まりは５セントの値打ちにされ，そして販売は公正な取引であるよう要求された。

　彼らの**数**の使用を手助けするために，輪投げゲームが行われ，その中で彼らは５ずつ数え，各々の子どもはスコアを黒板に書いて，スコアを保存するよう要求された。他の数のゲームが，足したり引くことを要求しながら，次々と導入された。

　農夫は降雨に依存していることが言及され，そこで，まず，子どもたちは乾燥した地域には農場はないと考えた。彼らは，そのような場所では，農夫は作物に水をやるため手桶で水を運ばなくてはならないと考えた。それから，誰かが，水まきの２輪荷馬車，また最後には貯水池について考えた。彼らは

第4章　実験学校のカリキュラムの実際

灌漑を必要とする農場のモデルを砂箱に作り，水が運ばれてくる溝を設計しようとした。ある失敗の後，彼らは，水はその源と同じ高さのパイプを通して出すことができること，そして丘への貯水池は周りの地域に給水するために用いることのできることが分かった。」[12]

<(3)　羊農場。相関して「理科」「数」「工作」の学習：太字は筆者>
　「一般的な農場と酪農場の後，私たちは，以前と同様，そのような目的のために選択された場所の特質を議論しながら，羊農場を取り上げた。
　子どもたちは羊の毛を見せられ，**調べる**ために少しの羊毛を取った。彼らは，羊毛が糸へよじられるのを許すような羊毛の波状の特質を発見した。彼らは羊毛を発見するため木綿と羊毛の布の片からフェルトを作った。彼らはそれを水の中に入れることによって羊毛の中に少しの油を発見し，それを燃やすことによって，焼かれた髪と同じである臭気に気づいた。
　各々の子どもが彼の農場にいくらかの羊を所有することを望んだので，私たちは羊を表すためにトウモロコシの粒を用いることにした。その結果，各々の子どもは5ドルで**買う**ことができた。ある者は100頭の羊をもちたいと決めたが，このときまでには，50までしか数えることができなかったので，このことは彼らにある困難を与えた。
　羊の習性，羊小屋の活用，あるいは飼料を食べるためのラックや，水を飲むかいばおけの使用，そして羊の毛の刈り取りの方法が議論された。そして，ラックは**工作**室で作られた。」[13]

<音楽（Music）>
　「音楽は，歌の作曲と歌の学習の両者から成っていた。時間のほとんどは歌の学習，及び正しく歌う練習にさかれた。作曲での彼らの最初の試みはクリスマスの歌であり，そのために彼らは8つの線に曲をつけ，単純なメロディーを提出した。」[14]

　さて，上記に続いて，以下の「C．冬及び春学期の学習の概要」[15]が報告

99

されている。それを紹介すれば，次のようである。

C．冬及び春学期の学習の概要
現在の産業上のオキュペイション

1．*綿花の栽培*——綿花の種の植え付けとその成長の観察。輸送，計量，そしてさやとりの方法。綿花を栽培することができる場所の天候の研究や綿で覆われた種をつけた他の植物との関係における綿植物の研究。手作業では，彼らは綿から種を分ける方法について研究する。繊維と種の使用。種からの油の抽出。種の塊からの食事づくり，綿布の染色と模様付け，輸送で用いる車を表すための厚紙箱の製作。

2．*砂糖の栽培*——サトウキビの成長。トウモロコシとか稲といったあるよく知られた植物との関係。樹液の抽出。糖蜜づくり。砂糖精製の過程。カエデ糖。樹液の収集。煮沸と砂糖の塊づくり。カエデの森から樹液を持ってくる石そり作り。

3．*米の栽培*——成長する場所。既に研究した穀粒に類似したイネ科植物の植え付け。成長する方法，すなわち栽培，輸送，水のあふれ出し，等。市場のために準備された穀粒を得るのに用いられる過程。輸送。道具づくり。

4．*製材業*——森。丸太のカット。製材場への輸送。のこぎりを引いて板を作る。輸送。材木の使用。普通の使用における木材の種類。各々を有用にする特殊な性質。

5．*採石と採鉱*——自然状態にある岩と鉱石。芸術において，使用のためにそれらに形をえさせるのに費やされる過程。

6．*実際の園芸*

7．*ある市の組織の研究*——消防署，郵便施設，水道。

8．*典型的な小売店と大型店*

数——手作業やゲームの形に付随する。料理，裁縫，そして工作室における分数，フィートの2分の1，3分の1，4分の1，インチ，クオート，パイント，オンス，そしてポンド。

音楽——歌の作曲，歌詞，そしてメロディ。専門的な側面においては，正確な音の高さ；無意識的なリズムの学習。

芸術——大部分の時間は歴史と学校生活に関連付けた対象の表現に当てられた。粘土での形の研究。チョーク（白黒）と水彩絵の具，大きくて単純なマッスにおける色の研究。目的：観察力の覚醒，そして筋肉の調整。

工作室作業——既に学習したオキュペイションにおいて用いられた，そり，2輪荷馬車，手押し1輪車，まぐわといった選択された物品の製作。建物の構成のとき，ボール紙への線引きが導入された。平らな端を基準にすべて組み立てられた。

料理——いろいろな穀物。粉にすること，分解すること，のばすこと，等といった準備の方法についての研究。混ぜることと料理することの方法における違いを示すための単純な実験。目的：材料と道具を扱う経験。

裁縫——たとえばかがるといった，やさしい一針で作った学校で使用する物品；柔らかい繊維で編むこと，そして目の粗い織り方。

第4章　実験学校のカリキュラムの実際

　さらに，ヒーリー先生によって，このグループⅢの実践報告の続き（実は，既述の冬及び春学期の学習の記録）がNo.6の理科に報告されている。それを紹介すれば，次のようである。なお，＜見出し＞は筆者がつけた。

＜(4)　綿農園。相関しての「理科」「工作」「料理」の学習：太字は筆者＞
　「『初等学校記録』No.1で与えられたように，羊毛の衣服と羊牧場の歴史を研究した後，このグループは次に**綿農園の研究**を行った。子どもたちはまず，綿がいかにして成長するかに注意しながら，成熟した綿の茎を調べ，それから一つの円形のさやを紡ぎ出し，そして彼らが知っている糸のように長い付属物をもつ他の種子とそれらを比較しながら，その種子を調べた。彼らは植物としての綿の使用について話した。種子のいくつかが植えられ，そして苗木の発達が見守られた。
　種子が手によって綿から分離される困難さは，子どもたちにそれらを分離する道具の必要について考えさせた。ある者はくしを暗示し，そしてそれらを試み，さらに**綿繰機**を組み立てることが彼らに説明された。
　植えるために必要とされたより多くの種子が発育したので，子どもたちは特別なこととして何を為すことができるかが尋ねられた。子どもたちのいく人かは既に彼らが扱っているものを食べていたので，それらは食べ物として用いることができることを暗示した。彼らは馬や家畜は種子から作られた**食事**が好きであることを教えられた。ある量の種子が綿からとられ，うすの中でたたかれ，そして子どもたちの一人が南部からもたらされた食事に非常によく似た食事を作った。綿の実のひきわりから作られたケーキが彼らに見せられた。子どもたちは種子のもつ油の性質に気づき，そして彼らは調子よく燃やせることを発見した。そこで，綿の種子の脂肪の産物が検証のために彼らに与えられた。
　種子からとられた綿が研究され，そして繊維を糸によじる試みがなされた。綿をプレスすることによって小さな梱包が作られ，それを粗い布で包んだ。子どもたちはこれらの包みに関して，それが生産された地域からそれが栽培できない地域への輸送を計画した。進路が床に印づけられ，そして綿が農園

101

から工場へと運ばれた。各々の子どもはその計画と結合したある作業を選んだ。ある者は織工であり，ある者は列車乗務員であり，ある者は綿の栽培者であった。列車は綿の地域に空でいくべきでないことが示されたので（彼らは以前，大きな模型の地球儀の上で，綿の地域の場所をみたし，また気候について教えられた），子どもたちは綿の栽培者にトウモロコシを持っていくことを望んだ。このことはさらに他のオキュペイションを必要とした。ゲームが何回か演じられ，子どもたちはすべての段階の詳細を実行することに興味を覚えた。彼らが作った綿の梱包と食事は工場を担当している子どもたちに送られ，その子どもたちは白い綿の布のロールを送り返した。他の輸送方法が記述された。布のいくらかは子どもたちによってログウッドで**染色**されたし，いくつかは染料で模様をつけられ，その上にトラガカントゴムが塗られていた。印刷のための版は**工作**室で年長の子どもたちによって作られた。」[16]

<(5) 絹の研究>
「３つの最も重要な繊維が理解されなければならないところから，絹の虫及び絹の紡績の研究に短時間がとられた。」[17]

<(6) 砂糖の研究。相関して「理科」「工作」「芸術」の学習：太字は筆者>
「子どもたちは次に，砂糖の栽培の研究を行った。大きなサトウキビの茎が彼らに示され，植物の仲間に関する他の草木への類似点が率直に注目された。茎の葉痕の上の芽が調べられ，そして子どもたちは，もしそれらが育てられるのであれば，それらから新たな茎が成長することを教えられた。その結果，いく人かは植木箱の中で育てた。子どもたちがサトウキビから砂糖を取り出す方法を示せることが望まれた。砂糖の溶解及び溶解からその結晶を例解するための**実験**がなされ，これらの後，子どもたちは砂糖を取り出すためにサトウキビは水の中で煮沸されるべきことを示した。彼らは樹液が絞り出されるが，しかしそれからすべてを取り出すにはたいへんな圧力が必要なことを教えられた。そこで，便宜上，サトウキビが小さな片に切られ，数時間煮沸され，それからシロップが流れ出た。これらの実験及び彼らの料理経

第4章　実験学校のカリキュラムの実際

験から，彼らは煮沸はシロップを濃くすることを知っていたので，黒くそしてどろどろになり始めるまで煮沸した。子どもたちはそれが糖密に似ているのを見て驚いた。しばらくの議論の後，それは糖蜜であると決定した。

　サトウキビの成長の重要な過程及び砂糖の製造と精製を示す絵が，褐色及び白い砂糖の見本はもちろん，子どもたちに示された。

　カエデ糖を作る一層原始的な方法が次に取り上げられた。高さ３インチで，直径２と２分の１インチの小さな厚紙の手おけが曲げやすいボール紙から作られ，電線が取っ手として用いられた。**工作**室では，カエデの木から暖炉の火まで樹液の手おけを運ぶための小さなそりが作られた。子どもたちは小枝の森を作り，そして，想像しながら，木にあなをあけ，手おけを樹液で一杯にした。それから，それを開拓地に運び，彼らはやかんの下に本当の火をおこした。ここで**燃焼の原理**が取り扱われ，火の正しいおこし方が取り扱われた。

　スタジオでは，彼らは，色つきのチョークで，砂糖農園で働く人々，そして砂糖の時代におけるカエデの林の光景を図解した。彼らはまた，粘土で，農夫にとって有益な内陸の動物や，何匹かの森に住む野生動物の模型を作った。」[18]

＜(7)　材木産業の研究。相関しての「理科」の学習：太字は筆者＞

　「砂箱の助けを得て，材木産業の研究が砂糖作りの学習とほとんど同じように遂行された。川が流れている森が作られた。子どもたちのいく人かは木を切る人であり，彼らの小屋を作った。他の者は川の下の方に製材場を建設した。

　何かを演じる前に，重要な事柄が議論され，多くの絵が調べられた。しかし，ほとんどのその詳細は演技が始まった後に成し遂げられた。川づくりにおいて，必要な**自然地理**的な条件が成し遂げられた。すなわち，川が真に作られ，子どもたちが作った水路に流されるかどうかをみるため，水は水源近くで水まきされた。丸木は切られ，川まで引きずられた。そしてそれを筏で下らせるために，いくつかの混雑を作り，材木業者が周りの地域への洪水を防ぐための注意を要求した。２つの製材所は異なった地点に位置し，かくし

て丸太が着いたとき，最初の製材所の人が一つの製材所の丸太と他の製材所の丸太とを区別することを必要とした。彼らは，丸太に印を付けることがよいと考えた。それゆえ，再び遊びを始めることが必要となった。丸太は森にかえされ，印がそれらに切り刻まれ，それから再び筏で下らせた。所有者は彼らの製材所に導く"防材筏"を建設し,丸太を分類した後に流す水路を作った。この学習を通して，子どもたちは，板がのこ引きされるぶつぶつ面と平らな面とに気づくことによって普通の木材を区別するため，学校における木製品と工作室における材木を調べた。」[19]

＜裁縫（Sewing）＞
「裁縫では，彼らは編んだ絹と羊毛の細長い切れをもち，そしてそれらを所有者のために一緒に編んだ。あるいは，彼らが工作室で作った簡単な織機で細長い切れを編んだ。」[20]

＜料理（Cooking）。相関しての「数」の作業：太字は筆者＞
「料理では，彼らは小麦とトウモロコシからいく種類かの料理をいかに作るかを学んだ。また，年長のグループと同様，でんぷんと砂糖が比較され，また，それらへの熱と水の働きが研究された。
　料理と結合して，**数**の学習が，特にたとえば２分の１，４分の１，８分の１といった簡単な分数の活用のために強調された。ここでは半パイントが測定の基準として用いられた。冬学期の間，このグループのすべての作業において，数に関する特別な強調が置かれた。建設的な作業において，ものさしがしばしば用いられ，インチやフィートといった部分の熟知がなされた。合衆国のお金がお店のゲームや，用いられる紙のお金の中で用いられた。綿の工場，砂糖の精製所，薄黒い小屋，そして材木の小屋を建設する中でのブロックの使用は数の関係についての学習の助けとなった。」[21]

＜音楽（Music）＞
「音楽は『初等学校記録』の２月号に記述されたのと同じやり方で継続され

た。」[22]

<体育 (Physical Exercise) >
「体育館では，彼らは，歩調をそろえて歩いたり，立ったり歩いたりする中での位置取り，及び筋肉のコントロールを得るための簡単な練習とドリルを経験することを学んだ。」[23]

<物語の読み・書き (Reading and Writing) >
「物語では，子どもたちに，リーマス叔父さんの物語である"騎士とバルバリ（The Knight and Barbary)"，そして動物についてのおとぎ話といったものを次から次へと読ませた。彼らは幼稚園へ訪問したときこれらを話した。しばしば用いられた語は次から次へと彼らのために黒板に書かれ，そして彼らはそれらを文章の中で認識することを学んだ。」[24]

第3節　グループⅣ（7歳〜7歳半）のカリキュラム
―発明とオキュペイションに関する歴史的発展―

【要点】
　このグループの報告では，まず，平均年齢7歳から7歳半までで，14人ずつ二つのグループに分かれたこと。そして，グループ全体はキャンプ（Katharine B. Camp）先生が担当し，また，彼女が作業の詳細を計画し，実行したことが記述されている。
　グループⅢと同様，No.1の芸術においては，まずデューイが「A．一般原理」を書き，続いてヒル（Mary Hill）先生が「B．作業の詳細」として秋学期の実践の様子を，そして「C．冬及び春学期の学習の概要」を書いている。そして，その冬及び春学期の実践の様子は，同じくヒル先生によってNo.6の理科に報告されている。
　なお，ヒル先生は，「作業の詳細」を報告する前に，この二つに分けられたグループについて「グループ"a"は学校での以前の経験はなく，そこで彼らの学習は彼らに特別な事物に関する経験を与え，そして原始生活の物語

のあの経験を学習するという意図を持ってなされた。Ⅳの"b"の子どもたちの大多数は以前から学校にいたので，彼らの作業はある特別な物語における興味に基礎付けられる代わりに，その物語を例解し遂行しながらいろいろな材料に関する実験的学習を通して原始人の生活を再構成することであった。織物，そして料理に関する工作室での手作業は両グループにとって同じであった。

彼らのいわゆる歴史学習は，子どもたちが根本的な活動に関する彼ら自身の経験を分類することができるよう，その最も単純な段階で行われた社会的経験をただ再構成することであった。」[25]と述べている。

カリキュラムの実際的特質を解説すれば，以下のように，いよいよこのグループ（7歳ないし7歳半）から始まる＜歴史＞とそれと相関しての諸学習が，次いで，歴史で取り上げた社会的進歩に沿ったオキュペイションと関連した＜地理＞や＜理科＞の学習，＜料理＞と相関しての＜数＞の学習が，さらには＜料理＞＜ゲーム＞＜体育＞＜音楽＞＜芸術＞＜工作＞＜裁縫＞それぞれにおいて，年間を通じて，報告されるような学習が展開されている。

【実際の特質】

まず，No.1の芸術には，秋学期の実践の様子が以下のように記されている。なお，＜見出し＞は筆者がつけた。

＜歴史学習の始まりとオキュペイション。相関しての「衣・食・住」「物語」「芸術」「工作」「裁縫」「織物」の学習：太字は筆者＞

「3ヵ月の学習の要約は非常に一般的なものでなければならないし，また，典型的な事例のみが方法に関して例解的に与えられる。

いろいろなキャンプやピクニック経験の助けをもって，子どもたちは彼らの現在の環境において，彼らがそれなしに生きることができないと発見した条件を一つずつ取り去ることによって，想像的に，彼らが再構成している原始的な条件に彼ら自身をおくことができた。非本質的なものを排除するこの過程において，彼らは食べ物（水は本質的なものとして常に最初に言及されてきた）と風雨や野生の動物からの保護に還元した。彼らは火や鉄砲なしの

第4章　実験学校のカリキュラムの実際

何らかの生活を想像することは困難であることを発見したが，他方衣服は安楽のためには取るに足らないものとしてたやすく排斥できた。

　詳細に取り上げられた最初の典型的な段階は森や丘陵の多い地域における狩猟の時期（木や洞穴は小屋として使用された）であった。狩猟期は，単に，食べ物と小屋が唯一の本質的なものであったということを明らかにした。この狩猟期は，肥沃な流域の端にある原始的な家でなされた進歩によって続けられた。これらの人々と対照されたのは，ノルウェーの貝塚によって明らかにされた人々に一致する条件の中で生きている一層弱々しいが平和的な一群の人々であった。狩猟と防御という特別の結合は社会的組織の基礎として取り上げられた。子どもたちはもっとも経験を積んだ人のリーダーシップの下での結合のための必要という観念を思いついた。次の段階においては，弓と矢の発明を通してより独立的となったので，人々は川の流域の低い部分にある広々とした平原の近くの家に引っ越した。そこには，今や食べ物へ特別に依存するようになった草食動物が大変多くいた。

　この放浪の始まりによって再び引き起こされた生活様式の変更は，**食べ物**を準備する方法においてはもちろんのこと，武器（堅さ，きめ，くぼみ，砕けやすさに関して調べられた石，あるいは矢とやりの穂先，等のために最も適したものを選ぶこと），**小屋**そして**衣服**の改良を通してなされた進歩への特別な強調をもってある詳細さでやり遂げられた。

　この作業の初めには，子どもたちにとって一つの物語のために，自然環境でさえ，何らかのイメージを構成することは困難であることが発見された。これらの自然環境に適した出来事を暗示することについてはなおのこと困難であった。また，彼らが議論している毎日の生活における最も単純な場面でさえ劇的に遂行することは彼らにとって困難であった。人々が用いた材料に関する2ヵ月の実験的学習の後，武器を作る石の選択，焼くことによる料理，さらには熱くした石の助けで煮沸させることによる料理といったようなことを（それらの自然の制限が許す限り）詳細に遂行しながら，子どもたちはスタンレー・ウォーターローの『アルバータの物語』（Story of Ab）といった物語を取り上げ，そして2人の少年の出会いと，彼らの家の下の平原の中に

107

落とし穴を作ることにより，ある草食動物を捕獲するための彼らの計画といった出来事を劇化することができた。子どもたちはウォーターローが親しくなるため Ab（アルバータ）と樫の木の使用に関してなしたほとんどの言葉を与えたということを書き留めることは興味深い。さらなる劇化は春まで続けられた。春には，窯と精錬場所の建設といった過程を戸外で遂行することができた。

　これらの過程のすべてをやり遂げる中で用いられた方法の例解として，陶器のための**粘土の発見と使用**が選ばれた。子どもたちは何回か粘土を発見しようとしたが，しかしそれを見つけることができる方法と場所を示すことができなかった。彼らの移動で平原まで川を下り始めたとき，一人の子どもが突然，彼が小さな川の上にかかっている堤防で粘土を発見したという事実を思い出し，そして一行はいかだで川を下る途中その経験を持つべきだと提案した。どんな種類の場所で，すなわち平原か丘か，高地の堤防か低地の堤防かいずれの場所で粘土を発見することができるかを見出すために，彼らは，粘土と砂で実験し，両者は水が穏やかになったとき沈殿することを発見した。水が粘土の上で完全に澄むのを発見した彼らの驚きが強く発せられた。彼らは，粘土が波のたたないままのコップの中でのみ沈殿するとき，彼らがそう呼んだように，粘土は静かな水，あるいは"池"の中に"落下する"ことを決定した。彼らは，そのような池の粘土の底が太陽で乾かされたような，川のそばの平たい土地に一行が野営することを提案した。彼らはこの川流域の部分の地図を作り，平らな平原の中に池を作り，そして砂モデルの地図の丘陵の多い部分に水を注ぎ（彼らは粘土をかきまわし），それを澄ませ，そして彼らの湖の下に粘土の層を作った。

　彼らは，彼ら自身のやり方で粘土のお皿を作り始めたが，どのケースにおいても粘土をボールへと丸め，その後，おそらくは彼らはこのことを以前に行ったがゆえにそれを空洞にした。一人の子どもは，つぼのように，先端を小さなカップにするため，彼女が"上の形"と呼ぶものを作ろうとしたが，むだであった。これらの粘土のお皿を作るときにはいつも，彼らはイチゴやナッツといった乾いた食べ物を蓄えたり，あるいは水を入れるなどの特別な

第4章　実験学校のカリキュラムの実際

使い方のために作った。形は使い方に応じて作られた。2日間にわたり暗示なしにこのように作業した後，彼らはクラスで彼らがしたことを議論し，そして，彼らはお皿を作る新たな方法を考えることができたかどうか尋ねられた。一人の子どもは，ロールを作り，そしてこれらのロールからお皿を作り上げていることを示した。おそらく彼はこのことについての絵をみたことを振り返りながら，彼ははちを作るこの方法を用いる誰かの絵をみたかどうかに関して疑問に思った。しかし，それは何の助けなしに彼に生じたように思える。彼らはそれから他のセットのお皿を作り始めた。一人の子どもがロールによる方法を用い始めるやいなや，すべて他の者もそれを試みた。しかし，粘土を扱うとき，壊れるのを防ぐためには一層の技術を必要とするので，ある者は気落ちし，古いやり方に戻った。彼らは，膝の上に丸いマットをしき，ロールを使いながらはちを作っているナバホ族の女性の絵を示され，それから，新たな興味でこのようにして大きなわんを作ろうとする彼らの試みを生き返らせた。彼らが作り終えることができた最も大きなサイズは直径7インチあった。彼らはこれらのはちに絵付けすることを望み，そこで黄色の赭土を与えられた。彼らのはちに入れる型をとり出し，それを真っ直ぐな帯に示すことができる者は，配置と釣り合いにおいて，紙の上ではちの絵を塗り，それからそれに飾り付けをしようとする者のはるか先にいた。

　熱せられるとき彼らのはちはどの色になるか見出すために，毎日5ないし10分間，ブンゼン燈で粘土の薄い片を焼き固める実験に費やされた。また，完全に乾かすのではないはちに対する熱の粉砕効果を論証するためでもあった。この後者の実験は大変うまくいったので，彼らの誰もはちが焼き固められるのを望まなかった。そして，失敗の恐れのため，焼き固められていない粘土の完全な形のはちを選択した。示唆により，彼らは赭土を熱し，そして彼らが"インディアンの赤"と呼んだものを作ったのを発見して喜んだ。彼らは，それからナバホ族のつぼの黒色は何から作ったかを問い，調べた結果，何回かはインディアンはすすを用いたのではないかということを示した。

　工作室や他のどこかでなされた手作業はブラシ，帽子，いかだ，そして図示されたような陶工ろくろの原始的な形といった典型的な物品を作ることで

109

あった。**裁縫**は，彼らの手作業の一部として，使用するための作業かばんを作ったり，準備することであった。

　織物作業は歴史と相関させられていた。彼らは彼ら自身の衣服に用いられるすべての材料から始めたが，最初に，その自然条件にあるような繊維が与えられた。絹，羊毛，アマのうち，彼らは羊毛を選んだ。その理由は繊維が長いことと目が粗いことであり，衣服を作るのに最初に用いる材料であったからである。その後，彼らは洗濯，カードですくこと，そして手で紡ぐことの過程を経験した。棒きれをまわすことと繊維の束を紡ぐこととを結合させることによって，彼らは工作室で作り，紡ぐときに使用する原始的な紡錘の使用を示した。

　彼らが"歴史"の中で特に興味を抱いた場面は，木炭と色における例解のための基礎を**芸術**の教師に与えた。」[26]

＜音楽（Music）＞
　「彼らの音楽は，年少のグループのように，耳の訓練と作曲より成り，それらは学校の次のレポートにおける特別な物品の中で十分に与えられた。」[27]

＜料理（Cooking）。相関しての「数」の学習：太字は筆者＞
　「子どもの立場からすれば，料理は，週の社会的出来事であるクラスの午餐のために遂行された。このための材料の選択において，僅かな一般原理の形成のための基礎を与えるために体系化することができるようなものをとることが最善であることが発見された。それらを消化のために準備するとき，熱と水のでんぷんとセルロースへの効果に関する最も単純な適用を供給するものとして穀物が用いられた。この食べ物は，また，その全体の粒を準備する方法，あるいはその構成部分の分離によって，容易に認識できる変化をもたらすのである。

　このグループは3年目に与えられるのと同じ種類の**数**の学習を実行したが，それはより難しい割合を用いた。薄片にしたトウモロコシのケースでは，彼らは実験によって，それは等しい容積の水を要求するということを発見し

第4章　実験学校のカリキュラムの実際

た。彼らは，薄片にした小麦は薄片にしたトウモロコシの2倍の重さがあること，それゆえ，2対1の割合を用いた。粉にした小麦は1対6の割合であること，等々を発見した。すべてのケースにおいて，彼らはカップ2分の1，4分の1，そしてそれから3分の1を用いた。薄片にしたトウモロコシに必要とされる水の準備を基礎として用いながら，彼らは，各々の連続的な穀物に対し，その重さを薄片にしたトウモロコシと比較したり，あるいは彼らが必要とされる量を知っている穀物と比較することによって必要とされる量を算出した。彼らは，この同じ基礎をある数の人々に配るのに必要とされる量を算出するために用いた。各々の準備のための料理では，彼らは，準備に依存するときに要求される時間の量においてであれ，あるいは小麦を水と混ぜ合わせる方法においてであれ，熱の適用におけるある新たな特質を算出したし，また，彼らは粉にした小麦は，煮え立った水の中でかき混ぜられるとき，かたまりを形成することを発見した。これらのかたまりをこわしたり，調べたりしながら，彼らは，それらは料理していないある穀粒を覆っていることを発見した。冷たい水では，これらのかたまりは生じなかったことを彼らは発見したし，また，その後，実験によって，彼らはどのくらいの水がすべての乾いた穀粒を分離するために必要であるか——すなわち，等しい容積をとること，を発見した。彼らは，その後，必要とされた全体の部分から使用された量を引き，そして料理を急ぐため，水の残りの部分を沸騰した湯に加えた。彼らの料理の重要な部分は，午餐での一人前を準備することはもちろん，各々の子どもに台所器具と机の世話をする責任をおわせるという，個人的なものであるという事実よりなっている。食堂の世話及び午餐の給仕がかわるがわる個々人に割り当てられた。」[28]

＜ゲーム（Game）＞

「学校におけるこの年齢では，4，5，そして6歳の子どもたちに訴えるのと同じ種類のゲームが子どもたちに興味をもたせることが発見されたが，しかし，彼らは彼ら自身のゲームをはるかにより独立して発明し，組織することができた。彼らは，それゆえ，週2ないし3回，年少の子どもたちと遊んだ。」[29]

＜体育（Physical Exercise）＞
「体育館では，彼らのゲーム及び運動は立ったり，歩いたりする中で真っ直ぐな姿勢を発達させることを意図したし，また，過度の発達や発達不十分さを正すことであった。」[30]

さて，上記に続いて，以下の「C．冬及び春学期の学習の概要」[31]が報告されている。それを紹介すれば，次のようである。

C．冬及び春学期の学習の概要
オキュペイションの発達及び発明や発見を通しての社会的進歩
準農業的
1. *オキュペイション*——遊牧狩猟民族。種から収穫までの村生活。栽培すること，収穫すること，そして穀粒を蓄えること。
2. *社会的機関*——居住地の選択，土地及び食べ物の分割，等をもたらすこと。一族及び部族。食べ物，武器，そして土地の共産。物々交換，労働の分業の始まり。時間の決定（time‐telling），季節。
3. *地理的な生息地*——山か丘陵の多い地域。森林。肥沃な渓谷及び平原。川の体系。土壌の分配。

金属細工
労働の分割及び商業の劇的完成。発見に続くオキュペイションの分化及び金属の使用。
1. *オキュペイション*——採鉱。精錬及び鋳造，あるいは炭焼き。切断。鋳物。
2. *社会的組織*——労働の分割及び商業の形成。
3. *小屋*——石の小屋。現代の骨組みと屋根。丸太の小屋。
4. *食べ物*——穀粒の貯蔵及び運送。砕いて粉にすること。

農業的
1. *オキュペイション*——食べ物を栽培する家畜及び羊毛の源としての家畜。食べ物のための穀粒の準備。採鉱，鋳造，そして金属の作業。工作ではから竿，すき，回転式砥石。
2. *社会的組織*——村での定住。公の用務の解決のための議会の始まり。お祭り。穀粒の収穫及び植え付け。くわ，くま手，まぐわを作ること。
3. *地理的*——平原。より詳細な川の進路及び土壌の形成。

社会的組織は劇化を通して遂行される——遊牧狩猟民族。準農業時代の民族。田園生活時代の民族。

第4章　実験学校のカリキュラムの実際

　農業的——戸外での精錬。陶工。紡績工及び織工。陶工ろくろ。紡錘及び糸巻き竿。春学期には，その年の学習が戸外で一層劇的に反復される。

　理科と地理——一般的ないし典型的な地理学はオキュペイションの自然地理学的な条件への適応，たとえば狩猟期及び漁業期の間の山の多い地域，準農業的で，そして田園的で，海岸の，海上の生活における平原，等といったものと関連して研究された。平原，動物，鉱物，そして金属の関連的研究。原始生活で使用される典型的で，機械的で，そして化学的な過程の関連的研究。精錬，染色，陶器の作成，等といった典型的な過程において実験的に遂行された研究。料理の中で用いられた操作と関連付けて，一つないし二つの要因が孤立させられ，作業を実験的なものにする。偶然的で観察的な作業。植物，昆虫の四つの共通の種類，一つないし二つの無脊椎動物と脊椎動物，いくらかの野性的で内陸の動物の生活史の研究。

　数——3年目と同じ基礎での学習；すべての過程のシンボルを導入しながら，もっと先へと進む。

　読み方と書き方——物語と記録の形で歴史を表現する手段として取り上げられる。黒板書きがほとんど排他的に用いられる。強調は形というより動きに置かれる。

　音楽——歌の作曲とメロディー。リズムにおける意識的な学習。2，3，4，そして6拍子のリズム。

　芸術——表現において，地面，空，木，等の一般的観点を，例解的学習の援助として活用。観察と記憶を発達させる目的のための海岸，森林の特別な特性。野生動物の形の研究。材料，すなわち粘土，色付きのチョーク，そして木炭。飾り付けにおける水彩絵の具。全般的目的：自己表現。

　工作室作業——家，社会的オキュペイションを作るのに必要な道具を作るといった構成的側面への主な強調。手おの及びナイフといった追加的な道具。材料では，荒削りの木材から完成した材木までのすべての形の木材。

　料理——穀物が色，準備，組織，等における違いに関して調べられる。重さ及びかさにおける違いを示すめいろいろな準備が考えられるし，重さと水を吸収した量との関係が考えられる。各々の準備によって吸収された水の量，そして料理に要求された時間を示す表の作成。分数の活用をもたらしながら，量が割合によって決定される。新鮮で乾いた果物の簡単な調理。

　裁縫——裁縫における学習は社会的作業をともなった衣服の側面と結合される，すなわち，皮，毛皮，そしてそれらの取り扱いと結合された。工作室において作られた原始的な道具を使いながら，一頭一刈り分の羊毛から完成した衣服までの羊毛の準備。このことは，羊毛の洗濯，けば立て，糸にすること，みがくこと，そして織ることについての原始的な方法をもたらす。縫うことにおける専門的な作業。道具袋及びふきんの作成，簡単な織機での目の粗い木綿を織ること。

さらに，ヒル先生によって，このグループⅢの実践報告の続き（実は，既述の冬及び春学期の学習の記録）がNo.6の理科に報告されている。それを紹介すれば，次のようである。なお，＜見出し＞は筆者がつけた。

＜歴史（History）。相関しての「理科」と「地理」，「数」の学習：太字は筆者＞
　「冬学期の間，このグループの歴史の学習は『初等学校記録』の最初の号（pp.23～28）で報告した秋学習の継続である。
　原始生活のより単純な形から，物的な側面では，木材と流れが与えるような手段を意味し，また社会的側面では，何かしらちりぢりになりそしてちょっとだけ組織された種族を意味しながら，彼らは，そのいろいろなオキュペイションと社会的分化をもった村を発達させた。村におけるオキュペイションの分化を明示することは春学期まで延期され，このため，屋内の劇化は遂行の過程にとって偶然的なものであった。オキュペイションに基礎づけられた共同社会の分割は戸外の劇化の中で詳細に計画された。含まれていた取引と輸送の詳細は，クラスの2分割によって表現されたとき，隣りの種族によって遂行された。
　自然環境とオキュペイションとの相互依存性が，各々の地域社会にとって適切な場面を必然的に作った選択を通してもたらされた。かくして，遊牧種族は上方の平原に制限され，農業種族は川の低地及び下方の平原に制限され，金属労働者は山あいの地域や岩石の多い渓谷に制限された。
　この方向における最初のステップは，もちろん，金属の発見であった。子どもたちは新たな材料をより容易にその使用の側面から取り扱うことができた。それゆえ，いくつかの金属は最初その使用という立場から議論され，その後，精錬の過程の発見と発明の観点から議論された。子どもたちは，ある者は銅と鉄を暗示したけれども，ほとんどの者は金と銀とに馴染んだ。彼らは，銅，錫，亜鉛等といった平民の人々のなす使用を通して，すべての特性を無意識的にまとめあげた。彼らは，それから，彼らが発見したことを槌でたたいたり，熱したり，そして磨いたりすることによってある純粋な銅をテ

第4章 実験学校のカリキュラムの実際

ストすることに適用した。

　金と水による鉱脈への沈殿が取り扱われ，また岩が砕けることによる土の一般的な形成が議論された。子どもたちは，それから，金が表面近くで発見されがちであるし，それゆえ収集するのが容易である場所の一般的性格が推論された。彼らは，各々の与えられた重さはどのくらいの時間で溶解するか時間を計りながら，銅線，鉛，錫の片を溶かそうとした。子どもたちは，金属を石から得る方法を議論し続けた。彼らは，銅の薄板片を溶かす彼らの努力から，金を溶かすには大変熱い火が必要であり，そこで，彼らは，広さは10インチほどの大きさがあり，高さは4ないし5インチほどの長さがある溶かす場所を石と粘土で作り始めた。一般的な計画では，石や粘土の壁を丸い形に積み上げ，もちろんドアの片方を開けたままにしておき，そして大きな平たい石を上部で交差するように並べることにより全体に屋根をつけるというものであった。子どもたちがそれらが完成したと考えたとき，彼らはそれらを試すためにその中に火を入れた。一人の子どもは，火が注文通りに燃えなかった理由はまだ密閉していない数箇所のひび割れがあるからだと考えた。しかし，作ることを繰り返しながら，教師からのたくさんの空気が入るように上と下の双方をあけておくという提案から，彼女は自分の結論を引っ込めた。しかしながら，彼女は，火は最初，暖炉の中で煙が出て行くことができなかったゆえに燃えなかったのではなく，空気が入ることができなかったがゆえであると考えた。そこで，空気はもし煙が出なかったら入ることができないということを証明するため，彼女はふさいだガラス管とふさいでいないガラス管との双方を吹いた。そして結局のところ，すべての子どもたちは空気の供給は上と下の両方の穴によって調整されなければならないということを理解することに成功した。同時に，彼らは暖炉の火をたきつけたし，通風孔をふやすための煙突の使用を発見した。

　彼らの溶かす場所で作業しながら，子どもたちは，クラスのある者は木を切る人，他の者は掘る人や建設者，坑夫，そして溶解場所を担当する精錬工といった労働の分割の有利さを発見した。

　戸外の条件の下，この学習は春学期に大規模に繰り返され，かくして主要

115

な特質が復習され，また社会的組織が強調されることになった。庭と戸外の学習にとって偶然であったが，かなりな観察的な学習が昆虫，鳥，そしてミミズに関してなされた。

　子どもたちは，また，鉛のための砂の鋳型を作った。そして，ある者は仲間が使うものとしてのやじりを作った。しかしついには，モデルとしてのやじりの供給は全クラスにとっては不十分であり，また彼らは，彼らの学校の学習と関連づけて彼らが直接的に使える何かを作ることを望んでいたので，彼らは全員鉛のおもりを作り，そして次第に砂と混ぜる水の適量，鋳型の底を正確に水平にする必要性，そして最善の結果を得るために必要ないろいろな他の詳細を発見した。

　数の学習は，次のような問題を含みながら，他の学習にとって偶然的なものであった。すなわち，彼らは，彼らがまず最初に12オンスをもつとき，1ポンドを作るためには半オンスはどのくらいが必要であるか，そして，彼らが20グラムの重さと釣り合いを取るのに5グラムの重さと10グラムの重さはどのくらい必要かを発見した。

　春学期には，子どもたちはまず，クラスが庭を作るときの土地の広さを区画し，それから彼らは，クラスの各メンバーが等しい割り当てをもつようそれを分割する企画を示しながら，計画を練った。」[32]

＜料理（Cooking）＞

「料理では，彼らは穀物に関する秋の学習を継続した。用いられた方法は『初等学校記録』のNo.1のp.27で与えられている。さらに，彼らは3つのタイプの野菜を研究し，どのケースとも，でんぷんの量，木質のひげ根，あるいは炭酸水か油といった調味材料によって決定されるような料理の方法を成し遂げた。実験における子どもたちの興味は料理に対する直接的な適応及びクラスの午餐の社会的な組織の中にあった。」[33]

＜工作（Shop）＞

「工作室では，彼らは弓と矢，紡績のための心棒，織機，そして丸木舟を作っ

第 4 章　実験学校のカリキュラムの実際

た。丸木舟のために，彼らは，もっぱら赤熱の鉄を焼きながら，1フィートくらいの長さの厚いブランチ（branch）を作った。彼らはまた，分家を作ったり，寸法を取ったり，注意深く骨組みを計画した。」[34]

＜芸術（Art）＞
「彼らの芸術学習は部分的には粘土であり，また部分的には色であった。教材は歴史から取られた。他の学習は純粋に想像的であった。芸術学習の方法と詳細は『初等学校記録』の"芸術の号"（No. 1）の中に記述されている。」[35]

＜裁縫（Sewing）＞
「裁縫では，子どもたちは，彼らが未加工な材料を保ち続けるのに必要とした針入れと道具袋を作った。」[36]

＜繊維（Textile）＞
「織物では，彼らはけば立てられ，糸状にされた羊毛をもち，そして工作室で作られた織機でマットを織った。」[37]

＜読み・書き（Reading, Writing）＞
「週に3回，子どもたちは彼らの歴史や他の学校での学習の記録の形をとった読み方の授業をもった。子どもたちによって組み立てられた文章は黒板から読まれ，後にタイプライターで打たれた写しから読まれた。注意の鋭敏さを確保するため，黒板学習はときどき書かれるや否や消され，子どもたちは彼らが呼んだことを話すよう求められた。音声の学習は，課業を適切に読むことの中で思考の獲得をそらさないよう注意するため，主に分離した練習として遂行された。書き方は大部分，黒板でなされ，自由な動きを確保するための特別な努力がなされた。」[38]

第4節　グループⅤ（7歳半～8歳）のカリキュラム

【要点】

　このグループの平均年齢は7歳半～8歳であり，ヒル（Mary Hill）先生が担当であった。そして，No.2の音楽には秋学期の実践「作業の詳細」及び「冬及び春学期の概要」が，そして，その冬及び春学期の実践の様子はNo.7の手工に報告されている。

　秋学期の実践報告に入る前に，「このグループの17人の子どもたちは，適切な個別的注意を確実にするため，二つのグループに分けられた。大多数は昨年在籍し，『初等学校記録』の2月号（No.1）におけるグループⅣの学習において概観したように，原始人の生活の発展を研究した。それゆえ，彼らは，アメリカ・インディアンの発達段階に達した人々の研究をする準備ができていた。そこで，定住者の歴史を始める前に，秋学期の間，アメリカ・インディアンについて週2時間過ごし，そして探検と貿易を通して世界の諸部分相互の関係を学んだ。」[39]と述べられている。

　すなわち，このグループのカリキュラムの実際は，デューイが予告したように（No.8の歴史の中の「初等教育における歴史の目的」（The Aim of History in Elementary Education）参照），前年度に取り扱ったフェニキア文明の学習，世界旅行者たちの研究（マルコ・ポーロ，ヘンリー王子，スペイン人のアメリカ発見）はグループⅧ（11歳）へと移動し，代わってアメリカ・インディアン，そして定住者の歴史が取り上げられている。

　そして，関連して＜物語と劇化＞＜読み・書き＞や＜地理＞の学習，＜理科＞，＜料理＞と相関しての＜数＞，その他，＜織物＞＜工作＞＜音楽＞＜芸術＞＜体育＞＜読み方・書き方＞それぞれにおいて，年間を通じて，報告されるような学習が展開されている。

【実践の特質】

　まず，No.2の音楽にはこのグループの秋学期の学習の詳細が以下のように報告されている。なお，＜見出し＞は筆者がつけた。

第4章　実験学校のカリキュラムの実際

＜歴史（History）。相関しての「物語と劇化」「読み・書き」「地理」の学習：太字は筆者＞

「若干繰り返すことになるが，このグループの，大多数は昨年在籍し，『初等学校記録』の2月号におけるグループⅣの学習において概観したように，原始人の生活の発展を研究した。それゆえ，彼らは，アメリカ・インディアンの発達段階に達した人々の研究をする準備ができていた。そこで，定住者の歴史を始める前に，秋学期の間，アメリカ・インディアンについて週2時間過ごし，そして探検と貿易を通して世界の諸部分相互の関係を学んだ。

　この研究においては，鉄の使用が発見される前の人々によって成し遂げられたものを見ることによって，小屋，食べ物，武器，道具等の必要及びそれらを供給する手段について以前に形成した概念を拡大することが意図された。今年は，子どもたちは，**物語と劇化**のためのイメージ部分をより豊かにし，また発明や改良によってより詳細に与えることができた。彼らの興味が彼らが演じる種族の中で成長するように，十分な口頭表現と声明を一層関連し限定的とする能力とが顕著であった。それはまた，彼らにとって，仕事の観念と方法についての概念が出来映えにおける技術以上に強調されたが，構成により多くをとり，それを一層よく実行することを可能にした。彼らはイロクイ族の長い家を作ったり，丸木船を作ったり，そして彼らのテントにおかれるトーテムや彼らの読み・書きの文書が保存される本のカバーをデザインすることに大変な忍耐をもって働いた。子どもたちの一人は家で，鶏のいる中庭からそれに合う羽を集め，頭の回りを囲むように羽を細長い布切れへ縫ったり，後ろに下ろす布を縫ったりして，インディアンの頭飾りを作った。いろいろなインディアンの靴を研究する中で，いくつかの種類は学校にもってこられたし，他のものは野外博物館への遠足の中で調べられた。子どもたちの何人かは底の平らな靴を作ろうとした。一人はバラバラにし，そして家で関心のあるものを作るために用いられる型にすべてを切断した。

　彼らのインディアンの家が完成すると，インディアンが彼らの道具，食料，そして他の所有物を保管する場所を決めながら家具の備え付けを行い，そして家での生活を描写した。

『ニューイングランドのアルゴンキン族の伝説』（Algonquin Legends of New England）から単純化した"マスターうさぎの驚くべき冒険（Amazing Adventures of Master Rabbit）"の数行を**読ん**だ後，子どもたちは彼ら自身の数行を創作し，そしてクラス全員によって読まれ，そしてコピーされた。書いたことやそれらのコピーは**書法**における彼らの課業であった。これらの最善なものの一つは，ほとんどはオリジナルなものであるが，次のようである。

　昔，海岸に半球形の小屋がありました。男の赤ん坊が送られたそのとき，一匹の鷲が舞い降りて来，半球形の小屋の周りを回り，その一枚の羽を落としました。母親は出かけ，羽を拾い上げ，赤ん坊を鷲の羽と呼ぼうと考えました。彼が6歳頃になったとき，彼は，お父さんが弓と矢を射ったり，狩りに出かけるのをみることが大変楽しみでした。ある日，彼は自分の小さな弓を作り，それで射りました。それから彼は実践に実践を重ね，ついに，彼が30歳頃になったとき，種族全体におけるあこがれの的とされました。すなわち，彼が狩りに出かけたときには，彼はほとんど何でも射ぬくことができました。

　昔話を読み・書くことは読み・書くことを学ぶ彼らの欲求を刺激した。学期の終了前には，一人残らず黒板に書かれた単純な昔話をできるだけ早く読むことができた。

　インディアンに関する授業はカトリン（George Catlin）のような本からとった絵を使ったインフォーマルな話や，ポンティアック，レッド・ジャケット，ポーハッタンといった歴史的なインディアンの生涯の話を彼らに読んでやったり，野外博物館の際，インディアンの展示を尋ねたりしながら与えられた。このようにして，彼らは，インディアンによって占有された地方の題材と結合した各々の発展を明らかにしながら，インディアンの身体的タイプ，衣服・家・家庭生活，オキュペイション，戦いと平和の風習，狩りの方法等の形態と配置を得た。アルゴンキン族やイロコイ族が主要なタイプとして取り上げられ，その後，彼らによって到達された文明を例解するためアステカ人について短時間が充てられた。比較的に少ない注意がインディアンの生活

第4章　実験学校のカリキュラムの実際

の感覚的で好戦的な側面に充てられた。

　地理は種族が住んでいた場所を見つけるための模型地図の活用を通してやってきた。ロッキー山脈やアパラチア山脈，セントローレンス川やミシシッピー川の全体，大西洋や太平洋，そしてメキシコ湾が，用いられた地図の上で目だつように，命名され位置付けられた。インディアンによって占有された地域を見つけるためにスター教授の本である『アメリカ・インディアン』（American Indians）の中の地図が用いられた。

　次のことが**劇化**の実例として与えられた。その主要な価値は，子どもたちが一緒に学習することをよりよくさせるし，彼らに率先の力を与えるし，行為の自発性を奨励することであるからである。

　クラスの各々のメンバーは，彼がある勇敢な行為や器用さないし技術の発揮によって得た名前であるといいながら，自分自身のための名前を選んだ。一人の族長が選ばれた。その人の仕事は種族の必要について考えることであり，遊びの中で実行できる何かを示すことであった。彼の暗示は宗教ではゲーム（娯楽）が欠乏していること，そしてそれは全種族が移動するために必要であるということであった。教師の示唆によって，彼は，彼が相談し，そして種族に提案をもたらす2人をその種族から選んだ。どんな特別な呼び物が新たな場所でなされるべきかに関して，にぎやかな議論が部屋の押入れの中で起こった。その後，これらは種族を前にした族長による演説の中にセットされた。それらは，たくさんの娯楽，水への近さ，そして粘土のベッドであった。種族のメンバーによって敵のインディアンの出現に関して尋ねられたとき，この点は考えられてはいなかったことが発見された。族長は彼の協議をその場所への現実の訪問と考えていたので，彼は，その場所が適切であるかどうかを知らなかったと無理に言わされていると感じた。それゆえ，クラスは種族からの最善のランナーが探索のために送られたことを示した。このことは会議のメンバーに，心に描いていた場所を記述し，そこを発見する指図を与えることを必要とさせた。教師からの援助なしに，その指図は何日もかけて太陽の昇る方向に向かって森に届くまで進み，それからその端にそって辿り，彼が谷間を流れる川にやってくるまで進むというもので

あった。

　イロコイ族の研究においては，種族の組織が主に強調された。八つの種族と五つの国との関係，及び五つの国の各々の中にこれら八つの種族の各部分をもつことを通して発達した力が議論され，異なる種族間のみの交婚という風習の形成を学んだ。この研究において，また，いっそうの定住生活が注目され，住民の永続性のゆえに，家庭のいっそう大きな慰安，果樹の栽培，よりよい建物等をもたらしたその結果が学ばれた。以前，子どもたちは防御と狩猟との組み合せの必要を理解した。そして今年，彼らはそのような組み合せがいかに容易に永続的なものになるかを見たし，そこから生じてくる風習を理解した。」[40]

＜理科（Science）＞
「以前のように，理科は分化というよりはむしろ関連づけられていた。それは，それ自身による事物としてではなく，歴史や料理の理解に含まれるとして取り扱われた。野牛が平原に住むインディアンの食料と小屋の主要な源泉を形づくるので，特別な研究はこの動物におかれた。以前述べられたように，洞穴期の動物とインディアンとの関係は，初期の動物のあるタイプが示されている大学のウォーカー博物館（Walker Museum）への訪問の間中議論された。野牛の角のかけらが燃やされ，その臭いが，燃える髪や木の臭いと比較された。また，ヘラジカのかけらを燃やすことによって，子どもたちはヘラジカの角は骨であり，そして角と同じ物質ではないと結論付けた。ビーバーがまた研究された。

　以前と同じように材料が学習された。トウモロコシが木灰の助力により挽き割りトウモロコシに変えられたし，ウサギの皮膚は皮なめしの過程の考えを得るためになめされた。

　ミシシッピ川及び大きな湖と関連付けて，彼らは，これら内陸の海が土地の沈下によっていかに生じたか，そして沈下あるいは隆起，岩の形成，浸食等が周りの地域に与えた結果を議論した。」[41]

第4章　実験学校のカリキュラムの実際

＜料理（Cooking）。相関しての「数」の学習：太字は筆者＞
　「料理では，彼らは各自でその構成物と料理の方法を見出す実験をしながら，野菜の特別な研究をした。彼らが以前穀物に関してなしたことを適用しながら，彼らは今度はじゃがいもをその主な構成物，すなわち水，でんぷん，セルロースに分解した。そして彼らは熱及び水のでんぷんやセルロースへの効果に関して導きだしたことから，独自的に，料理の指示を与えることができた。トマトジュースは酢と比較され，ミルクと一緒に扱われ，その後ミルクの凝固を防ぐ方法が求められた。ソーダがその目的に役立つことが試され，そして発見され，そして，トマトの濃いスープを作るのに用いられた。タマネギは強い活力をもった野菜として料理され，臭いは揮発性の油が原因であることが見出された。これを料理する方法は，小量の油を保持し，その臭いが家中行き渡るのを防ぐため，カバーなしで窓を開いたまま料理することを見出した。セロリ及びサヤインゲンはその液が保持されなければならないタイプの野菜として料理された。ビートとにんじんは砂糖を含んでいることが発見された。学期の終わりに，子どもたちは彼らが研究したいろいろなタイプの野菜を体系的な形で配列し，そしてそれらを料理するためのルールを述べた。料理はグループの昼食のためになされ，個人には両方の作業，すなわち一人の子どもがグループ全体のために作業するとき，各々の子どもがある部分を料理するとともに，全体のために責任も果たすということを要求した。**数**の学習は，一人に必要なカップ一杯の部分に給仕するべき数を掛けるといったようにして，ココアを作ったり穀物を料理することと関連付けられた。」[42]

＜歴史＞と相関しての＜織物（Textile）＞の学習
　「織物作業はインディアンの歴史と関連付けられた。子どもたちはインディアンのマットのデザインを作り，マットを作るための羊毛を紡いだ。紡ぎは彼らが工作室で作った紡錘を用いて行われた。インディアンのかごはアシから編まれた。彼らの構成的な作業の部分は工作室で，そして部分的には歴史の部屋でなされた。」[43]

<音楽 (Music) >
「音楽の作曲及び耳の訓練は彼らの週1回の学習の部分を形成した。作曲される歌はもちろんのこと,その方法が音楽に関する論文の中で詳細に与えられた。」[44]

<芸術 (Art) >
「学期中の芸術学習のほとんどの時間は粘土模型に充てられた。これのいくつかは2月の芸術作品の中で示されている。」[45]

<体育 (Physical Exercise) >
「身体的文化における毎日の練習は,グループⅣと同じ基礎に基づいていた。つまり立つ,座る,そして歩くときの正しい位置を確実にするというものであった。」[46]

さて,上記に続いて,以下の「冬及び春学期の概要」[47]が報告されている。それを紹介すれば,次のようである。

冬及び春学期の概要

歴史——発見と探検者たち。ポルトガルのヘンリー及び航海で彼の興味に導いた動機に関する短い説明。発見及びコロンブス,マゼラン,クック船長,リビングストーン,そしてナンセンの航海。彼らの身分,一般的な地理学,資源,そして住民に特に関連させながら,これら探検家の生涯,彼らの航海に導いた動機,海路,国々に関して与えられた説明。

理科及び地理——地球の進化に関連した大規模な自然の諸力と過程,そして航海や商業と関連しての現在の地形学的な構造。地帯,太洋の流れ,貿易風,砂漠や肥沃な土地を産み出す典型的な一般的条件といったような一般的な気候や土壌の条件。主要な観念は気候,土壌等への生活の適用及び大規模な自然的諸力が航海において利用された方法を含む地理学的なものである。目的は,(1)ロマンスと冒険を求める本能をつなぎ止めること,(2)旅行の道を地理にもたらすこと,(3)ある程度,文化と文明を与えること。方法,すなわち構成,物語ること,実験。

実践的な庭造り

第4章　実験学校のカリキュラムの実際

> *数*——学習は掛け算と引き算，そして表面の測定を含む明白な問題を形づくる大工，料理，裁縫，そして理科から取り上げられた。
> *読むことと書くこと*——特別な強調は彼ら自身の記録や物語を読むことにおかれた。ロビンソンクルーソー。
> *音楽*——歌の作曲。リズムのいっそうの発展。キーボード上の音符の命名。楽譜の横線と線間。
> *芸術*——表現。歴史と関連付けた対象。材料，すなわち粘土，色つきチョーク，木炭，デザインのための水彩絵の具。目的は自己表現と視覚訓練。
> *工作室作業*——技術あるいは結果よりも構成への強調。機械の最初の原理。重なったり（half − lap）木材をつなぐ（timber − splicing）継ぎ手といったような継ぎ手の使用。削るためのナイフ，そして材料——材木，アシ，籐（とう），竹の使用。歴史や理科で必要とされるような物を作る。
> *料理*——熱，酸，そして水によって影響されるような，卵，ミルク，そして肉に見出されるたんぱく質の典型的な形の研究。

　さらに，このグループⅤの実践報告の続き（実は，既述の冬及び春学期の学習の記録）がNo.7の手工に報告されている。それを紹介すれば，次のようである。なお，＜見出し＞は筆者がつけた。

＜歴史（History）。相関しての「読み・書き」「劇化」「数」「理科」及び「地理」の学習：太字は筆者＞
　「冬及び春学期中に行われた主題は，音楽，身体的文化，そして料理は別として，歴史のまわりに集中し，それに理科，数，構成作業，読み方，書き方，そして地理が密接に相関付けられていた。秋学期中，子どもたちはアメリカ・インディアンを研究し，人々の慰安と文明化に向けた人々の進歩に影響する自然地理学的な条件の重要性についていくつかの観念を得た。子どもたちは，探検と発見を通して，今は，多くの種族に関するより大きなトピックと地球上の種族の場所を取り扱っている。
　地球の浮き彫りとともに，子どもたちに既に知られた大陸が位置づけられ，そして，極地の土地の不明確な外形が地中海の地方だけが明瞭に地図で表された時代に戻るために用いられた。マルコ・ポーロ，ヘンリー航海王子，コ

125

ロンブス，マゼラン，フランシス・ドレイク卿，クック船長が，発見の主要な航海が集中した人として選ばれた。別の年には，ナンセンとペアリーがエスキモーの研究に関連して取り上げられた。そして，そのような地域における生活は単純な言葉に換えられるので，探検の出発点とされた。これらの人々の生活と行為は時々子どもたちに話されたし，時々は読んであげたり，あるいは準備された授業のために彼らによって**読ま**れたりした。エドワード R．ショーの『発見と探検家』(Discoveries and Explorers)や，『ロビンソン・クルーソー』(Robinson Crusoe)（ニューヨークの大学出版会社）がクラスの読書本として用いられた。探検を取り上げる中で，たとえばスペインのサグレス(sagres)にあるヘンリー王子の観測所，そして彼が海路で到達したいと望んだ場所であるインドといったような，二つの航路の終点が地図あるいは地球儀上で指摘された。子どもたちは，もちろん，彼らがその道を指摘したときに名前を発見したように，地中海とスエズ運河を彼が通り抜けることを欲した。このことはキリスト教に対するムーア人の敵意の話，各々によって主張された土地の話，そしてキリスト教徒がエルサレムを発見するためになした努力——すなわち，十字軍の一般的な物語及び十字軍が西方の国々に東方の豊かな産物を知らしめた効果の話に導いた。子どもたちは自分自身を探検者の身分におき，そして実際に生じたこと，あるいは理念的に生じることを期待できることに限定しながら，彼らに生じたことを彼ら自身の方法で語るように励まされた。彼らはまた，いくつかの重要な出来事についての**劇化**の準備を行い，クラスの他のメンバーにその配役を割り当てるよう励まされた。時折，探検者は以前研究された人と比較され，真に"最善"ないし"もっとも偉大"だったものを発見し，そして可能な限り完全な復習を非公式的に得るよう励まされた。クラス討論においてはもちろんのこと，これらの復習において，教師の目的は語彙を拡大し，完全で正確な表現を確保することであった。もともとの文章が研究された人や場所の記録として書かれ，そして，他の教科における学習のある口述された練習及び記録とともに，**書法**の授業を形成した。

　子どもたちの構成的な想像力は，時折，困難が克服されるような方法，す

第4章　実験学校のカリキュラムの実際

なわち——観察や道具から地図を作ることのすべての困難を包みながら——ルートに関する正確な知識が他の人のために維持される方法，そして海を旅行した距離の記録を確保する方法を示すよう求められた。このため，子どもたちはまず，ひもをつけるブイを固定し，帰り際にひもを**測る**よう指示された。このことから，彼らはスピードの割合によって空間を測るといった観念や，それから船を走らせることによって1時間毎に進んだ距離を示すものとしての"測程器"（log）と"測程器の結節"（knot）といった観念に導かれた。水の深さを見出す方法としての測深，そして頂点から太陽の距離を測るための四分儀の使用は取り扱われるべき他の問題であった。冬学期中，大陸，海洋，そして主な海の名前と場所が探検されるときに学ばれ，また，主な川のいくつかも学ばれた。

　ヘンリー王子やコロンブスの時代の前に住んでいた人々が，地球の形に関して考え，そして彼らが，もし人がはるか南方にいったならば起こっていると信じたことは——すなわち，彼らは水はたぎり，人は黒くなり，誰も帰ってこなかった混乱したカリキュラムに捕まっていたということに関する物語は，一層大きな自然の力と地球の関係——学習の**"理科"**ないし**"自然"**の側面についての調査を開始するために用いられた。彼らは風と水の流れが赤道近くで始まる理由について考え，それらが旅行者に影響を与える方法と場所を見るために彼らを極地に導いた。緯度線の価値は，風と水の流れの船への影響が理解されたときに，理解された。緯度線を示す方法が，まず，円内に，それから半円の中に，さらに4分の1の円の中に線の数を見付けながらなし遂げられた。このことは幾何学的になされた。子どもたちは，また，縫い針を磁化したり，"ポイント"がマークされた箱の中で，縫い針を絹の糸によってつるすことによってコンパスを作った。磁石の引力と，そして両極は反発し，反対のものは引きつけ合うといった事実は磁石に関して学習している間に気付かれた。引力の問題がいろいろな見地から取り上げられた。すなわち，まず，一全体としての地球と磁石とが比較され，そして地球の中心に向かってすべての事物が引きつけられるのは引力によること，そして効果は重力として定義することが取り扱われた。空気は重量を持ち，そしてその

圧力は引力によって地球に空気が引きつけられることであることを示すため気圧管が調べられた。いく人かの子どもたちは管の中の水銀を持ち上げるのは空気であることに疑問をさしはさんだように思えた。しかし，U管の一方を水銀で満たすことによって小さな管を使い尽くし，その後端を密封し，さらに平なべの圧力が閉じた管の中でその重量を維持するまで水銀がオープン式に流れ出るようにした。彼らは水銀は水の重さのほぼ14倍であることを教えられ，そして空気によって支えられる水の柱の高さを計算するように求められた。水車が議論され，その使用は水の重さに依存していることが発見され，そしてその重さは引力の引きつけに関係していることが発見された。

　太陽を回る地球の運動が季節の変化，そして探検者が出会う気候の諸相違を理解するために議論された。ここで考えられた特質は遠心力と求心力の証明であったし，地軸の傾きであった。星が部屋の北方側の黒板上に配置され，ブンゼン燈は太陽として用いられ，ボールは地球として用いられた。そして，子どもたちは回転ないし公転の動きを示し，そして気候への影響を説明することが求められた。彼らはこれらの動きを示すため紙の上に図を書き，それからとりわけ大陸がどのくらい北にあるか，また太陽はどのくらい南に垂直であるか，また一年のいつであるかを見るために地球を見た。

　探検者によって見られたような，既に述べたいくつかの火山と関連して，彼らは風化に関する諸条件に照らして溶岩の一塊を調べ，そして火山がいかに形成されたかに関する一般的な見解を論じた。このことは地球の形成，山や海を作り出した変化，そして土壌及び植物で覆われた大陸に関する疑問へと導いた。」[48]

<植物学（Botany）>
　「植物学におけるほとんどの学習は植え付けの準備と彼らの庭の世話であった。そして，植物の呼吸，光を得るための葉の配置，根の先端における酸の存在，そして植物によって空気から得られた重さに関する実験がなされた（『初等学校記録』のNo.4の植物学を参照）。」[49]

第4章　実験学校のカリキュラムの実際

「理科」「歴史」及び「料理」と相関しての＜数（Number）＞の学習

「理科と歴史に関連した数の学習のほかに，**分数**の操作が，たとえカップ4分の3が一人の子どものために十分であるにせよ，10人までの子どもたちがいる任意のグループのためにココアを作るのに要求されるミルクの量を見積もるために必要とされた。4分の1及び半分を示すために印付けられたカップが用いられ，そして子どもが暗算でそれを計算できないときには実際の測定がなされた。分数の計算はまた，穀物の料理と関連付けて要求された。そこではカップ一杯が水の量の2倍，3倍，4倍を必要としたのである。このグループの料理は，彼らが週一回の午餐の準備と結合して行ったグループⅥで詳しく報告されている。」[50]

＜工作（Shop）＞

「工作における手作業では，自然のままのボートが作られ，彼らが丸木舟を燃やす前の年に作った大型平底船と比べながら，船首と船尾によるように，可能な限り摩擦を克服するための作り方に関する原理を考え出した。帆がいかに働くか，とりわけ風に逆らって帆走する場合，等々の問題が出された。他の工作室作業は織物部屋で使う紡錘と織機の製作であった。織物クラスでは，織る方法が部分的に発見された。すなわち部分的には布切れをバラバラにすることによって暗示された。子どもたちはより重い糸，すなわち縦糸はまず織機におき，それから糸がそこを貫通するように織ることを決めた。」[51]

＜音楽（Music）＞

「子どもたちは音楽を書くために五線のついた音楽ノートを与えられ，そして今年，彼らが作曲した歌のコピーを作り始めた。歌が書かれる基調は，まずピアノで決め，それから"強音の拍子"と呼ばれるものに注意しながら音を決め，そして音符を書くとき各々の前に縦線をおくことであった。音符のすべての符尾の最後が示され，各々に割り当てられる音の長さが設計された。」[52]

＜芸術（Art）＞
「冬学期の芸術の学習は秋学期と同じ方向にそって続けられた。それは粘土製作と色のさし絵の双方より成っていた。その目的は事物を正確に見えるように描く力を得ることであり，形，動き，遠近を表現する能力を確保することであった。題材は歴史から，事物から，そして生活から取り上げられた。」[53]

第5節　グループⅥ（8歳～8歳半）のカリキュラム

【要点】

　このグループの平均年齢は8歳～8歳半であり，ラニオン（Laura L. Runyon）先生が担当であった。そして，No.2の音楽には秋学期の実践「作業の詳細」及び「冬及び春学期の概要」が，そして，その冬及び春学期の実践の様子はNo.7の手工に報告されている。なお，このグループⅥは，No.7の手工には平均9歳と書かれている。

　このグループのカリキュラムの実際として，先ず＜歴史＞が紹介され，ここではノース・ウエスト，とりわけシカゴの研究が開始されている。また，冬は東方の植民地の歴史が扱われている。また，関連して＜地理＞や＜芸術＞の学習もみられる。

　さらには，この期から始まった教科の分化的な扱いによる＜理科＞や＜数＞の学習がみられる。この他，＜料理＞＜織物＞＜裁縫＞＜工作＞＜芸術＞＜音楽＞＜読み方・書き方＞＜体育＞それぞれの年間を通じての実践が紹介されている。

【実践の特質】

　まず，No.2の音楽には，秋学期の実践の後が以下のように記されている。なお，＜見出し＞は筆者がつけた。

＜歴史（History）。相関しての「地理」の学習：太字は筆者＞
「地方の歴史と地理が，今年は，ノースウェスト，そしてとりわけシカゴの研究とともに開始された。秋学期はこのことで過ごされ，冬学期は合衆国

第4章　実験学校のカリキュラムの実際

の東方の植民地の歴史が開始された。ノースウェストの歴史は三つの時期の中で研究された。すなわち，(1)フランス人の探検の時期，(2)フォート・ディアボーンと丸木小屋の時代，(3)シカゴ市の発達である。最初の時期において，子どもたちは，人々を西へと導いた理由と目的とともに，マルキートとジョリエ，ラ・サールとトンティーの生涯の話を聞き，そして地図上で旅行したルートがたどられた。探検者の生涯についての個人的要素が，子どもたちの興味を得るため十分に彼らに聞かされた後，チャールズ・マクマリによる『ミシシッピ川渓谷のパイオニアの歴史物語』(Pioneer History Stories of the Mississippi Valley) 及びキャサーウッドの『中西部のヒーローたち』(Heroes of the Middle West) からの物語が読まれた。その後，短く書いた説明が読まれ，コピーされた。

　これと関連付けて**地理**では，大西洋からセントローレンスへ，そして五大湖からミシシッピ川までの大旅行線の発見を扱い，そして後に村や町となった要塞が配置された場所の決定が扱われた。すべてのケースにおいて，子どもたちはまず人が行った場所を発見し，それから人が関連付けた川と町の名前を発見した。イギリスとフランスとの間の敵対の声明とともに，子どもたちには各々によって主張された領土が示され，その後フランス人が守られていない領土に入り，そして争いが生じたことが探求された。イロクイ族インディアンとフランス人との間の敵意，そして5族連合の地域は，フランス人が西方の土地に達し，西方のインディアンと交易をしなければならないルートを明らかにするのに役立った。そのルートは，東方で毛皮をとるために動物を殺すという必要から生じる長い旅程の中にあった。もちろん，領土を占領したいという欲望とともに，要塞を作るという必要があった。川の入り口や連水陸路を支配するという点，あるいは湖の先頭に立つという点でこれらの場所が注目され，その理由が与えられた。そして，政治的側面では，新しいフランスを発見するためのラ・サールの欲望に示されているし，また，商業的な側面では，西との毛皮の取引に手を伸ばそうとする点に示されている。マルキート神父は当時の宗教的熱情を代表した。そこで，子どもたちの注意をとりたててその熱情に訴えることなしに，子どもたちがすべての探検と進

歩のための理由のタイプを得ることを可能にした。

　ディアボーン要塞が建てられた理由を発見するため，子どもたちは，1783年の条約でなぜイギリスはミシシッピ川の東の領土を放棄せざるを得なかったかの理由として，革命期のジョージ・ロジャース・クラークの遠征，カスカスキア（Kaskaskia）とビンセンズ（Vincennes）の捕虜を示された。毛皮の取引の値打ちの知識，そしてシカゴが五大湖からミシシッピ川までの直接的なルート上にあり，また北と南，東と西の人の自然の会談場所であったという事実とともに，要塞の値打ちが理解された。その重要性は，政治的には，私たちが，イギリス人の領土であり，今はカナダであると主張し，そしてしばらくの間は，ミシシッピ川の西岸であるスペインの領土であったと主張するときに分かる。

　1812年のディアボーン要塞における大虐殺を理解することは当時のイギリスと合衆国との間の戦争，及びインディアンはイギリスの側についたという事実を語るために必要である。

　子どもたちは18番街にある大虐殺の記念碑をみ，そして両側にある薄浮き彫りの絵を解釈することができた。彼らは，あの大事件の中でなされた物語からヘルム夫人，船長ウェルズ，そしてブラック・パートリッジといった人物を見つけることができた。

　1816年の要塞の再構築の後の村の生活において，子どもたちは卓越した人々の物語を聞いた。すなわち，ジョン・キンツィーとキンツィーの"大邸宅"，クリーブランドからレンガ，羽目板，そしてくぎを得ながら，政府がその人のために最初の板張りの木造家屋をたてた混血のインディアンであるビリー・コールドウェル，音楽で長い冬の夜を元気付けた，最初のバイオリン弾きであるマーク・ビュービエン，そしてかじ屋でもあった牧師の物語を聞いた。子どもたちは，"ワウバン"の中でジョン・キンツィー夫人によって与えられた記述から，当時の生活を想像の中で再構成しようとした。初期の居住者と探検家が指摘した後に命名されたシカゴの通りは，歴史はいかに地域に縛られているかを示している。

　イリノイ―ミシガン運河の建設によるシカゴ市の急速な成長は，まず，子

第4章　実験学校のカリキュラムの実際

どもたちに地理学的にはシカゴにとってのその運河の重要性を説明した。その後，土壌の肥沃さと穀物及び肉の輸出の可能性によるその重要性，さらには，シカゴ川を連水陸路により平地と連結させる水路を暗示することへと進められた。子どもたちはまた，水路の通行の支払い方法を暗示したし，そのように有望な約束された場所で安い土地を要求することから生じるブームを予言した。その後，生じたことの知識をもって，そのブームに続く崩壊を予想した。このようにして学んだ事実は正しい判断を発達させる手段としてみなされたのである。

　1871年のシカゴの大火の話は，当時の個人的な経験に関連付けることを同意したシカゴ大学のＴ．Ｗ．グッドスピード博士によって子どもたちに教えられた。

　商業の中心としてのシカゴの重要性は1890年5月にハーパー社から出された"シカゴの地質"についてのバステン夫人の記事を読み，議論することにより**地質学的側面**から見られた。」[54]

＜地理（Geography）＞及び＜生物学（Biology）＞
　「この年度において，教科の分化の開始がなされた。このときまでは彼らの地理は偶然的であり，地域性と人々の関係に関して密接な関連にあった。彼らは，今や，一全体としての世界についてのより完全な見方にまできている。彼らはシカゴの緯度から出発し，地球の周りの同じ緯度にある土地の集まりを見出した。それから，太陽の暖かさによる地球上の五つの帯を取り上げながら，彼らは土地がそれぞれの中に含んでいるものを発見した。このようにして，彼らは大陸の名前，相対的な大きさ，気候，そして大陸を分ける大洋に行き着いたのである。

　生物学的側面では，ビーバーが，毛皮の交易における重要性のゆえに，特別な研究のための動物として取り上げられた。子どもたちはビーバーの家族に属するすべての動物のリストを作り，すべての共通の特色はかむという習性であると決定した。歯が調べられ，彫刻刀のような形が着目された。しっぽの使用はダムにしっくいをこってり塗りつけるこてとしてか，あるいは舵

としてかが議論された。」[55]

＜織物（Textile）＞
　「織物室では，織機と織ることの発達が研究された。子どもたちは，時間的には，おそらくは織ることが紡績に先行したということを容易に理解した。というのも，エジプトの風習では彼らの床をカバーするために蘭草を使ったし，また，それらを抑えておく便宜のため両端にさおを設けていたからである。彼らが釣り合いの取れた形に配置しようと考えたとき，さおは織機の最初の梁となったのである。子どもたちがやり遂げようとした特殊な問題は正規の機織(はたおり)のための縦糸（warp-string）を伸ばす方法を見出すことであった。子どもたちの一人はあや取りを発明することによって成功した。彼は，発見することができたようなものを以前にみたこともなかったし，そんな絵すらみたことはなかった。クラスはマットのデザインを作り，羊毛を紡ぎ，それを染め，そしてインディアンの機織でそれを織った。彼らはまた，セーム皮にのせるビーズを縫って作るデザインであるペンワイパー（pen-wiper）のデザインを作った。」[56]

＜裁縫（Sewing）＞
　「裁縫の時間には，学習は，料理においてグループで使うためのさらぶきん，ホールダー等を，そして彼ら自身の道具かごの設備を作ったりするのに充てられた。裁縫部では，工作室作業におけると同様，学習の大部分を制御するために個々人の選択やいろいろな能力を許すことが可能である。」[57]

＜工作（Shop）＞
　「工作室作業においては，子どもたちの何人かは学校で必要とされていたタオル干しを仕上げた。他のものはクリスマスの贈り物となる特別なものを作った。一つのグループとして，彼らは昔，東方からの家族がシカゴにやってきた方法を例解するために典型的な"大型幌馬車"を作った。子どもたちが学校のために彼等の作業のいくつかをした喜び，そしてそれゆえ供給した

第４章　実験学校のカリキュラムの実際

真の必要は彼らの工作室作業の社会的側面の教育的価値をもたらすものであった。」(58)

＜料理（Cooking）。及び相関しての「数」（Number），そして独立しての「数」の学習：太字は筆者＞
　「料理の時間においては，彼らはグループⅤに与えられたような，野菜を研究した。これら両方のグループは同じ時間に午餐をもち，そしてその準備を協力した。特に穀物料理では，全体の２等分，４分の１，そして現在いる子どもの数に必要なカップ３分の１の穀物，必要な水の量を計算するためにかなりの**数**の学習が必要とされた。現実の測定及び計算は料理と関連付けてなされた。それから，別の時間に，彼らは類似の問題を取り上げ，そしてそれらを数の使用における熟練のためにやり遂げた。これまで彼らに与えられた中でもっとも困難なものは，たとえ４分の１カップが一人の人にとって十分であり，そして７倍の水の量が必要であるにせよ，10人までの人のために小麦を料理するのに必要とされる水の量の計算であった。」(59)

＜芸術（Art）＞
　「芸術の学習は主に歴史と関連付けられていた。ディアボーン要塞での大虐殺の記念碑への訪問の後，３人の子どもたちはヘルム先生をインディアンの攻撃者として，そしてブラック・パートリッジ先生を救助者としてみたてた。彼らは自分たちがシルエットとして現れるよう窓にくっついた場所をとり，それからクラスの残りの者によって木炭で描かれた。クラスの各々のメンバーは，彼が薄浮彫りの中で再現されたような主題をマルキートの生涯から選んだ。これらは最初粘土で作られ，その後石膏の鋳型が作られた。」(60)

＜音楽（Music）＞
　「音楽では，彼らは階調を書き始めた。階調を教える方法は彼らの先生であるＲ．ケーン（Root Kern）によって，音楽に関する論説の中で与えられた。」(61)

135

さて，上記に続いて，以下の「冬及び春学期の概要」[62]が報告されている。それを紹介すれば，次のようである。

冬及び春学期の概要

アメリカの歴史と地理
典型的な南部の植民地としてのバージニア。
1．ジェームスタウン植民地及び存在のための戦い。ジョン・スミス。
2．デールの下での軍事政府。組織。
3．代議政体，そして繁栄の始まり。
4．国王の植民地としてのバージニア。航海法。ベーコンの反乱。
5．バージニアの"隣人たち。"
6．西方への拡大及びオハイオ会社。
7．フランスとインディアンの戦いにおけるバージニアの役割。ワシントン。
　　ニューイングランド。
1．定住の時間，植民地になった理由，植民地の性格，政府等に関するバージニアとの比較。自然地理学的条件，社会生活，等。1620年メイフラワー号によってアメリカ・プリマスに植民地を開いた102人の清教徒と16—17世紀に英国に現れた清教徒。
2．本国と海外における交易関係。産業の発展と宗教的困難性，そしてマサチューセッツ湾からの分派としての新たな植民地。
3．防御のための植民地の連合。
4．革命，すなわちマサチューセッツの役割。
　　地理は（バーモント，メーン，ニューハンプシャー3州の）旧下付地と，革命期でのこれらの分割を含む。各々の植民地の自然地理。地質学的側面からの地理。
数——同じ方法で実行される前の年の学習，しかし地図を描くことに関連して導入された一層の除法と割合。平行四辺形と三角形の表面積の測定。学校の会計。
読み方と書き方——参考書としてのマーラ・プラッツの『植民地時代アメリカの子供たち』（Colonial Children）の読書。パートンの『植民地時代の開拓者たち』（Colonal Pioneers）。『ガーバーズの13植民地の物語』（Story of the Thirteen Colonies）。『タールの地理学の要素』（Elements of Physical Geography）。書き方においては必要とされる熟達さに特別な強調が置かれた。決まりのない論文の著述。形式とすばやさに注意が注がれた。
理科
1．植民地の産業に基礎付けられた実験的学習。冶金学：しろめ（すずと鉛，しんちゅう，銅などの合金），導線，銅，すず，そして鉄。

第4章　実験学校のカリキュラムの実際

　2．植物と動物の関係。
　3．園芸実習，すなわち植物社会の研究，屋内の作業，そして植物の関係における実験的学習。
料理——(1)ミルクの生産物の研究，(2)肉の研究。
工作室作業——学習の終了に向けた一層の要求。構成的側面では，まず，家の構成原理，すなわち切妻壁，屋根，そして材料（木材）の強度についての簡単な問題。学習は歴史と関連して実行され，そこでは織機，紙つくり機械，そして典型的な開拓者の植民地風の家といったような物が扱われる。
芸術——粘土での作品，事物の描画，記憶学習。構成，すなわちピュリタンとオランダ人の初期の開拓者の家に関する平面図と上部構造。表現，すなわち建物，人物の姿勢，風景。材料，すなわち色チョーク，木炭，粘土。目的は視覚訓練。
音楽——歌の作曲。リズミカルな事がらが導入された，すなわち，4分音譜，8分音譜，2分音譜，そして全音譜。

　さらに，このグループⅤの実践報告の続き（実は，既述の冬及び春学期の学習の記録）がNo.7の手工に報告されている。それを紹介すれば，次のようである。なお，＜見出し＞は筆者がつけた。

＜歴史（History）＞
　「冬と春学期の歴史は典型的な植民地，すなわち南部のバージニア及び北部のニューイングランドの研究であった。『初等学校記録』の3月号（No.2）で与えられた概要は取り上げられる事実を示している。学習の最初には，単一の鉄道，蒸気船，あるいはインディアンの踏みつけた道と川を除くあらゆる種類の道路なしにアメリカで生きていく方法を，また，アメリカ人にもたらされたあらゆる長さの布や，塩，こしょう，砂糖，酢，茶，コーヒー等を英国に依存していたことや，木以外の燃料がなかったり，火打ち石以外に火をつける方法のないこと，ランプのための油のないことを，さらには，のこぎり工場がなかったので家は丸太で作られ，また，野原はまず木を取り払い，その後，すきがなかったので，くわやスコップで耕していたときを，子どもたちが理解し始めるまで，子どもたちが馴染んでいる文明の便利さを子どもたちから一つ一つ排除するための試みがなされた。子どもたちが開拓者の生

活を十分に想像できたとき，組織や進歩が導入されたゆっくりとした過程がジョン・スミス，デール総督，イヤードレイ総督等の生涯と関連づけて明らかにされた。

　土壌を疲弊させるタバコの効果は，タバコがバージニアへの最も可能な輸出品であることが見出されたときの人々の生活における変化を想像するために用いられた。町を手におえなくしたり，教育や，専門的な人，軍隊そして社会生活一般への要求に影響する町の欠乏がたやすく見られた。

　バージニアの地勢は，各々の社会生活への影響とともに，川体系や山の連なりの形成についての学習のためのトピックを与えた。

　ニューイングランドでは，人々の典型的な産業，すなわち毛皮取引，漁業そして材木業が物語風な歴史のまとまりをなす中心として用いられた。メアリー・ウェルズ・スミスの『懐かしいハドレーの若い清教徒』(The Little Puritans of old Hadley）が清教徒の子どもたちの生活を生き生きとさせるのに助力した。」[63]

＜数（Number）。及び「料理」「理科」と相関しての学習＞
　「今年，教科の分化の開始がなされ，そして他の学科と関連して生起する問題に加えて，数の学習におけるドリルに対する特別な時間が与えられた。料理と関連して，実際の測定によって解決できるような問題が生じた。たとえば，もし4分の1カップの小麦が4分の7カップの水を必要とするなら，一人当たり4分の1カップで十分とした場合，6人の（あるいはもっと多くの）子どもたちに小麦を料理するためにどのくらいの穀物とどのくらいの水が必要か？　といったような。穀物を料理する義務を与えられた子どもはその量を測ることができたが，しかし，このことは退屈な過程であることが容易に見て取れたので,分数の問題が一時間別にとられた。用いられた過程は，子どもたちはまだ掛け算を勉強していなかったので，加法と減法の過程であった。加法は，また，ゆったりしたものであるように見えたし，掛け算のより短かな過程が説明された。掛け算と加法との関係を示すため，図が用いられた。上の列に数を順にとり，そして正方形の左端に同じように数を取り，

第4章　実験学校のカリキュラムの実際

そして二つのカラムが一致するところを辿りながら，二つの数の積が見出される。図を作成する過程は，2カラムめでは2つずつ加え，第3カラムでは3つずつ，第4カラムでは4つずつ加える等々という，加法の過程である。図から，掛け算の表が一定の形で作られ，そして学ばれた。表の学習において，簡単なもの，すなわち5ずつ，10ずつ，2ずつといったようなものが最初に用いられた。それから，4つずつは2つずつの2倍であること，6つずつは3つずつの2倍であること，8つずつは4つずつの2倍であることが発見された。順序正しく表を"暗唱する"ことはいろいろな方法によって表を構成することになった。表の9の段では，9に何らかの数を掛けると，積は乗数よりも1少ない単位にあること，たとえば，9×6は50の中のどこかにあるし，そして5を加えると9になるようなある数，すなわち4である，すなわち9×6は54であること，が示された。表の7の段は答えを得るのが最も困難であったが，しかし，表の12の段と同様，すべて他のものが知られた時に知られた。

1	2	3	4	5	6	7	8	9	10	11	12
2	4	6	8	10	12	14	16	18	20	22	24
3	6	9	12	15		21		27			
4	8	12	16	20							
5	10	15	20	25							
6	12	18	24		36						
7	14	21				49					
8	16						64				
9	18							81			
10									100		
11										122	
12											144

分数と百分率の関係は理科の問題と関連づけてもたらされた。そこでは，しろめを作るのに用いられた錫と鉛の割合がそれぞれ80％と20％として与え

られ，そして各々は全体のうちどれくらいの分割であるかを発見することが求められた。結果が発見されたとき，何らかの簡単な百分率がすぐに分数へと翻訳できるまで，他の実例が与えられた。

　3と4カラムにおける形式的な加法が取り上げられると，10を形成するように数を解体する方法が用いられた。減法においては"計算機"の方法が最も望ましいように思えた。つまり，減数にいくらの数を加えるかを見出すことが，"引く"方法よりも被減数を示すであろうと思えた。」[64]

＜理科（Science）。及び「歴史」と相関しての学習＞
「植民地の歴史の研究と関連して，しろめ皿の使用が言及され，そして理科室ではどんなしろめが作られるかを発見する試みがなされた。子どもたちがそれは紙をきわだたせることを発見したとき，彼らはまずそれを，彼らが前の年に学習した鉛と言った。示唆された次の検証はその融点であった。彼らは融点は鉛のそれよりは高いことを発見した。その後，それは亜鉛等の，ある一層固い金属と混合されなければならないことが示された。そこで，亜鉛と鉛が溶かされ，冷やされ，そして一定の量を溶かすために必要とされる時間を決定するために再び溶かされた。亜鉛，あるいは鉛単独の融点は低いが，結合されると高くなることが見出された。それから，単独で高い融点をもっている錫が加えられたが，組み合わされるとどんな結果をもたらすかわからなかったことが示された。亜鉛，鉛そして錫が溶かされ，その組み合せはしろめの融点と近いものであることが見出された。蒼鉛（そうえん）が加えられ，さらにしろめに似ていることが見出された。子どもたちはアンチモンと銅が時々加えられ，そして80％の錫，7％のアンチモン，2％の銅，2％の蒼鉛，そして9％の鉛という公式が植民地時代に用いられたのとほぼ同じものであることを教えられた。作られたしろめは亜鉛のすすけた片の間の薄板に押しのばされ，そして小型の皿になるまで打ち伸ばされた。いろいろな金属で学習しながら，いろいろな金属の検証，そしてそれらを使うために準備する方法に関して多くの質問がなされ，また答えられた。

　理科における他の学習は植物を植えたり，彼らの庭を世話する実際の学習

第 4 章　実験学校のカリキュラムの実際

と，植物の生命の理解と関連した実験とに分けられる。事物を研究するために遠足によって与えられた特別な機会がとられ，カタツムリ，オタマジャクシ，蛾，キノコ等々を発見することになった。」[65]

<料理（Cooking）>

「週1回の午餐の準備で協力していたこのグループとグループⅤのための料理の学習は，たんぱく質の食べ物の研究であった。観察によって，子どもたちはミルクは水，砂糖そして脂肪の小滴を含んでいることを決定した。彼らは沸騰させることによって現れる浮きかすと卵の卵白とを比較した。クリームが溶解の中で保とうとする方法を発見するため，オリーブ油が水と混合され，分離の過程が注視された。卵白が加えられたとき，激しい動作によって壊さなくてはならない油の小滴のまわりの網状組織を形成することが見出された。バターを作る場合と同様，脂肪の小滴を混ぜる場合の温度の効果が議論され，酪農温度計が調べられ，そしてバターが最も容易に作られる温度は，華氏62度であることが注目された。ミルクの酸敗が，ミルクの中に酸を形成する微少な植物が空中に出現する場合のように研究された。凝乳を用いながらチーズが作られた。子どもたちの何人かはミルクの定量的分析をすることを欲し，ミルクの蒸発による水の量，そして残余物をはかることによってカゼインの量を大まかに決定することに成功した。

　グループⅤは，でんぷんのグルテンと卵，及び肉のアルブミンと比較しながらウエハースを作った。また，イースト植物のある研究を含むパンづくりがなされた。」[66]

<工作（Shop）>

「工作では，子どもたちは家や学校で使うための小さなものを個別的に作り，そしてグループとしては，植民地時代の引っ越しの方法を例解するため，『初等学校記録No.7，手工訓練』のp.180で述べたような，大きな荷馬車を作った。また，同書のp.193に述べたような，おはじきゲーム盤を作った。」[67]

＜芸術（Art）＞

「芸術の学習では，子どもたちは特に粘土で上手に学習できることが発見され，そこで，大きな作品の模型を作る中で最初の指示がなされた。バリエ（Barye）のライオンと虎が14インチの長さの模型に取られ，完成したときに焼き石膏で鋳造された。授業の間，粘土をしめった状態に保つ責任が子どもたちにきせられ，立派な再生をなそうとする彼らの興味は終わりまで保持された。これらの作品が大きく，そしてかなりな時間を取ったので，彼らは時折，スケッチしたりデザインしたりする授業を別にもった。」[68]

＜音楽（Music）＞

「このグループの子どもたちのいく人かは"音痴"であることが分かり，音楽における個別教授がなされた。彼らは中間のCの上のGを最も容易に認識し，また模倣し，それからB，あるいは上のDに進めたことが発見された。これらの音譜はその後トランペット，あるいは「ほうほう」という呼び声のときに組み合わされた。これらの音譜から一層困難な音程が取り上げられた。このやり方はかなり成功を収め，そして以前は歌の作曲やクラスの音楽に興味を示さなかった子どもたちが楽しむことをもちろん手助けすることができた。」[69]

＜体育（Physical Exercise）＞

「これらの子どもたちの身体的文化は，天気の良い間は，教師の指示のもとで戸外のゲームよりなっており，また他のときには屋内のドリルよりなっていた。運動を計画したり，素早い知覚を獲得したりするゲームには特別な注意が払われた。」[70]

第6節　グループⅦ（9歳〜12歳，平均10歳半）のカリキュラム

【要点】

このグループの平均年齢は10歳半であり，A組はハーマー（Althea Harmer）先生，B組はベーコン（Georgia F. Bacon）先生の担当であった。

第4章　実験学校のカリキュラムの実際

そして，No.3の織物には秋学期の実践及び「冬学期の概要」と「春学期の概要」が，そして，それら冬及び春学期の実践の様子はNo.8の歴史に報告されている。

なお，このグループの報告者は，No.3の織物に収められている部分はベーコン先生，No.8の歴史に収められている部分はヒル（Mary Hill）先生である。

さらに，読み進めていくと，No.3の報告の最初には，「このグループは16人の子どもたちよりなり，年齢は9歳から12歳に及んでいる。より若く，より未分化な子どもたちは小グループAである。その子どもたちは以前の学年の学習のほとんどを持つには十分に長く学校にいたので，彼らの学習はその年の"学習指導要領の概要"で与えられている学習に密接に沿っていた。小グループBは7人の子どもよりなり，そのうち4人は学校にまだほんの1年半くらいしかいなかった。それゆえ，学習は彼らに合わせられ，歴史と政治的地理学はグループⅧのそれであるが，しかし理科，数，機織り作業はグループⅦとⅧの作業の組み合せであった。それゆえ，学習のレポートは何かしら断片的であり，スペースの欠如ゆえ非常に要約したものにならざるを得なかった。」[71]ことが報告されている。

また，No.8には，この段階の子どもの年齢は10歳となっている。

両グループのうち，＜小グループA＞を中心としながら，このグループのカリキュラムの実際をみると，まず，＜歴史＞では，革命前のアメリカの状況の復習，ニューイングランド南方植民地間の交易の可能性，フランスとインディアンとの戦いを契機に植民地による統一への動き，ワシントンの重要性，それから冬・春には「革命」が取り扱われている。さらには＜理科＞＜数＞＜料理＞＜芸術＞＜工作＞＜フランス語＞＜裁縫＞＜織物＞＜音楽＞＜体育＞＜読み方・書き方＞それぞれにおける年間を通じての実践の様子が報告されている。

【実践の特質】

まず，No.3の織物にはこのグループの秋学期の学習の詳細が以下のように報告されている。なお，＜見出し＞は筆者がつけた。

―小グループA―

<歴史（History）>
　「歴史はいろいろな植民地間の統一への成長，その後のイギリスからの孤立，そしてその結果としての社会的，政治的発展の学習であった。革命に先立つアメリカの状況をレビューするのに1週間が過ごされた。そして政府の発達，植民地間に必要であった共同，家庭産業の発達（最初は彼ら自身の直接的な必要を充たし，その後交易のためへと進んだ）が議論された主題であった。子どもたちはニューイングランドの社会生活と南方植民地のそれを比べ，二つの地域の間の交易の可能性を議論した。彼らは交換できそうな産物を議論し，ニューイングランドは工場制手工業を先導するのにいっそうよく適しており，農産物は南が適していることを決定した。彼らは，この交易はイングランド側にねたみと妨害を引き起こすであろうことを見たし，そして航海法について教えられた。彼らはこれらが植民地の交易に果たす結果についてかなり長く議論した。また，フランスとインディアンとの戦いの原因及びそれに導いた出来事を考え，そして植民地による統一的な行動へのプランを提案することが求められた。多くのプランが提案された後，一人の子どもは各々の植民地からの代表よりなる"議会"が為すであろうことを考えた。その後，フランクリンの"オールバニー・プラン"が彼らに提示され，多くの議論の後，北と南の生活における習慣及び統治の違いが実現すべき統合を難しいものにすることに同意した。その主題を続けながら，フランス及びイギリスのオハイオ渓谷に対する要求が取り扱われ，そして，最初はそこを占領しようとそれぞれの側から動き，次にフランスとイギリスの商人及び彼らのインディアンとの同盟との衝突が取り扱われた。この戦いにおけるワシントンの重要さが彼の生涯への興味に導き，子どもたちはオハイオ会社との関係，彼がコミッショナーとして任命されたこと，旅への準備，そしてブラドックに関する彼の後の出費についてシュッダーの『ワシントンの生涯』（Life of Washington）を読んだ。子どもたちは戦争の計画を議論し，イギリスは攻撃するのによりよい位置にいたし，フランスは守りをとるのに十分であったことを結論づけた。セントローレンスへと導く水路がフランス砦に接近する

第4章　実験学校のカリキュラムの実際

最善の方法として選んだ。子どもたちはカナダのフランス人への遠征とその結果について教えられた。」[72]

＜理科（Science）。「歴史」「料理」と相関して＞
　「理科はほとんどが歴史と結合した地理と地質学より成っていた。理科における実験的作業は主に料理から生起する問題に限られていた。自然地理学的側面に関して言えば，彼らは学習すべき地方，すなわち南方の植民地の砂だらけの海岸，北方ニューイングランドの岩だらけの海岸，そしてアパラチア山脈の西の肥沃な土地における土壌の条件の原因を議論した。彼らは，ニューイングランドの土地に及ぼす氷河の影響はそれをなくすことをより困難にし，それゆえ，西地方よりも住むためにはるかに長い時間を要したことを結論した。合衆国の起伏はミシシッピー渓谷及びカナダを横切る山々のほとんど自然の通路を見出そうと試みたときに発見されたし，偶然にも，彼らは歴史の議論でやってきたとき，植民地は丘陵が多いか，平らか，それとも山のようであるかどうかに気づいた。」[73]

＜芸術（Art）。「歴史」と相関して＞
　「芸術では，彼らは歴史ででてきた薄浮き彫りの場面と特徴を描いた。彼らは，また，リップ・ヴァン・ウィンクルの生涯の場面を木炭と色で描いた。力点は遠近及び異なる雰囲気の再現に置かれた。」[74]

＜数（Number）。及び「料理」と相関しての「数」の学習＞
　「数では，彼らは学校の収支明細をつけるよう求められた。このことが加法，減法そして乗法の使用を必要とした。また，料理と結合して分数の扱いを経験することになった。」[75]

＜手工（Manual Training）＞＜フランス語（French）＞＜裁縫（Sewing）＞＜織物（Textile）＞＜工作（Shop）＞
　「手工訓練及びフランス語の学習はグループBで報告されている。裁縫と

145

織物における実際的な学習は工作のエプロン製作及び毛布織りであった。」⁽⁷⁶⁾

―小グループB―

＜歴史（History）＞
「このグループの歴史はグループⅧと同様であり，そのグループのところで報告されている。」⁽⁷⁷⁾

＜理科（Science）。「歴史」「料理」と相関して。また，「数」の学習へ発展：太字は筆者＞
「理科は料理と歴史から生まれた。力点は地理学におかれ，理科の教師は自然の立場から地球儀を作り，歴史の教師は政治的側面を扱った。5年生の自然地理学に関する一般的な復習，すなわち気候に影響する条件は学習すべき国土に適用されるということが示された。地図ないし地球儀が常に手元に置かれ，大陸が発見され，探究されるごとにその場所が確認された。探検家のいろんな大洋の旅行を地図上で追いながら，陸地と海の大分割の関係が明らかにされた。山，川，湖は歴史上言及されるたびに地図上で確認された。政治的な分割が発達したとき，その境界が注目され，秋学期の終わりまでには子どもたちは北アメリカと南アメリカのすべての国土に馴染んだ。これら2つの大陸の外形と起伏は初期の発見及び定住に影響したものと考えられた。北アメリカの地質学的歴史が議論され，これに関連して，いろんな種類の岩石が観察され，それは火成によるか，変成あるいは沈殿によるかの分類がされた。子どもたちは北アメリカの氷河期の氷の広がりの範囲を示した地図を見ようとウォーカー博物館を訪問した。

子どもたちは大洋の流れを示す地図を描きたいと望んでいた。しかし，一定の比率で描くことを理解していなかったので，その努力は不満足なものであった。彼らを比率の観念に導くために，家屋と納屋を含む学校の敷地を測ったり，図面を書くという問題が与えられた。」⁽⁷⁸⁾

第4章　実験学校のカリキュラムの実際

＜数（Number）。「料理」「理科」と相関して＞
「掛け算九九の表が作られ，料理や理科と関連した多くの問題が学習された。これらの問題を解くことは分数の操作を含んでいたし，熟練を確実にするために必要なドリルを伴っていた。」(79)

＜芸術（Art）。「歴史」と相関して＞
「芸術の学習は木炭及び粘土を使い，歴史からの出来事を描くことより成っていた。注意は特に，デザインと遠近を描くこと，そして釣り合い及び空間の適当な詰め物に置かれた。」(80)

＜フランス語（French）＞
「フランス語では，子どもたちはものの名前及びより共通な動詞と形容詞を学習した。これらの単語は翻訳されなかったが，ものや行動と直接結合されていた。会話による方法が用いられ，その後，話し言葉の部分が分析された。」(81)

＜工作（Shop）＞
「工作における手作業は，植物学の春学期の学習のための簡単な顕微鏡のフレームづくり，台所用のタオル干しづくり（『初等学校記録 No.2，音楽』のp.62を参照），そして学校の椅子の修繕よりなっていた。」(82)

＜裁縫（Sewing）＞
「裁縫の時間には，彼らはソファ枕，学校で用いるヘリ縫いタオルのデザインをしたり，台所で自分たちが使うエプロンを作ったり，特別な目的のためのかごづくりを行った。」(83)

＜料理（Cooking）＞
「料理は，『初等学校記録』の３月号（No.2の音楽——筆者注）にあるⅥグループに対して与えられるよりは一層完全な形で野菜を研究することで

147

あった。」[84]

　さて，上記に続いて，以下のような「冬学期の概要」[85]及び「春学期の概要」[86]が報告されている。それぞれを紹介すれば，次のようである。

冬学期の概要

Ⅰ．*歴史*。革命期。
　1．貿易及び植民地と東方の世界との間で交換された産物。
　2．航海法の復習及び植民者を産業の発展へと導いたその結果。
　3．革命の直接的な原因。
　4．革命に先立つ直接的な出来事。
　5．議会の形成と働き。
　6．北部，中部，南部の分隊の戦闘とその結果。
Ⅱ．*地理*。植民地間の互いの相対的な位置。
　1．植民地の重要な川，都市，等々の位置。
　2．貿易のルートを辿ることより明らかにされる陸地と水の大分割の状態。
Ⅲ．*理科*。料理と結合した実験的作業。穀物と野菜の分析。消化の生理学と関連したミルクの学習。
Ⅳ．*織物*。歴史と結合した植民地の産業。木綿紡ぎの起こり。綿繰機。
Ⅴ．*数*。料理と結合した基礎的な過程を含む問題。理科と結合して導入される小数；パーセンテージ。
Ⅵ．*フランス語*。会話；簡単な物語。
Ⅶ．*芸術*。粘土及び石膏よりの薄浮き彫り。
Ⅷ．*音楽*。聴覚の訓練と歌の作曲。
Ⅸ．*工作*。他のクラスと結合した構成的作業。
Ⅹ．*体操*。

春学期の概要

Ⅰ．*歴史*。
　1．革命，すなわちミシシッピー渓谷の戦闘，独立宣言，組合の結成，契約条項。
　2．領土の拡大，すなわちルイジアナ，フロリダ，テキサス，カリフォルニア，ニューメキシコ等（フレモント，ルイス島及びクラーク，西の開発，金の発見）。ワシントン及びオレゴン。アラスカ。プエルト・リコ。ハワイ。

第4章　実験学校のカリキュラムの実際

　　3．発明と改良，すなわち鉄道—大陸横断線。産物，輸送；蒸気船。主に航海できる川運河—エリー，ウェランド，ソールト・セント・マリー（Sault St. Marie），ドレイニッジ，ニカラグア共和国。灌漑による砂漠の救済。
Ⅱ．*理科*。
　　1．(a)食べ物の学習，及び(b)炭素の転換と食べ物の蓄積に関連した植物の発達と消化過程に関する以前の学習の復習と結合した脊椎動物の発達，一般的呼吸及び消化過程の学習。
　　2．織物作業と結合した漂白，石鹸づくり及び染色。
Ⅲ．*織物*。アマの紡ぎ及び織りの学習。
Ⅳ．*工作*。織機と梭(ひ)。整経装置（反りを付けるための）。
Ⅴ．*音声の訓練*。『不思議の国のアリス』の読書。
Ⅵ．*芸術*。初期のアメリカ建築，すなわちブロックの建物及び画用紙帳，天気が許すときの戸外の作業，歴史を例解する粘土作業，粘土の下絵。
Ⅶ．*フランス語*。『子どもの生活』（Livre d'Enfants）やポール・ベロイ（Paul Beroy）にみられる絵についての会話。フランス語による質疑応答。動物，鳥，果物，家族，都市，村，マーケット，ピクニック，農場，家の部分，台所，そして料理の絵。
Ⅷ．*音楽*。全般にわたる合唱の学習と部分の歌。声出しの強調，息継ぎ，発音。ワグナーの紡ぎ歌，"さまよえるオランダ人（Flying Dutchman）"，フランスの歌。生徒自身の作曲に基礎づけられた専門的な作業。
Ⅸ．*体操*。

　さらに，このグループⅦの実践報告の続き（実は，既述の冬学期，及び春学期の学習の記録）がNo.8の歴史に報告されている。それを紹介すれば，次のようである。なお，＜見出し＞は筆者がつけた。
　なお，報告者はベーコン先生からヒル先生に変更になっている。また，小グループA・Bではなく，一括したかたちで報告がなされている。

＜歴史（History）。相関しての「地理」「読み・書き」の学習：太字は筆者＞
　「冬及び春学期のための歴史は革命の学習であった。この作業の目的は戦争の感覚的特徴というよりも，地域の**地理**を強調することであった。この目的のために，多くの時間は地図学習にさかれたので，子どもたちは，重要な戦略的な特質を選んだり，一方で捕虜にするために，他方では彼らを守るためにどんな動きがとられたかを決定しながら，彼ら自身のためのキャンペー

149

ンを計画するするよう励まされた。子どもたちはこのことに興味をもったので，彼ら自身の示唆に始まり，そしてグループによって選ばれたリーダーの指示のもとで作り出された大きな模型地図が作られた。ほとんどの読み物として子どもたちによって用いられた本はコッフィンの『76年の少年たち』（Boys of '76）であり，かくして獲得された材料は教師によって補足された。

革命の学習は，独立のための戦いを可能にした植民地間の相互関係，そしてそれを必要とさせた母国との関係との拡大された議論から始められた。イギリスへの敵対というより，むしろ内的な統一の成長が強調された。コミュニケーションの手段，いろいろな産物の交換，農業及び家庭製造業の勃興，母国との貿易などすべてが議論された。子どもたちにとってこのことを生きた学習にするため，彼らのいく人かは，表現する船長を選ぶことが許され，そして，船長の家を記述したり，船長が運んだ積み荷や荷を下ろした場所，そして帰り旅で船長がつかまえたものについて話をしたりした。この学習は航海法及び植民地へのその効果の学習へと導いた。母国により貿易に課された制約から生じた家庭産業の発展がかなり詳細に計画され，羊毛産業が特別な学習のために選ばれた。

革命の原因を辿りながら，子どもたちはハンコック，ワーレン，サムエル・アダムズの生涯，及び植民者の中の独立感情の引き起こしにおける彼らの役割を取り上げた。彼らはコンコード及びレキシントンの戦いを扱ったムーアの『植民地から国家まで』（From Colony to Commonwealth）を読んだ。それから北アメリカの模型地図が学ばれ，攻撃と守備のための重要なポイントが注目された。子どもたちは，北アメリカと南アメリカが二つに分割された後一緒に動くのは不可能であるので，もしイギリスがニューヨークをとり，保持するなら植民者にとって何の希望もないと決めた。植民者はそれゆえこのことを妨げることを計画しなければならない。一人の生徒が，彼らがフランスとインディアンの戦いの学習から要塞であると知っていたカナダを侵略し，ケベックを捕虜にするよい計画があると提案した。彼らは，イギリス人は植民者に対しては進んで戦おうとしないので，イギリスの王様は戦争を遂行するために外国の兵隊を雇わざるを得なかったという事実にひどく印象づ

第4章　実験学校のカリキュラムの実際

けられた。
　戦争に関する最後のキャンペーンは，子どもたちが読む前に実際に起こったことに関する説明を彼ら自身で計画したり，彼らの予想が成し遂げられたときの大変な満足を表現したりしながら，既に示唆された戦争の中で成し遂げられた。
　時間の大部分は読書やクラス討論のレポートを**書き**，かくして綴りと作文とを歴史における学習と関連させたのである。既に言及された本に加え，教師によって用いられた本の中には，フィスク（Fiske）の『独立戦争』（War of Independence），そしてパークマン（Parkman）の『ポンティアックの陰謀』（Conspiracy of Pontiac）があった。」[87]

＜理科（Science）。相関しての「料理」「読み・書き」の学習：太字は筆者＞
　「理科の学習は，冬学期は料理と非常に相関していた。すなわち，各々の中に含まれる溶解卵白とグルテンの割合を見出すためのいろいろな種類の小麦粉に関する実験より成っていた。卵白の検証において，彼らは小麦粉20グラムの重みを加えたり，洗ったり，濾過し，液体がミルク状になり，卵白の存在が証明されることを見出すまで，濾過器を熱したのである。卵白の割合を確かめるため，濾過器は再び濾過され，そして残された凝固した卵白が加重され，その結果が小麦粉のもとの重さと比べられた。この実験，そして他の種類の小麦粉に関する類似の実験が，満足のいく結果が得られるまで何回も繰り返された。グルテンの量を決定するために同じ量の小麦粉が加重され，モスリンで包装され，それがのり状の塊になるまで水の中でこねられ，そして洗われ，乾かされた後，加重されたグルテンの残りとその比較が，前の実験と同様，なされたのである。
　春学期には，子どもたちは生理学の学習を始め，植物と動物との違いについての議論をスタートさせた。彼らは，一つの重要な違いは食べ物とそれを得る方法であると決めた。その後，教師は彼らに動物の食べ物の餌となる植物について話しをした。また，一つの場所に固着し，食べ物を水で彼らのところまで運ぶ海の動物について話をした。子どもたちによってなされた区別

はかくして普遍的であるとは見出せないものであった。彼らは，次に，蛙や蛙の卵を求めて公園へ遠足に出かけた。彼らは二匹の蛙を解剖し，消化システムを辿り，肺と心臓を調べ，腰部の神経が刺激されたときの脚の反射運動を確認した。彼らは，養魚池の中のオタマジャクシを見，様々な発達の段階にあるオタマジャクシの絵を描いた。この学習は読書によって異なっていたし，また，データの記録の**筆記**は大声で教師が読むことによって与えられた。」[88]

＜料理（Cooking）＞
「料理の時間では，子どもたちは動物の食べ物の学習を取り上げ，そこで食べ物の価値，準備の最もよい方法，等々に関して分類され，調べられた。彼らは，以前の学習から彼ら自身のために一般的な方法を提案することができるミルクの量的な分析を行った。すなわち，一時に必要な溶媒を加えることによって個体を分離し，それから濾過し，重さを量り，そして一定の個体の重さをミルクの元の量と比較したのである。彼らはエーテルは脂肪を分離することを知った。そして，教師は彼らに弱いアルコールは沸点で砂糖と無機塩を分離させ，そして，カゼインと胚乳は乾かし，重さを量るために残しておくことを話した。

彼らは，その後，秋学期のグループⅧの報告の中で記述したのと同じ肉の学習を取り上げた。さらに，彼らは魚の構造と肉の構造を比較し，前者は牛肉のように繊維質ではないこと，料理では細切れにできること，その結果，準備のためには一層の注意を要することを発見した。彼らはまた，無機塩，水そして胚乳を含んでいるたんぱく質の食べ物の典型としてカキの構造と性質を調べた。彼らは，筋を切ることは肉を一層柔らかにするし，また低温で料理しなければならないことを学んだ。カキを準備するとき，彼らは汁を清浄しようとしたし，一人の子は，前者の実験から，カキをゆでることは胚乳を上にもたらすので，上の方をすくいとることができることを提案することができた。」[89]

第4章　実験学校のカリキュラムの実際

＜数（Number）。相関しての「工作」の学習：太字は筆者＞
　「数の作業では台所や**工作**の学習と相関させられていた。そして，これらの社会的経験の形から生じた問題に加え，あるときは掛け算の表，小数，そして多量の割り算のドリルに費やされた。」(90)

＜織物（Textile）。相関しての「地理」「理科」の学習：太字は筆者＞
　「彼らの織物の作業は主に理論的で歴史的であった。彼らは異なる種類の繊維を調べ，その後，特別な学習の主題としてアマの繊維に進んだ。彼らは立派な根は軽い土壌を必要とすることに同意し，その正しい条件を与えるような川の流域を求めて**地図**を探した。ベルギーやアイルランドとともに，ナイル川の流域がその要求に対する答えと見なされた。その後，アマをまく方法が議論され，種を求めてまかれたアマは繊維を求めて耕作されたものよりはもっとばらまきにすべきだと決定した。彼らはその成長をみるために植木箱の中にアマをまき，また，繊維を柔らかくするためにアマを浸し，そしてグループのメンバーによってデザインされたすきぐしですき分けながら，その年の前に成長したいくつかのものを使って**実験**した。彼らは，学校にやってきたドイツ人の女性がアマを紡ぐのを見た。そして，何人かは紡ぎ方を学ぼうとした。このために利用できる時間は，しかしながら，大変短かったので非常に満足のいく結果を収めることはできなかった。
　何人かの子どもたちは洋アカネ，ファスチック，ブラジルの材木，みょうばん，ポタシュウム，重クローム酸塩，そして硫酸銅をいろいろと組み合せながら，アマに色を付ける染色の実験をした。グループXは，後に，これらの染色の台紙の貼った見本から彼らが計画しているスクリーンに用いるための色を選んだ。グループの2人は，また，ラードと腐食性のポータースを用いながら，石鹸を作った。子どもたちの何人かはグループのメンバーによって織られたリンネル片を漂白しようとしたが，しかし，大成功とはいかなかった。彼らの織物は，色の付いたクレヨンを用いながら，スタジオで彼らがデザインを作ったインディアンのマットよりなっていた。」(91)

153

＜工作（Shop）。相関しての「数」「織物」の学習：太字は筆者＞
　「工作では，グループは学校の使用物である長椅子の修理をした。また，45度，30度，60度の角度の測定を含む，彼らの**数**の学習で用いる分度器を作った。さらに，彼らの**織物**のためのはた（織機），あや取り（縦糸を通す平行に並んだ針金），そして（織機の）梭を組み立てた。」[92]

＜芸術（Art）＞
　「スタジオでは，子どもたちは，歴史から自分たちの目的に最もよく適合したような主題を選びながら，粘土や水彩画で作業した。軍隊の指揮をとるワシントンのレリーフづくりにおいて，子どもたちはできるだけ正確に軍隊を再現するためにその時代の服装とワシントン自身の表情を絵から学んだ。彼らは，また，粘土模型のためにそのグループの姿勢を交互に変えた。水彩画の学習は配置，色の価値，そして色の関係を強調するために計画された。彼らは，春学期の間，外でのスケッチに多くの時間を取った。遠近を学習するときの助けとして，彼らは自分らが作業している景色を切り離すために，自分たちの前に置いていた光のフレームを用いた。」[93]

＜フランス語（French）＞
　「このグループのフランス語は毎日の興味あるトピックについての会話を媒介にしてなされた。しばらくの間，各々の子どもは，彼が話をしたオキュペイションを選ぶよう励まされ，それによって子どもの語彙を増やしていった。彼らは，時々，会話の基礎として一枚の絵を取り上げた。形式的側面からいえば，特別な注意は動詞の語形と発音に払われた。」[94]

＜音楽（Music）＞
　「声の訓練における特別な必要は『不思議の国のアリス』（Alice's Adventures in Wonderland）に関する読書と結合して充たされた。子どもたちは彼らの声の正しい活用にかなりの興味を発達させたし，ある場合には大きな改善が認められた。」[95]

第4章　実験学校のカリキュラムの実際

＜裁縫（Sewing）＞
「裁縫は，もともとのデザインを用いながら，ソファ枕の作成であった。」[96]

＜体育館（Gymnasium）＞
「冬学期の間，体育館における学習は屋内のドリル（教練），器械学習，そしてゲームであった。バスケットボールの試合はいろいろなグループの間で取り決められた。」[97]

第7節　グループⅧ（11歳）のカリキュラム

【要点】
　このグループの平均年齢は11歳であり，シプスバイ（Marion Schipsby）先生の担当であった。そして，No.3の織物には秋学期の実践及び「冬学期の概要」と「春学期の概要」が，そして，それら冬及び春学期の実践の様子はNo.8の歴史に報告されている。
　なお，このグループの報告者は，秋学期の実践を収めているNo.3の部分はヒル（Mary Hill）先生，No.8の部分はシプスバイ先生である。
　このグループのカリキュラムの実際として，まず，＜歴史＞が報告され，ここでは，デューイが予告したように（グループⅤの7歳半〜8歳の解説を参照），世界の旅行者及びイギリスやオランダの発展等が取り扱われている。次に＜理科＞，独立した扱いや他教科と相関しての＜数＞の学習，さらには，＜料理＞＜織物＞＜裁縫＞＜ラテン語＞＜フランス語＞＜音楽＞＜芸術＞＜工作＞＜体育＞それぞれにおける年間を通じた実践の特質が報告されている。

【実践の特質】
　まず，No.3の織物にはこのグループの秋学期の学習の詳細が以下のように報告されている。なお，＜見出し＞は筆者がつけた。

＜歴史（History）。相関しての「読み・書き」の学習：太字は筆者＞
「歴史の中で追究された方法は，可能な限り，考慮されるべきその時代の

155

偉人を選択し，その生活の学習を通して，彼らの国の産業的，社会的そして政治的な状態に関する考えを得たり，彼らが直面した問題を得たりすることである。このような条件を頭に入れて，子どもたちは問題の解決策を見出そうと心がけた。私たちは天体儀をとり，13世紀中期のヨーロッパに生きている私たち自身を想像しながら学習を始めた。私たちは，その当時知られていた世界の諸地域に着目し，その後，いかにヨーロッパは遠い東方の富に精通するようになったかを見るためにマルコポーロのアジアへの冒険を扱い，さらにこの精通によりインドや中国の産物をヨーロッパに導入しながら，ベニスやジュネーブが貿易で発達するようになったことに注目した。後に，トルコの海賊が地中海と中央アジアを結ぶ道を遮ったとき，商業国は新たな道を探すよう追いつめられ，このことが15・16世紀のすべての発見と探究に導いたのである。

　ヘンリー航海王子が学習のために選択された。すべての国の著名な地理学者，天文学者，そして探検者が集められたサグレスにおける観測所の創設者としての彼を通して，子どもたちは当時のこれらの題材に関する知識を得たし，彼らのプランを基礎づける発見はどんな事実であるかを得たのである。それから，子どもたちは2世紀後の航海士が占有した問題，すなわち東方への最短ルートに行き着いたのである。

　子どもたちの解決策が発見者により試みられた解決策といかに近似したものであるかに気づくことは興味あることである。これらの試みに失敗をもたらした困難事は，部分的には生徒によって示されているし，また，部分的には教師によって示された。たとえば，一人の子どもは，天体儀を横切りながら，「私はヨーロッパとアジアの回りをまず北に真っ直ぐ帆をとり，そしてこの方向に下りた。」といった。しかし，子どもたちは氷の広がりが行く手に立っていることをすぐに大声で叫んだ。彼らは，遂に，船乗りたちが大洋は赤道で煮えたぎっているという通説の間違いを証明するまでアフリカの海岸をどんどん下へと進み，そしてアフリカの南端を回るまでは大胆にも南に真っ直ぐ進んだという結論に達した。教師はディアスの航海について話し，その中で彼は赤道を通過し，南に航海し続けたとき気候が涼しくなることを

第4章　実験学校のカリキュラムの実際

発見したこと，そして喜望峰を回ることに成功したこと，さらには同じルートを辿ってバスコ・ダ・ガマはインドへ旅したことを話した。

　私たちは，次に，コロンブスの生涯と西方の航路を見つけた彼の努力を取り上げた。私たちはポルトガルの科学者たちの中での彼の生涯，彼が科学者から集めた知識，そしてまた彼によって用いられた他の情報源について論じた。進歩は遅い成長であり，すべての偉大な発見は多くの人の仕事の絶頂に過ぎないといった事実はそのことを強調することによってもたらされた。すなわちコロンブスは，地球の円形理論の最初の実際的な信奉者であったが，ある科学者は何年も前にその考えを提出したのである。子どもたちはそれをリアルにするため，コロンブスの生涯について十分に話された。西へ帆をとることによって彼が中国に着いたというコロンブスの考えについて話しながら，一人の子どもは次のように述べた。「彼は中国に達する大洋，そしてスペインに達する大洋のあることを知っていた。もちろん彼は，彼がアメリカの右側を走るまではアメリカはその間にあるということを知らなかった」と。

　彼らはそれぞれの結果を議論しながら，コロンブスのアメリカへの4回の旅行について追跡した。彼らは，西インド諸島のスペイン人と中央アメリカの海岸のスペイン人の居留地を学習した。そして，彼らは太平洋及び南アメリカの西海岸の発見，そしてペルー及びメキシコの征服を学習した。その学期の学習はフロリダとミシシッピー川下流域の発見で終わった。

　各々の探検家の学習の最後に，子どもたちは探検家の生涯のまとめを**書い**た。」[98]

＜理科（Science）＞
「理科の作業は電気に関する実践的な実験より成っていた。教師は電池の構造と使用に関して子どもたちが既に持っている事実を引き出し，次に，ダニエルの乾電池，亜鉛と炭素，亜鉛と銅を含むいろいろな種類の電池を調べさせることによって学習を始めた。子どもたちは，その結果，電池は二つの金属か，あるいはある液体と金属及び炭素のいずれかを含んでいなければな

らないという一般的な陳述をなすことができた。次に，彼らはある電気ベルを調べ，どれもある方法でベルを鳴らすという作業をする磁石を持っていることを発見した。それから，彼らは磁石を作ろうとした。彼らは鉄か鋼鉄を用いる必要に関して同意しなかったが，一人の少年ははんだ棒を磁石化しようとした。彼らは柔らかい鉄と鋼鉄を与えられ，そして，電気の流れを通過させるコイル電線を巻くことによって磁石を作れるが，しかし，鋼鉄は鉄よりも長くその磁石化を持続することができることを発見した。彼らはまた，(1)磁石の強さはそれを磁石化するために用いられるコイル電線の長さ，そしてまた，重ねられるコイルの数に比例していること，(2)コイル自体が磁石として作用すること，(3)コイルの中の磁石化された棒の位置がその極を決定することを発見した。また，接線検流計の原理を導きだした。

　ここまでの彼らの実験の結果をまとめた後，子どもたちは彼ら自身で亜鉛と銅の電池を作り，鉄釘を磁石にするのに十分強いかどうか見るために各々の電流をテストした。それから電気ベルを修理し，学校で使えるよう整備した。

　何人かの子どもたちはル・クランチの塩化アンモニウムの電池を使いながら，家でベルを取り付けることでこのクラスの学習を補足した。また彼らは，小さなモーターをセットし，それを電池に取り付けることによって動かそうとした。モーターは電気ベルに含まれると同じ原理が適用できることを示すために調べられ，線図された。この学習はコイル電線を巻きつける向きを変えることが電気あるいは永久磁石の極の間の力の進路を遮るという原理を追加させた。ある使い古された乾電池が，電流が全くないかどうか見出そうと検査された後，同様な方法で調べられ，線図された。一層の実験は電信機の配線を作ることより成っていた。」[99]

＜ラテン語（Latin）＞

　「ラテン語では，前の年に用いられた物語を復習した後，子どもたちは文章の部分を，ラテン語と英語を交互に使いながら学習した。子どもたちは主語には"行為者"という語を，動詞には"行為"という語をあてながら，主

第4章　実験学校のカリキュラムの実際

語，述語そして目的語を区別することをすぐに学習した。ある時間は，ある動詞は目的語，すなわちその行為を受ける人か事物を示す語を必要とするという考えを例示によって明らかにするために過ごされた。次の段階はラテン語の語形変化の意義を示すことであった。簡単なラテン語と英語の文章が，子どもたちが次のことを発見するまで，すなわち英語では順序の変化は——例えば，"少女が人形を愛する"から"人形が少女を愛する"——また意味の変化を含んでいるが，ラテン語ではこのことは真実ではないということを発見するまで，自然の順序及び逆にした順序で黒板に書かれた。文章の部分に関して彼らが最近獲得した知識を適用しながら，彼らは*puella*のような語では最後の*a*は，短く発音されるときは主格を示し，そして*am*は目的格を示すことを発見した。同様な手法で，注意は，個人的な終わりに対して動詞では*t*が考えられ，そして形容詞と名詞との一致に向けられた。それから子どもたちは，彼らがそれらを素早く区別できるまで，文章に関するこれら三つの部分を探す練習を行った。この時までに，単数の女性名詞は彼らの文章分析の中で注目された。そして，これらの語形が固定されるにつれ，複数に対応する語形が，単数及び複数の男性名詞と中性名詞とともに，提示された。

　構文論におけるこの学習は"ピュロス（Pyrrhus）"，"レグルス（Regulus）"，"老人と死（Senex et Mors）"といった寓話及び物語の学習と結合して進められた。新しい物語を取り上げることによって，子どもたちはまず新出語を学び，可能な限り，一つ一つを適切な対象，行為，あるいは質と結びつけていった。たとえば，動詞は彼らのために行動に移され，名詞は一致する対象と結合して提示された。新出語は彼らのノートに書かれ，綴りは綴りの組み合わせ（spelling match）の中で学ばれた。書き取った言葉，物語に関してラテン語の質問に答えること等々によって，子どもたちはそれを英語に翻訳しようとするより前にラテン語に親熟したし，また，ある場合には，それを記憶に留めようと意識的な努力を持つことなしにラテン語の物語を話すことができた。」[100]

＜数（Numeber）＞

「数の作業では，秋には，学校の予算の収支計算から始めた。関連して，子どもたちは１週間，１ヵ月，そして１日に必要な学校の材料——紙，等々——の量について算定した。また，合衆国のお金に基づいて，十進法に関するフォーマルな学習が学校の会計に関するこの学習から起こった。子どもたちは足し算，引き算，掛け算，そして割り算の過程を整数と，そして十進法を含む同じ過程と比較し，そして二つのケースにおける操作は本質的には同じであることを発見した。この作業は掛け算の九九の表，２ないしもっと多い数の掛け算及び割り算に関するドリルを含んでいた。一層形式的な作業と結合して，子どもたちは彼らの歴史，理科，そして手作業から出てきた問題を解決した。これらの問題の一つは一定の次元における四角いプリズムの量を見出すものであった。この問題は一定の底面と１インチの高さをもったプリズムを想定することによって解かれた。子どもたちは，この問題は底面が数インチ四方あるのと同じ容積である数インチの立方体を彼らに与えることが分かった。２インチの高さのプリズムはこの容積の２倍に等しい，等々が分かった。」[101]

＜料理（Cooking）＞

「秋学期の料理はたんぱく質の食べ物という主題の続きであり，主に，肉の準備に関するいろいろな方法の学習より成っていた。肉汁を乾燥熱で保持することはハンバーガー肉の準備によって例示された。同じ結果は，沸騰した水を活用し，沸騰した水に子羊の脚を入れ，そして外を焼くために５分間沸騰させ，それから料理が終わるまで低い温度で料理することによって産み出されることに見出された。肉スープの汁の準備は汁を抜き取るのと反対の原理にあることを例証した。そして，シチューは部分的には保持であるし，部分的には抜き取ることであることを示した。前の時間に指定された授業と関連して，子どもたちはまたシチューのための野菜の適切な準備を学んだ。理論的な側面からすれば，子どもたちは筋肉の合成の学習をしたことになるし，このことから肉スープの合成と滋養的な価値を学習した。週１回の午餐

第4章　実験学校のカリキュラムの実際

の準備は，彼らが具体的に学習した原理とともに，以前に取り扱った多くの料理について復習する機会となった。」⑽

<織物（Textile）>
「織物作業は小型のインディアンの毛布を織ることであった。」⑽

<裁縫（Sewing）。相関して「の数」の学習：太字は筆者>
「彼らの裁縫は，さらぶきんやタオルのために布を切り，しつけ糸をつけ，ヘリ縫いをし，そして学校で使う食卓掛けを磨くことから始まった。彼らは次に，灰色のテントのマットを作ったり，色のついた絹の縁を十字縫いで飾ったり，ししゅうすることであった。彼らはまた，ソファ枕のためにあるもともとのデザインをこわすために，紙を用意し図案を写したりした。この作業は多くの注意深い**測定**を含む活動であった。」⑽

<芸術（Art）>
「スタジオにおける学習は，つり合い，遠近，構図，そして人物のポーズより成っていた。黒と白によるこの作業に加え，粘土の模型づくり及びライスペーパー（薄い高級紙の一種）上への水彩画が用いられた。主題は歴史からとられたり，あるいは学校の生活面や学校の作業と結合した活動を表現していた。後者のクラスの一つの例解は粘土のはちを造り出した陶芸家の活動であった。子どもの一人は，教師が人物を，すなわちその過程を眺めている子どもたちをスケッチする間，ポーズをとっていた。デッサンはその後こすり消され，子どもたちは彼ら自身のスケッチをした。この学習は，以前には何らの注目が払われなかった特質であるが，マッスの端と考えられていた下書きに注意を呼ぶために用いられた。」⑽

<音楽（Music）>
「このグループの音楽はその主題に関する特別な論文（『初等学校記録No.2』）の中で報告されている。」⑽

＜フランス語（French）＞

「フランス語は本質的には他のグループのために報告したのと同じである。」[107]

＜工作（Shop）＞

「工作作業は，彼らの他の作業，たとえば顕微鏡のスタンドを精密に調べたり，インディアンの織機のためのさおと結合して，直接のあるいは今後の使用のための道具や材料を準備することより成っていた。」[108]

さて，上記に続いて，以下のような「冬学期の概要」[109]及び「春学期の概要」[110]が報告されている。それぞれを紹介すれば，次のようである。

冬学期の概要

Ⅰ．*歴史*。探検と定住の時期
 1．オランダ人による貿易の発展，大きな会社の形成，彼らの力と歴史。
 2．イギリス人の探検家，すなわちカボッツ，スミス等の復習と最初の定住に関する彼らの発見。フランシス・ドレイク卿の旅行とその結果。ハドソン川の発見及びカナダのイギリス人の要求。
 3．大きなイギリスの貿易会社，すなわち東インド会社とインドの力の次第の略取，ハドソン湾会社とその財産，アフリカにおけるイギリスの属領化。
 4．オーストラリアの発見と定住。
Ⅱ．*理科*。
 1．地理学。すべての大陸，海，そして重要な島の相対的な位置。ヨーロッパ，北アメリカ，南アメリカの国々，そしてアジアとアフリカの重要な国々。大陸の起伏と輪郭。主な川。
 2．初等物理。実験。
  a) 筋肉エネルギーの活用とてこの形におけるその測定。うで，バール，バランス。
  b) 学習単元の決定における単純な機構のきまり。滑車，車輪と心棒，クレーンとデリック（起重機の一種）。摩擦とある機械によって達成された仕事との関連。
Ⅲ．*織物*。アマ（植物）の実験的研究。土壌及び湿気の効果。栽培の方法。（麻などを）水につけて柔らかくすること，すき分け等の過程。紡ぐこと。
Ⅳ．*料理*。実験的作業。

第4章　実験学校のカリキュラムの実際

1．秋学期の復習と拡張。肉の学習，すなわち乾燥と湿気の効果，汁を保持することにおける温度の効果，沸騰，沸騰寸前の状態，そして肉を焼くこと。合成品を決定する分析。
2．穀物。一つの穀物の量が知られるとき，いろいろな種類のものを料理するのに用いられる水の量。
Ⅴ．*数*。測定及び加重におけるメートル法の活用。測定をメートル法から English に変えたり，その反対も行うこと。合衆国のお金の経験に基礎づけられた小数とメートル法；理科の作業問題で用いられるパーセンテージ。
Ⅵ．*フランス語*。パン屋，肉屋等といったいろいろな商売と結合した語彙。教師や子どもによってフランス語で話される寓話。
Ⅶ．*ラテン語*。聞くことから理解される簡単な物語；構文。作文を散文で書く。
Ⅷ．*芸術*。建築の製図；遠近の要素；色，そして黒と白における静かな生活。
Ⅸ．*音楽*。音感訓練，歌の作曲。
Ⅹ．*体育*。

春学期の概要

Ⅰ．*歴史*。イギリスとフランス。騎士の時代。『少年たちのフロワサール』（Boy's Froissart），『アーサーの死』（Mort d' Arthur）。
Ⅱ．*理科*。機械の設計に関する学習の継続。一般生理学。実際の庭造り。
Ⅲ．*織物*。リンネルの学習の継続。
Ⅳ．*数*。パーセンテージの原理。
Ⅴ．*ラテン語*：（名詞，代名詞，形容詞の）語形変化及び（動詞の）語形変化。分析の要素。話されるが，しかしやり直さない物語よりなるかなり多くの風変わりなものの学習。そして一層注意深い学習のための物語。
Ⅵ．*工作*。家の備品。
Ⅶ．*音楽*。声の文化。記譜面法及び作曲。
Ⅷ．*芸術*。中世の建築。
Ⅸ．*フランス語*。会話。
Ⅹ．*体育*。外でのゲーム。

さらに，このグループⅧの実践報告の続き（実は，既述の冬学期，及び春学期の学習の記録）が No.8 の歴史に報告されている。それを紹介すれば，次のようである。なお，＜見出し＞は筆者がつけた。

163

なお，報告者はシプスバイ先生になっている。

＜歴史（History）＞
「冬学期の歴史の作業は探検と定住の時代を取り扱った。探検，定住，そしてその結果としての商業の増大及びイギリスとオランダの力に特別な強調が置かれた。春学期には，話題は騎士制度の時代であった。情報源として用いられたのは『少年たちのフロワサール』（Boy's Froissart）及び『アーサーの死』（Mort d'Arthur）であった。歴史部の学習は『初等学校記録』のこの号で書かれたので，ここでこれ以上何かを言うことは不必要である。」[111]

＜理科（Science）。相関しての「数」の学習：太字は筆者＞
「理科では，グループは初等物理学と生理学に関する学習であった。前者の初等物理学では，秋学期に研究された電気の原理を復習した後，彼らは簡単な機械の研究に進んだ。実験を通して，彼らはてこの利用，心棒，そして車輪や滑車を統御している法則に到達した。この作業に続いて，彼らは簡単な時計の機構に進んでいった。そして，いろいろな部分の関係と相互依存，車輪の活用，バネか重力，摩擦，振り子の活用に進んだ。その後，彼らが学んだことを適用するために，彼らは振り子のついた時計，自転車の鎖止め，チェーン等を作ることが求められた。彼らは彼ら自身で理論的な部分はやり遂げることができたが，車輪を一緒にしっかりと固定したり，振り子を他の部分と結合するといった機械的ないくつかは非常に困難であることが分かった。また，バランスのよいてこの活用が研究され，その後，クラスは新聞や小さな包みの目方を量るのに用いることができる何かしら一定の鋭敏な天秤を組み立て始めた。

生理学においては，彼らはまず筋肉エネルギーの問題を研究した。彼らは，いろいろな種類のジョイント，それらの活用と動きに関する注意深い研究を行った。次に，彼らは循環や呼吸のシステムについて学んだ。このことと関連して，彼らは羊の肺と心臓を解剖し，それゆえ，各々の子どもは循環，呼吸，そして蛙の消化システムに関する注意深い検査を行った。

第4章　実験学校のカリキュラムの実際

　このグループは，数に関する彼らの不完全な扱いによって彼らの研究を妨げられたことを見出したので，その結果として彼らの**数**の作業は大変力説された。彼らの理科においてはメートル法を使うことが必要になってきたので，子どもたちは重さと長さの双方に関するメートル法を導き出し始めた。ほとんどの子どもたちは測定に関する比較的な大きさに関する考えをもっていないことが見出されたので，すずと厚紙で測定のモデルを作ることにかなり多くの時間が費やされた。」[112]

＜料理（Cooking）。相関しての「数」の学習：太字は筆者＞
　「彼らの料理と結合して，彼らはまた，**数**の作業におけるいくらかの実践をもった。」[113]

＜数（Number）＞
　「彼らの系統だった数の作業の時間においては，グループは分数，平方根，割合，そして比例を研究した。5月には，子どもたちは教科書としてホールの『算数』を用い始め，これによりいろいろなときに研究された数の過程を組織的に復習することができた。」[114]

＜ラテン語（Latin）＞
　「ラテン語は，秋学期のこのグループの報告（『初等学校記録』のNo.3）の中で記述された方法で実行された。その年の終わりには，彼らの語彙を加えるほか，子どもたちは最初の三つの語形変化（名詞，代名詞，形容詞の）を学び，そしてラテン語の動詞の語形変化である現在，不完全，未来，完全を学んだ。彼らは，また，英語とラテン語で，簡単な文章の分析に関するドリルをした。子どもたちにはまだ教科書は与えられていない。」[115]

＜フランス語（French）＞
　「フランス語では，主な目的は語彙を得たり，フランス語による会話をすることであった。意識的な文法作業はなされていない。」[116]

165

＜音楽（Music）＞

「このグループの音楽は作曲と記譜法より成っている。グループは，一方は感情を，他方は行動を好むという二つの等しくしっかりしたグループに分割されたので，彼らは二つの歌を，すなわち一方は"冬の夜（A Winter's Night)"と名付けられ，他はシカゴとコーネルとの間のフットボールの試合について描写する歌を書くという妥協をした。これらの歌の記譜法はリズムと基調関係の問題を導き入れた。」[117]

＜芸術（Art）＞

「スタジオの作業は釣り合い，遠近，そして構図の研究より成っていた。子どもたちはとりわけ粘土と水彩画で作業した。主題は，主に，彼らの学校の作業，とりわけ彼らの歴史から取られていたが，しかし春学期の到来とともに，彼らは多くを戸外のスケッチに充てた。彼らは，また，いくつかのデザインの作業を行った。彼らは織物作業で織っていたナバホ族の毛布のデザインを作った。」[118]

＜料理（Cooking）＞

「料理クラスの主題は肉であった。子どもたちはその性質を決めるため肉の分析を行った。それから彼らは，いろいろな準備の様式に対する肉の効果，すなわち乾燥した温度やしめった温度の効果を検査した。彼らは肉に関するいろいろな"肉片"を調べたし，またいくつかの肉の優秀さの理由を調べた。彼らは，その後，卵とミルクの性質を分析しながら，たんぱく質に関する彼らの作業を復習した。」[119]

第8節　グループⅨ（12歳）のカリキュラム

【要点】

このグループの平均年齢は12歳であり，全員で10人であった。キャンプ（Katharine B. Camp）先生の担当であった。そして，No.4の植物学には秋

第4章　実験学校のカリキュラムの実際

学期の実践及び「冬及び春学期の概要」が，そして，それら冬及び春学期の実践の様子はNo.9のカリキュラムに報告されている。

　なお，このグループの報告者は，No.4はヒル（Mary Hill）先生である。なお，No.9には報告者の氏名はなし。

　グループⅨのカリキュラムの実際としては，まず＜歴史＞が取り扱われ，秋学期はバージニアの植民，フランスとインディアンとの戦争までを，冬及び春学期には，バージニアに続いて，ニューイングランド，さらにニューヨークの歴史が取り上げられている。次いで＜理科＞が，さらには＜数＞の学習が単独に，あるいは他教科と相関して展開されている。さらには，＜料理＞＜織物＞＜裁縫＞＜工作＞＜ラテン語＞＜フランス語＞＜音楽＞＜芸術＞＜体育＞の年間を通じてのカリキュラムの実際の様子が報告されている。

【実際の特質】
　まず，No.4の植物学にはこのグループの秋学期の学習の詳細が以下のように報告されている。なお，＜見出し＞は筆者がつけた。

＜歴史（History）。相関しての「読み・書き」の学習：太字は筆者＞
「歴史の秋学期の学習はバージニアの植民であった。このグループに対して歴史を教えるために用いられた方法は，何が起こったかを示唆し——たとえば，バージニアはイギリス人が植民した最初の州であった——，そしてそれからその方法と理由とを見出そうとすることであった。読書あるいは話であれ，植民地の最初の年についての生き生きした記述の後，なぜ事態は歴史家がそれらを記述するようなものであるか，飢餓の時代は全く"商品の共同社会"と金を見つけにやってきた紳士の側における怠惰によるのかどうか，あるいは部分的には，土壌，農業に関する知識の欠如，そして彼らがやっていたような方法と機会の背景をクリアーすることの困難さによって説明されないものかどうか，に関する議論が続けられたり，あるいは**読書**がなされた。調べることなしになされた声明は取らないという考えで出発することにより，子どもたちは，ジョン・スミスがインディアンに無理やり教えるよう言うまではイギリス人はトウモロコシの栽培法を知らなかったということ，イ

ギリス人は火で木を囲み，木を枯らし，根を腐らせるというインディアンの方法を知らなかったこと，イギリス人は製材機やすきや馬をもっていなかったことを発見することに興味をもった。さらには，イギリスの小麦を大きな茎や葉を育てた川底の肥沃な土地に植えたが，ほとんど収穫はなかったということを発見した。

　ジョン・スミス船長に関するいくつかの事実は，トルコにおける彼の驚くべき冒険から彼がインディアンに捕らえられ，そしてポカホンタスによって助けられるまでの彼についてのすべてを知りたいという欲望を創造するのに十分であった。子どもたちは，植民地に対するジョン・スミスの存在は彼が去った後，完全な失敗を期待するほど大きかったと考えたし，また，――単にそれらが彼らの予見を検証した――，インディアンの攻撃，病気そして飢えにより，植民地の人は500人からおよそ60人にまで減じたことを発見し喜んだ。なぜ植民地は現在のところ成功しなかったかのすべての可能な理由を得るための十分な議論の後，子どもたちは，学習される予定の次期統治者たるデール（Dale）の名前を与えられ，そして彼はどんな変化をなしたか，そしてその方法を予見するよう求められた。その結果，彼はインディアンから守るため柵を作ったこと，個人所有の土地を許したこと，軍隊の規律を確立したことという提案をクラスから導くことは難しくはなかった。あるいは彼の統治について**読書**した後，産業の習慣，法律の遵守，そして秩序が確立されたという一般的な結論を導くことは難しくなかった。子どもたちは，デールの処罰の方法はスペイン，フランス，そしてある程度はイギリスにおいても用いられたものであったことを見出すまでは，彼の処罰の方法を非難しがちであった。

　子どもたちは，典型的な統治からデールの軍隊規則によって培われた習慣を学んだ人々にまで及んだ利益を予言できなかったが，しかし認識することはできた。当事者ヤードレイ（Yeardley）によって1619年に出された憲章の規定，及び同年における"妻たち（wives）"の到来の効果が，オランダ船によって売り飛ばされるために連れてこられたニグロの使用はもちろんのこと，議論された。この事実に関連して，たばこ産業が，一方では植民地と

第4章　実験学校のカリキュラムの実際

イギリスとの関係についてのその効果，他方では，バージアにおいて，絶えず新たな土壌を必要とするという耕作のために大規模な土地取引を必要としたという両面から，考察された。

　物語風な歴史は，その初期の補助金の部分がその目的のために中断され，またメリーランドとノースカロライナの始まりとしてバージニアと関連させて，フランスとインディアンとの戦争の時代まで行われた。教師の目的は，正しい判断の習慣を形作り，そして一定の条件のもとでの行為の可能性をみるために彼らの歴史における興味を利用することである。その試みは，単に何が痛ましいかというよりは，むしろ何が正しいかに共鳴するよう，そして正確な知識は隠された原因の探索を含むことが分かるよう子どもたちをリードすることである。

　グループXと関連して言及されたものに加え，教師によってもっとも有益と見なされる本はクック（John Esten Cooke）の『旧領土とバージニアの話』（Stories of the Old Dominion and Virginia）であった。グッドウィン（Maud Wilder Goodwin）の『百人の植民地の楽団長』（The Colonial Band Head of a Hundred）は自宅で読み，そしてレポートするために割り当てられた。

　一週間に一度，子どもたちはフィスクの『合衆国の全般的な歴史』（General History of the United States）の中で与えられた質問に対し，その本に言及することなしに，紙に**書いて**答えようとした。これらの書かれたものはスペルや句読点を修正された。」[120]

<ラテン語（Latin）>

　「このグループはラテン語を昨年から始めた。主な目的は彼らを知らない言語に気楽さを感じたり，語彙を与えることに置かれた。今年は，子どもたちはライビーとユーツロピアス（Livy and Eutropius）の最初の本であるイソップ寓話から脚色されたローマ史を主な題材としたラテン語の物語を与えられた。一般的に，子どもたちは英訳することを許されなかった。物語は必要なときにはラテン語によって何度も繰り返された。また，新たな言葉はすべて行動か絵，あるいは類似の英語の言葉を見出すことによって例解された。

169

そして最後に，物語についての彼らの知識はラテン語により尋ねられ，そして答えるという質疑によって検証された。この目的は，もちろんのこと，彼らの語彙を増やし，ラテン語を英語の等価物に置き換えようとする習慣に陥ることを避けさせることであった。

　文法の学習はこの題材から生じる。前年の終わりに，いくつかの一層明白な特質が，すなわち名詞，代名詞，そして動詞の違いが取り上げられた。今年の秋では，獲得された物語の蓄積及び翻訳とドリルに捧げられた新たな物語を使いながら，名詞と形容詞の事例が集められ，そして格及び語形変化に整理された。また，独立節と従属節を見付けることに関連したいくつかの文章の分析がなされた。」[121]

＜数（Number）。独立的な扱い，及び「理科」と相関しての学習：太字は筆者＞

「数における作業は『初等学校記録』No. 4 の p.120にあるグループXのそれと同じであるが，**物理学**の学習と関連付けられていた。最初の問題は，光の強さと距離との関係に関するものであり，その結果，強さは距離に反比例して変化するという法則の形成を引き起こした。

　次に，子どもたちは対数の学習に向かい，はじめは通常のプロセスにより，次に対数表の使用により乗法の問題を解き，結果を比較した。

　彼らは，その後，三角法の単純な学習の準備を行った。タンジェント，サイン，そしてコサインの機能，及びタンジェントの対数の活用が説明された。そして，彼らは正しい三角形を含む問題を解くために必要な式を導き出した。子どもたちはこの学習と光における彼らの学習との関連をすぐに見付け，そして，彼ら自身最小の偏差角の問題へのその適用を提案した。それからレンズの学習に含まれる原理を例解するいろいろな問題が与えられた。

　秋学期の後半部分は比例の学習に当てられた。子どもたちは比と割合の定義を自分で形式化し，そして，問題を解決するために活用できる方法について陳述することを求められた。」[122]

第4章　実験学校のカリキュラムの実際

＜芸術（Art）＞

「芸術の学習においては，これらの子どもたちは，この年の最初には，美的要素に対する意識的な注意の準備ができていた。したがって，教師は美術及び美術の動因の発達についての話から始めた。子どもたちに，彼らが小さかった時なぜ絵を描くことを楽しんだかを尋ねると，あるものは物語をそのような方法で語りたかったからと応えたし，あるものは痕跡を残すことがおもしろかったからと応えた。彼らは，これら二つの動因がおそらく原始人の芸術に働いていたと決めた。その後，その対比が拡大され，教師は，原始人はより進化した人類の芸術，さらに，彼らが美術を美のセンスに訴えるものとして考えたり，そして彼ら自身の学習においては，単に物語を語ることはもちろんのこと，美的配置に留意することを尊重するために必要としたり，未来人のそれに匹敵する段階に達したことを説明した。

　２，３日後，子どもたちは絵をいくつか批判的に調査するために芸術研究所（Art Institute）を訪問した。注意されるべき最初の特質は，水平線の高低間の実際の差異であった。それから二つの絵，すなわちブレトン（Breton）の「ヒバリの歌」（The Song of the Lark）とローブ（Loeb）の「風の神殿」（The Temple of the Winds）が比較され，子どもたちは，最初のものは垂直と水平の線より構成され，静かさと落ち着きという効果があるが，他方第二の方は曲線の支配が落ち着きのなさを暗示していることを見るよう導かれた。このことが模倣と解釈についての話に導いた。自然自身のための表現と観念の表出としての自然の表現との間の差異の一層明白な見解は，ローブの絵における衣紋をありえないものとする子どもの批判を通してもたらされた。彼らは芸術家の目的を議論し，そしてそれはある美的感情を表現することと結論づけた。

　この訪問の間，子どもたちはある一つの絵の構図と全般的な配色計画を記憶するよう求められ，後に，各々は選んだ絵の記憶からスケッチをするよう求められた。

　アトリエでの学習は大部分,ロングフェローのマイルズ・スタンディッシュの図解より成っていた。この学習は黒と白でスケッチをし，その後，薄い高

171

級紙に単色で再生した。もたらされた専門的な特質はデザイン，構図，そして色とは別の線とマッスの美しさであった。」[123]

＜裁縫（Sewing）。相関しての「数」の学習：太字は筆者＞
「裁縫は帆布で仕立て，そして十字縫いのデザインで飾り付けをしたクッション，靴袋，マット等といったものから成り，子どもたちはまたリネンで作る小型装飾ナプキンに関して，それに必要な材料の量と**値段の計算**，小型装飾ナプキンのサイズ，材料の幅，そして１ヤードごとの値段をだした。これらは切り離され，へり飾りをつけられた。」[124]

＜工作（Shop）＞
「グループの何人かは作業場での学習を始め，図書館の目録を入れる１セットの引き出しを作った。この作業は固い木材を使い，そして簡単な継ぎ目の使用を含むものであった。
　次に，子どもたちは，台所で使うための大きな折りたたみのスクリーンの枠組みに着手した。大きさと釣り合いの問題が子どもたちによって話し合われ，そして各々自分のデザインとなるよう求められた。スクリーンの製作はほぞ継ぎの部分で特に注意を要した。他の作業は――それが必要とする正確な測定にとって価値がある――ピンホールカメラの製作であった。そして，グループⅩの子は共同して音楽のベンチの彫刻をした。」[125]

＜音楽（Music）＞と＜織物（Textile）＞
「このグループの音楽と織物学習は既にそれらの主題に関する特殊な論文の中で記述されている。」[126]

＜フランス語（French）＞と＜料理（Cooking）＞
「フランス語と料理は，グループⅦ及びグループⅧのために与えられたのと同じであった。」[127]

第4章　実験学校のカリキュラムの実際

　さて，上記に続いて，以下のような「冬及び春学期の概要」[128]が報告されている。それぞれを紹介すれば，次のようである。

冬及び春学期の概要

Ⅰ．*歴史*。
　1．プリマスにおける農園。オランダのピルグリム。生活とオキュペイション。移住の準備。土地の許可，財政。アメリカへの移民，すなわち貿易のシステム，生活と政府。産業：（グループⅩの概略を参照）。インディアンとの関係。重要な人，すなわちブラッドフォード，ブルースター，ウィンスロー，カーバー，スタンディッシュ。
　2．ニューヨーク。オランダ人の商魂。大きな貿易会社の形成——アメリカでの彼らの仕事——とインディアンとの貿易の発展。交易所。農業及び移民を促進するための永代借地システム。新しいオランダの一般的な統治，すなわち教育，宗教，習慣。インディアン及び新たなイギリス人住民との関係。1664年にイギリスの植民地となる，移動によってもたらされた変化。
Ⅱ．*理科*。全般的な話題：地球の地質学的形成—北アメリカの地質学史の簡単な歴史的概観，特に沈殿からできた岩の形成及び合衆国の現在の表面と海岸によって示されるレベルの変化。主な鉱物生産物の学習。
Ⅲ．*ラテン語*。文法。語形変化。文章の分析の要素。口頭及び書き物語からの翻訳。
Ⅳ．*数*。パーセンテージ。
Ⅴ．*裁縫*。裁縫室及び台所のカーテン。
Ⅵ．*芸術*。静物の美的配置。例証の美的配置。後の映画と関連したさし絵の学習。
Ⅶ．*フランス語*。
Ⅷ．*音楽*。（グループⅩ参照）。
Ⅸ．*手工*。クラブ・ハウスの建設。
Ⅹ．*体育*。

　さらに，このグループⅨの実践報告の続き（実は，既述の冬及び春学期の学習の記録）がNo.9のカリキュラムに報告されている。それを紹介すれば，次のようである。なお，＜見出し＞は筆者がつけた。
　なお，このグループの実際に関する報告者名は記載なし。

＜歴史（History）＞
　「このグループの学習に関する前のレポートは歴史を教える方法を強調し

たし，また，『初等学校記録』の最後のものは歴史に関する特別な論文を含んでいるので，このレポートでは，理科の学習に関するより十分な陳述を与えることが最もよいように思われる。歴史に関連しては次のようにのみ言及する必要がある。すなわちバージニアの歴史に続いてニューイングランドの歴史が，次にはニューヨークの歴史が同じ方法で取り上げられ，各植民地に関して，人々に精通したり彼らの生活様式を理解するのに十分な時間を割くようにした。」[129]

＜理科（Science）＞
　「このグループの理科の学習を導く一般的な原理は，『初等学校記録』のNo.6のp.164に見出される。この特別なクラスは動物の生活の空気への依存に関する以前の学習を復習することによって始めた。この点と関連した実験は，水に対する一定の量の中で燐を燃やすことによって空気中の酸素の量を決定するというものであった。混合と結合との違いはこの実験に関連して明らかにされた。関連は，水素と吹き出した酸素との混合は複合した水を与えるという一層の実験によってもたらされた。物質の構成物の理論に関する簡単な陳述がこれらの実験と関連してなされた。
　取り扱われた次の気体は二酸化炭素であった。この気体のための通常の検証がリトマス紙を赤くすること，石灰水を乳白色にすること，そしてその一層大きな比重の証拠を子どもに与えた。これらの実験はいろいろな物質，たとえば大理石，チョーク，古い石膏から誘導された二酸化炭素をもたらした後，実験は蒸発した空中における二酸化炭素の出現を証明するために同じ検証を用いた。同じ検証は，その後，木炭を燃やすことによって作られる二酸化炭素に関して繰り返された。
　すべての種類の固体は燃やすことによって気体へと変化する，しかもほとんど灰を残さずに，という簡単な復習が酸素の中で純粋な炭素を燃やすことと関連して二酸化炭素を形作るために行われたので，子どもたちは，二酸化炭素はすべての煙突から空気中へと流れ出るという生き生きした観念をもつことができた。"風化"と呼ばれる過程における地殻上の気体の酸化の行為

第4章　実験学校のカリキュラムの実際

が次に取り上げられた。このことを例解するために用いられた実験は，鉄のやすりくずの酸化というよく慣れているものであった。このことは分子論の陳述と関連して固体と気体の組み合せを例解する物として用いられた。固体と比べたときの気体の浮揚性についての子どもたちの理解は，彼らをしてさびた鉄はさびていないものよりは軽いと主張させた。もちろん，彼らは酸素は鉄さびを作るために鉄に加えられるということを知っていた。

　地球上の空気の効果の問題を考えながら，子どもたちは地球の形成に関する星雲仮説を再述した。彼らはチャンバリン教授の『自然』（Nature）の中で概観された集合理論を与えられた。星雲のかたまりは収縮すると熱を増すという考えを含むシー（See）の考えもまた彼らに与えられた。太陽系システムに関する以前の条件についてのこの議論と関連して，彼らは固体から液体，そして気体まで，熱による要素の形の変化という考えを大変生き生きともたらした。この形の変化の演示に圧力をかける部分が彼らに与えられる必要があった。この後の数日，クラスの何人かは液体空気についてのトリプラーの講義を聞き，そしてたくさんの記録を持ち帰った。熱や圧力の条件が決定するものとしての固体，液体，あるいは気体である物体の何らかの形の可能性という主題に関して1年中興奮し，興味を覚えた。

　世界についての初期の歴史に関して与えられた3つの理論についての多くの討論の後，子どもたちは，地球は岩肌がある構成物において現在とは異なる気体によって取り囲まれていた状態に達したことを事実として受け入れなければならないと教えられた。これらの状態の変化を例解する実験は小さな管における水銀の気体及び再凝固の変化であった。彼らは，彼らが液体空気に関する彼の実験においてトリプラーがしたことを見たように，この水銀は，彼らがそのように呼んだように，ハンマーへと"冷凍する"ことができたことにたいへんな驚きを表現した。このことは水の蒸発及びヨウ素の結晶の気体への変化に関する以前の経験と直接に関連付けられた。

　岩の結晶及び冷やすことによる収縮と関連して，子どもたちは実験をするためにいろいろな合金を与えられた。合金の中で用いられたいろいろな割合によって影響される固体の凝固点が，また偶然にも，しろめ（錫と鉛の合金），

銀，活字合金，はんだ，そして融解点の低い金属からいろいろな小さな物体を作る試みの中で学習された。金属を溶かしたり混合させる中において酸化を防ぐために用いられなければならなかった大きな予防策は，鉄の酸化に関する実験以上にはるかに子どもたちの印象に残ったし，おそらくは学習を繰り返す中で，その代替となるべきものであった。

この点で，彼らは単体（element）と化合物を定義し，そして単体として存在する物はいかに少ないかを発見した。彼らは土壌の形成の最初にあったものを例解するように，火山の近くで現在あるような地球の空気を与えられた。硫黄二酸化物の働きが，酸素と二酸化炭素の働きが例解されるのと同じ方法で例解された。

岩のボールとしての地球の考えから大洋と土壌で覆われた陸地という現在の状況への移行は，子どもたちにとっては易しいことがらであり，教師にとって次のステップは彼らに地球表面についての現在の状況をもたらした過程の長さと性質に関するある観念を与えることであった。

土地と海の分配に関する力，山の形成，浸食，そして沈殿した岩の形成が一全体としての地球との関連及び合衆国における実例を通して取り扱われた。可能なところ，これらの実例はクラスのメンバーや教師によって知られた地域に基礎づけられた。

北アメリカ大陸の成長の物語のスケッチをするアプローチの方法は，通常与えられる特質とは別に，主な産物，鉱物，そして農業の場所を通してであり，その場所は直接的に生産領域に関する以前の地質学史に依存していた。地図の作成でもたらされた一特質は，領域の性格を示すための伝統的な徴候の必要であり，そして色と線の体系の選択を引き起こしたので，クラスの地図は，これらの産物かあるいは流通センターかのいずれかに依存して，主な鉱物資源及び商業のセンターの位置を与えるという一つの連続を表現している。

土壌の形成及び空気と地球との関係と関連して，空中の二酸化炭素に依存するものとしてでんぷんの生成を例解する計画が遂行された。この実験の詳細は『初等学校記録』のNo.4のp.103に示した。シャラーの『我々の大陸

第4章　実験学校のカリキュラムの実際

の物語』（The Story of Our Continent）がこの学習と関連して子どもたちによって用いられた。」[130]

＜数（Number）。独立的な扱い，及び「理科」「料理」と相関しての学習：太字は筆者＞
　「数における作業は，彼らがいろんな領域において学校中で使った過程の形式化であり，そして学習の方法とその過程が含んでいるものの陳述をするためのきまりの作成であった。割合のために与えられた二つの陳述は次のようなものである。すなわち，"もしあなたが互いにある関係を持つ異なった種類の二つの性質を与えられるなら，そしてその種類の一つである第三番目の性質を与えられるなら，あなたは二番目が最初のものに対してもつと同じ関係を第三番目に対してもつような第四番目の性質を見出すことができる"といったものである。このことはあまりにも長く考えられた。そして最後に受け入れられた一つは"一つの種類の二つの事物が知られ，そして二つの関連する事物の一つが知られるとき，第四番目のものが釣合によって見出される"というものであった。
　分数が作業能力を得るために学習され，スピアーのブロックが視覚のイメージを得るために用いられた。そして，それらの問題の多くは**料理**の時間からとられた。分数の学習はパーセントの学習によって引き継がれ，**理科**の学習における合金を作ることにおける鉛と他の金属のパーセント問題として用いられた。クラスがこの種類の学習に十分なドリルをもつことを確かにするため，計算が獲得され，クラスのメンバーは"それを真っ直ぐ突き抜ける"（go right through it）よう話された。彼らがマスターしたその過程の形式的側面における興味は，彼らをして教師からの何らかの誘因なしに1日1ないし2時間戸外で学習し続けさせるのに十分であった。」[131]

＜ラテン語（Latin）＞
　「ラテン語では，文法学習の基礎として物語が用いられた。目的格，予格，所有格という三つの主要な語形変化が学習され，形を用いる最初のものは例

解のための物語の中に見出された。冬,春学期中,すべてのケースが学習され,各々はある物語と関連付けて学習された。新たな語彙が,子どもたちが自身のためになすよう分類され,辞書に登録された。文法的には,強調はまず動詞に置かれ,もっともしばしば最初に生じ,そしてこれらから他のものに進むように雰囲気と時制を取り上げた。活用図表が作られ,そして物語と関連して語幹と時制が学習されるように,それらは図表のために形式化された。」[132]

＜クラブ・ハウスの建設＞
「このグループは手工訓練の時間と芸術学習の双方を兼ねたクラブ・ハウス,そして衛生の原理に関する討論に向けた学習においてグループⅩと一緒になった。」[133]

＜芸術（Art）＞
「彼らはまた,芸術学習において,デザインに関する特別な学習を行った。羊毛をカードですく過程を例解しようとして,羊毛を引っ張る二つの手を示しながら,子どもたちは困難をみつけた。そして子どもたちはおそらくは粘土で手の型を作った後に羊毛を一層よく引っ張ることができることが示唆された。このことがなされ,そして後に,脚が型どられ,鋳造された。子どもたちはまた,水彩画のデザインと関連して原色の学習にある時間を費やした。」[134]

＜工作（Shop）。相関しての「数」の学習：太字は筆者＞
「何人かの子どもたちがそうすることを望んでいたが,クラブ・ハウスの家具を作る準備作業として,人形の家具のために用いられるような小さなモデルを作る学習が与えられた。折りたたみ式の葉飾りをもつテーブルが作られ,つなぎ目に特別な配慮がなされた。彼らの理科の学習のために,彼らは**メートル法**を使用することを必要としたし,また,ある時間は大きな**測定**を実施するため工作室で過ごした。このグループはまた,理科室におく水槽の

第4章　実験学校のカリキュラムの実際

木造部分を作った。」(135)

＜音楽（Music）＞
　「音楽は，主に，彼らのノートに正確に歌を書くために，彼らが作曲した歌の分析，そして歌の学習から成っていた。」(136)

＜体育（Physical Exercise）＞
　「体育はグループⅩと一緒に行われた。」(137)

第9節　グループⅩ（13歳）のカリキュラム

【要点】
　このグループの平均年齢は13歳であり，全員で10人であった。ベーコン（Georgia F. Bacon）先生の担当であった。そして，No. 4の植物学には秋学期の実践及び「冬及び春学期の概要」が，そして，それら冬及び春学期の実践の様子はNo. 9のカリキュラムに報告されている。
　なお，このグループの報告者は，No. 4はラニオン（Laura L. Runyon）先生である。なお，No. 9には報告者の氏名はなし。
　このグループのカリキュラムの実際的な特質として，まず，＜歴史＞が紹介されている。そして，グループⅨと同様に，バージニアの歴史に充てたが，それより短い8週間で扱い，残りは，プリマス植民地に関する重要な出来事についての全般的な概観をなされたことが報告されている。また，冬及び春学期には，プリマスとマサチューセッツ湾の植民地，ニューヨーク，すべての植民地の復習，フランスとインディアンとの戦争と結果，革命から条約及び領土の拡張等が扱われている。また，＜理科＞が紹介され，光に関する実験，科学的理論の歴史的扱い，植物学が研究されたことが報告されている。
　さらには，独立しての，あるいは他教科と相関しての＜数＞の学習が紹介されている。その他，＜料理＞＜織物＞＜裁縫＞＜工作＞＜ラテン語＞＜フランス語＞＜音楽＞＜芸術＞＜体育＞それに新たに＜現在の出来事及び衛

179

生＞（むしろ，クラブ・ハウス・プロジェクト——筆者注）の年間を通じての学習の様子が紹介されている。

【実践の特質】

まず，No.4の植物学にはこのグループの秋学期の学習の詳細が以下のように報告されている。なお，＜見出し＞は筆者がつけた。

＜歴史（History）。相関しての「読み・書き」「表現（話す）」の学習：太字は筆者＞

「このグループの歴史は，ある点では，今は6学年及び7学年で与えられている植民地の歴史を扱わないので，グループⅨと同じであった。しかしながら，彼らは，それを一層包括的な見地から取り扱い，そして同時になお先へと進むことができた。グループⅨは秋学期全部をバージニアの歴史に充てたが，しかし，グループⅩはプリマス植民地の歴史を8週間で取り扱うことができた。彼らとの学習の計画は彼らが学ぶことになっている諸事実を調べるというよりは，むしろ探索することであった。

彼らが**読書**したり**レポート**するよう，家庭で調べておく質問や話題が与えられた。この目的のために，かなり多くの本が示唆され，子どもたちは彼らが欲する本や参照ページを見つけることが取り決められた。全般のレビューをしたり，圧縮した形で彼らが学ぶものを一緒に集めたりするという目的のために，フィスクの学校の歴史が用いられた。子どもたちは，できるだけ多くの本を使い，そして彼らの探索において両親や友達の支援を得るよう奨励された。

子どもが自分で答えを見出すことを期待された種類の質問は次のようなものの中に示されている。すなわち，宗教的には，どのような背景でピルグリムはオランダを去ろうと願ったか。彼らのオランダでの経験は新しい国でどのように役に立ったか。プリマス植民地はジェームスタウンといかに異なっていたか。なぜ彼らは統治の所在地としてプリマスを選んだのか？

学期の終わりに，重要な出来事についての全般的な概観がなされ，その下で従属的な物が集められた。それから概観は歴史についての彼ら自身の説明

第4章　実験学校のカリキュラムの実際

を**書く**のに用いられた。これは記憶テストではなく，学ばれた事実を彼ら自身で用いるために一緒に集められたり，論理的な順序で並べられたりした。彼らは，書く間中必要なときには自由に本を見てもよいこととされた。

　表現をともなって読むために，ある一定の学習が，すなわち，彼らが水彩絵の具でいろいろな場面を例解するときのように，彼らの歴史及び芸術の学習と関連して，マイルズ・スタンディッシュ（Miles standish）船長の話が取り上げられた。その目的は明確な心的な像を確保することであった。しかし，正確な表現を得るために専門的な作業が必要であり，このことが，読む声は音階と音色をもち，文章はリズミカルな質をもち，とりわけ自己指導的な呼吸は声の表現の基礎であるといった発見へと導いた。彼らは，また，身体のどのような位置がこの呼吸を確保するために必要かが分かった。この学期の終わりには，どの子どもも，彼が自分の方法で自分の物語を話す詩が求められた。」[138]

＜ラテン語（Latin）＞

　「本グループは既に２年間ラテン語を学習している。時間は，熟知していることをラテン語で得たり，次に名詞の，そして部分的には動詞の語形変化表を彼らが獲得している知識から作ることに用いられた。まず，文法の要素がそれらを理解する必要が明らかであるようなラテン語との関連の中で学習され，次に，英語に適用された。秋学期の作業は同じ方向にそって運営された。ある出来事が提供されたときには，新たな文法上の特質が説明され，そしてラテン語と英語のフォームが比較された。英語とラテン語による文章の分析がなされた。教科書（ロルフとデニソンの『ラテン語下級編』（Junior Latin Book））が使用された。この本を用いながら，テキストの部分が注意深く翻訳され，語形と解剖のために学習された。言語を理解する能力を得るという見方から，ある部分は早く読み，翻訳なしに進められた。」[139]

＜理科（Science）＞

　「子どもたちに関する限り，詳細に与えられた理科の実験は，カメラの使用，

焦点化に関するきまりの意味，遠近に関するきまりにおける直接的な関連あるいは応用であった。そして，顕微鏡，望遠鏡，魔法のカンテラ，そして鏡により合図を送る原始的な方法といった道具に進んだ。

　作業は光に関する一連の実験であり，凸レンズの像を作る中に含まれる原理を明らかにすることであった。子どもたちは影の大きさを左右するきまりを導き出し始めた。彼らは二つの実験を行った。すなわち，まず最初には，物体はそのままにして，影を受けるスクリーンが光に対していろいろと異なった距離に置かれた場合であり，2番目は，スクリーンはそのままで，物体が動かされるというものであった。この学習の結果として，子どもたちは逆二乗の法則を形成した。次に，彼らは二つの実験により，光が水から空中へと通過するときの光線の屈折を証明した。これらの実験の各々においては，少しのはんだがグラスの底に置かれ，紙紐によって視界から遮られていた。最初の事例においては，この紐がコップの低い部分に巻かれ，そして水がグラスに注がれるとき，はんだが紙の線の上でみられるようになった。第二の場合では，紐はグラスの上部分に巻かれ，はんだは紙の上と下の双方からみることができた。

　次に，プリズムの最小の反射（deviation）角の問題が取り上げられた。プリズムがテーブルに置かれ，最小の反射の位置が実験によって見出され，そしてこの垂直の基部からプリズムまでの距離はもちろん，観察者の目からテーブルまでの垂直の距離が見出された。これら二つの距離は，正三角形の二つの面から与えられ，その後三角法の表の助けで解決され，かくして必要な角度が決定された。

　次のステップは，凸レンズと凹レンズの問題であり，共役焦点に関するいくつかの作業が行われた。ろうそくが凸レンズの側に置かれ，そして他面にはスクリーンに映し出された像がある。レンズからのろうそくとスクリーンの距離が測られ，そして，その相対的な位置が変えられた後，像が再び形成されることを見出した。この学習の間，子どもたちは次のような結論に達した。すなわち，ろうそくとスクリーンが共役焦点にあるときは，像の大きさはスクリーンからレンズまでの距離とともに変化すること，共役焦点間の距

第4章　実験学校のカリキュラムの実際

離は一定ではないこと，そしてろうそくはレンズのすぐ近くに置かれるとスクリーンには像が投射されないこと，である。
　凸レンズの焦点の長さを決定する三つの方法が用いられた。すなわち(1)レンズは，その位置が離れた対象——たとえば，窓からみられる最も遠くの家——の像が可能な限り遠いことが見出されるまで，目の前を後ろへ前へと動かされるという方法。レンズから目までの距離がそのとき測定される。(2)レンズは太陽光線の紙の上に置かれる。紙の上の光の点が可能な限り小さいとき，レンズから紙までの距離が測られる。(3)ろうそくとスクリーンに関して，レンズからの等しい距離で共役焦点が見出され，そしてろうそくないしスクリーンからレンズまでの半分の距離が焦点距離としてみなされる。
　子どもたちは今や凸レンズにおける像の構成の準備ができているし，このことは教師によって与えられた次元に関して4回成し遂げられた。また，何回かの反復の学習がなされたし，入射角と反射角の補足の間の関係が図によって学習された。
　子どもたちは店でピンホールカメラを作ったり，暗い部屋でとる枠組み（frame）を作っていたので，子どもたちは写真術の最初の準備ができていた。彼らは銀板写真についての簡単な記述を与えられ，銀の硝酸カリウム及び銀の塩化ナトリウムを扱った表面への太陽光線の効果を調べるいくつかの実験がされ，そして実践的写真術の授業が与えられた。」[140]

<料理（Cooking）>
　「料理は，『初等学校記録』の4月号（No.3）で与えられたグループⅦとⅧと同じであった。」[141]

<裁縫（Sewing）。相関しての「織物」の学習：太字は筆者>
　「子どもたちは台所で作業するためのエプロンを必要としていたし，そして彼女自身でそれらを作ることが提案された。これらはモスリンを切って作られ，そして彼女たちはこのことをすること，そして昨年の春から取り組んでいたが，ミシンを使い，彼女自身のためにいくつかスカートを作ることで

183

終了することを学んでいた女性によって作られた。

　少年たちは，印刷所で使う袖付きの作業衣エプロンを必要とし，そして裁縫の時間にこのことを実行した。その時間のある部分は敷物を作るために使うケンタッキー**織機**を整経することに充てた。織機のためのいくつかの付属品は作業の開始前に理解されていた。このときまでは，彼らは，織機の大きさだけに合わせて布を織っていた植民地での織機だけを使っていた。ケンタッキー織機では，ローラーがあり，子どもたちは，梁の位置を取り，それが織られるように布を回転させ，縦糸は反対側のローラーから回転できないことを見出していた。彼らは糸，そして指揮棒を分けるために使っていた（織機の）あや取りを作った。それは，第二のあや取りとでもいうべきものであり，（織機の）梭，そしてアシから発展させたものであった。それは梁を通過する糸を規則的に保ち，布をうつことによって布をしっかりさせるものであった。スケッチに示された梁は子どもたちによって彼らが梁の上を走らせる前に糸を規則正しく通過させるために作られたものである。

　次には，本職の整経手（warper）がやってき，子どもたちにいかにして織機を整経するかを教えた。彼が僅か数インチの整経をした後には，子どもたちは手助けなしにそれを仕上げた。」[142]

＜工作（Shop）＞

「工作では，織機の留め具，窓に黒の麻布を被せて枠（frame）をフィットさせて暗い部屋を作ることに加え，子どもたちは『初等学校記録』のNo.4のp.117に示された学校での音楽のベンチに関する監視と一層困難な作業を行った。この作業には数グループが手伝ったが，しかしデザインと難しい彫刻はグループXによって行われた。」[143]

　さらに，上記に続いて，以下のような「冬及び春学期の概要」[144]が報告されている。それぞれを紹介すれば，次のようである。

184

第4章　実験学校のカリキュラムの実際

冬及び春学期の概略

Ⅰ．*歴史*。
  1．プリマスとマサチューセッツ湾の植民地
    (a) 産業，すなわち漁業，農業，鉱業，製塩，造船，鉄の製造，等々。
    (b) インディアンとの関係，すなわち1648年の同盟。
    (c) 民主的統治から代表的統治へ，すなわち行政，司法，立法部局の勃興。
    (d) プリマスとマサチューセッツ湾の植民地との統合及び特権の損失。
  2．ニューヨーク。ハドソン川の探検，ドイツの西インド会社。植民を促進させる方法。農業上の永代借地システムの発展。新しいオランダの統治。1664年のドイツからイギリス領への変化。教育，宗教，習慣。
  3．すべての植民地の復習
  4．フランスとインディアンとの戦争と結果
  5．革命の時期。植民地の条件。戦争の原因。それぞれの目的と結果に関する北部，南部そして中部植民地の宣伝戦。条約及び獲得を通しての領土の拡張。
Ⅱ．*理科*。
  1．光，すなわち写真術に例解された化学的効果，分光器とある下等有機体の光との関連を通したその利用，反射。
  2．熱，すなわち光との関連，伝導，（温帯，熱帯など地球上の五つの）地帯。
  3．生態学としての戸外の学習。根茎と新芽の機能と構造；下等植物の栄養と再生産。
  4．実験生理学，すなわち過敏性，向日性，背地性。
Ⅲ．*数学*。
  1．科学と結合した割合。
  2．用器画。
  3．計算：測定，物の出費。
  4．教科書の使用でもたらされた一般的な復習。
Ⅳ．*衛生*。
  1．位置に関する初歩的な条件。
  2．気温，空気と水の量，バクテリア，地中の水と関連した土壌の研究。
  3．家つくりの討議，すなわち欲された結果，題材の選択，建築様式。壁，すなわち基礎と内部，床張り，すなわち木材，充填物（材），そして家具。窓とドア。屋根ふき，煙突。水の供給。排水と配管。換気。暖房。照明。
  4．家を実際に造るための計画。
Ⅴ．*ラテン語*。文法。英語とラテン語による文章の分析，ラテン語の構文，ラテン語を読むことにおける流暢さ。

- Ⅵ. *裁縫*。少女はスカートとリンネルのテーブルかけの学習，ミシンの利用。少年は大きな織機での機織り。
- Ⅶ. *フランス語*。
- Ⅷ. *音楽*。声の文化と歌を歌うこと。作曲と記譜法。
- Ⅸ. *芸術*。建築の歴史。室内装飾とデザイン。
- Ⅹ. *手工*。家の建築と家具。

　そして，このグループⅩの実践報告の続き（実は，既述の冬及び春学期の学習の記録）がNo.9のカリキュラムに報告されている。それを紹介すれば，次のようである。なお，＜見出し＞は筆者がつけた。

　なお，冬及び春学期の報告者名の記載はなし。

＜クラブ・ハウスづくり。相関して，「歴史」「理科」「工作」「数」等の学習：太字は筆者＞

　「冬及び春学期におけるこのグループの作業は教育題材をその社会的経験との関連を通して相関させる可能性についての具体的な実例を供給した。年長の子どもたちによるクラブの組織，そして写真のために活用される暗室のための何人かの必要とともに，彼ら自身のミーティング・ルームの欲求は，家の衛生，建築，内装飾り，木工品そして議会法における学習の出発点であった。子どもたちは学校の敷地におけるクラブ・ハウスの選択は可能なプランであると決定した。彼らはクラブを組織し，建築，建物，衛生，財源，そして装飾に関する委員を任命した。いろいろな部の教師の指示の下で，彼らは**建物の場所を選び，計画を作り，値段を見積もり，装飾の計画を実行し，家具のデザインを作り，そして小さな家を実際に作ることに関するかなりの部分を行った**。さらに，その作業は，それができるにつれ，クラブの動きが始まった小さな徒党の精神という悪い側面を追い払うという顕著に倫理的・社会的な任務を達成した。子どもたちが大きな数の**共同**によって与えられる可能性を理解するにつれ，排他的であることから，総括的になった。クラブは部単位となり，それぞれに写真，植物学等々の課ができ，そして教育クラブと命名された。メンバーは低学年から選ばれ，いろいろな委員が個人的な好

第4章　実験学校のカリキュラムの実際

みではなく，むしろそれらに課された責任への適切さによって任命された。

　場所の選択は，建物において考慮されなければならない土壌の形成，そして排水，気候，光の向き，風邪，等々の条件の配慮に関する学習で端緒を開かれていた。都市と田舎で必要とされることがらの比較が留意された。グループの各メンバーは後に，すべてこれらの特質を頭に入れながら，家の計画を作るように求められた。彼らはその後，シカゴの**地理**を学び，その排水は運河によって影響されたことを学んだ。この学習は換気装置，湿気を防ぐ正しい条件，等々に関する詳細さの学習を必要とした。

　建築の学習はスタジオでされた。子どもたちは"もっともよい建物"という建築の定義に辿り着いた。

　彼らの作業の中で用いられるべきスタイルの決定の前に，彼らは建築の**歴史**をスケッチし，ギリシャとエジプトはまぐさ石の家であり，ローマのは丸い弧であり，ヨーロッパのはゴチック建築とサラセン風の建築に関する鋭い弧であることを見出した。彼らのクラブ・ハウスのために最後に選んだスタイルは"まさに私たちがそれを作ることができる植民地と同じもの"であった。彼らはまた装飾や家具を討議し，美と有益さのみが存在のための理由であること，そして必要な物品の中にあって，最初のランクに位置するものは強さ，耐久性，そして材料の適切さであり，第二にランクされるものは形，色，材料の質，そして一貫したスタイルへの考察を要求することを決定した。彼らの建築の学習は**古代建築のスケッチや模型，絵画の研究，そして野外博物館へ**の旅行を含むものであった。この学習に加え，**遠近法の研究**のための戸外でのスケッチが春学期中続けられた。」(145)

＜理科（Science）。相関しての「読み」の学習：太字は筆者＞

　「冬学期の理科は光の学習の続きであったが，しかし今や，その性質に関するいろいろな科学的理論の歴史の側面に関してであった。子どもたちは視界に必要な条件，すなわち目の範囲内における対象の出現，不透明な物体の介在からの妨害の欠如，そして光の出現を述べることによって始めた。その後，教師は古代ギリシャの異なった理論，16世紀の粒子説等々を簡潔に述べ，

187

留意させるべき4条件を説明するために各々をテストした。その後，波の理論が述べられ，それに対する難点が議論された。光の波の動きが1個のゴム管の振動によって大まかに例解された。音叉及びひもを振動させる実験が妨害の原理を明らかにするために用いられた。干渉計の使用がそれから説明された。次にスペクトル及び分光器の学習が続いた。白い光の合成が実験によって説明された。振動の速度と張力及び長さに対する関係がゴム管の使用によって明らかにされた。スペクトルの分析及びその使用によってなされた最近の発見に関する簡潔な学習はその学期の記録を書き留める前の最後の学習であった。

　春学期には，子どもたちは植物学の学習を行った。彼らは次のような事実を公式化しながら，葉の機能に関する知識のレビューを始めた。その公式化というのは，葉は光を受け，水分を発散させ，二酸化炭素を吸収し発散させるというものである。彼らは，いろいろな植物を学習するために，いろんな種類の種をまいた。その後，彼らは葉の中に見出されるでんぷんの分量に対する光への露出の効果を示すいくつかの実験を始めた。成長する植物の葉は上下を固定する薄いコルク片によって光から遮られた。そして，葉緑素が目に見えて減るのを見出したとき，遮られていた葉の部分が，葉緑素を取り去るためにアルコールの中で煮た後，ヨウ素で検証された。でんぷんは見出されず，そして子どもたちは光はその形成にとって必要であることを結論づけた。光を遮られていた葉に対して，他の実験が葉の上面及び下面からの，しかも日中と夜中等々における蒸発の速さの比較のために行われた。この実験的作業は同時に，ベイリーの『植物を使ったレッスン』（Lessons with Plants），クルターの『植物の関係』（Plant Relations），ウィードの『10のニュー・イングランドの花』（Ten New England Blossoms），そしてコーネル農業試験場のリーフレットの**読書**とともに遂行された。子どもたちはまた，花の部分及び機能の学習を行った。あやめ，ノウゼンハレン，そして野生のからし色の花が特別な学習のために選ばれた花であった。」[146]

＜歴史（History）＞及び＜現在の出来事（Current Event）＞

第4章　実験学校のカリキュラムの実際

　「すでにグループⅨのために示された歴史に加え，このグループはある時間を現在の出来事に関して過ごした。すなわち，南アフリカの戦争，プエルト・リコの政府，議論されたトピックの間にある大陸横断鉄道を学習した。プエルト・リコの事態に関する彼らのコメントは，もしイギリスがプエルト・リコを取り扱ったことはもちろんアメリカの植民地を取り扱ったなら，そして植民地の人々が自分自身を世話することができるように租税していたなら，革命は生じなかったというものであった。
　大陸横断鉄道プロジェクトの実際の進歩をなす前に，彼らは地図を点検し，可能な計画について討議した。ジブラルタル半島に橋をかけるのがよいか，それとも下にトンネルを掘るかに関して大いに議論があった。しかし，結局は後者の計画がその日の支持を得た。彼らはその後，実際にそのような事業を行う計画を教えられた。中国を横断する鉄道を討議しながら，子どもたちは西洋文明の進歩に対して中国によって示された反対にひどく感銘を受け，そして中国はかって世界の便益になるどんなことをしたかを尋ねた。この議論の中で子どもたちの一人は次のように言った。すなわち，"国家はまさに人々のようである。最初，彼らは小さいが，次第に大きく成長し，そして死ぬ。その後，他の国家がやって来，そして彼らがなしたことを取り上げ，それを続ける"と言った。」[147]

＜フランス語（French）＞
　「彼らのフランス語では，グループは現在，過去，未来における動詞の形に特に注意を払った。再帰動詞が学習され，そしてその形を固めるために，それらは，その題材のために，地域の散歩をしながら会話をする過程の中で力説された。フランス語における冠詞の使用は英語の使用と比較され，会話や練習においては，フランス語の冠詞と形容詞の変化が名詞と一致して強調された。」[148]

＜音楽（Music）＞
　「彼らの音楽の時間においては，子どもたちは和声法の学習を始めた。こ

の点は，子どもたちが一緒によく音を出す音程を聞き，そして識別しながら，音階をひくことによって導入された。」[149]

＜数（Number）。独立的な扱い，及び相関しての「クラブ・ハウスづくり」の学習：太字は筆者＞
　「数における形式的な学習は冬学期で始められた対数及び比例の学習の続きであった。また，**クラブ・ハウスの計画**は屋根の角度を導き出すために，幾何学における付加的な学習を必要とした。」[150]

＜ラテン語（Latin）＞
　「冬学期のラテン語は語形変化及び文章の分析の原理の復習から始められた。彼らの上級読書はローマの歴史からの物語及びホラチウスの合唱歌から成っていた。視唱，書いて再現すること（written reproduction），そして口述筆記はこの題材に基礎付けられていた。ホラチウスの読みの中から見出した慣用句は特に注意を引いた。子どもたちは関係代名詞及び指示詞のための活用例を形式化した。そして，複文の分析及び独立した翻訳のために書いた語彙の使用を始めた。その年の学習は全般的な復習で結論づけられた。」[151]

＜表現（Expression）＞
　「以前に示唆されたように，特別な音声作業が実施され，グループの各々の子どもは彼の作業の基礎として切り離された詩を学んだ。息継ぎ及びリズムに大きな注意が置かれた。」[152]

＜裁縫（Sewing）。相関しての「数」の学習：太字は筆者＞
　「少年，少女たちは裁縫の時間中分けられ，少年たちは大きな織機で作業し，少女たちはスカートを作った。少女たちは，また，数時間を年少の子どもたちのための作業の準備にあてた。**数**が新しく使用される題材のコストの計算を通してもたらされた。」[153]

第4章　実験学校のカリキュラムの実際

＜工作（Shop）＞
「クラブ・ハウスの作業に加え，作業室はスクリーンの枠つけ，織機のあや取り（縦糸を通す平行に並んだ針金），そして写真に使用するカメラの留めピンづくりより成っていた。」[154]

＜体育（Physical Exercise）＞
「春学期中，身体運動の時間は通常，戸外で過ごされ，その時間はゲームそしてドリル練習とに二分されていた。」[155]

第10節　中等教育期のカリキュラムについて

第1項　実験学校における中等教育期のカリキュラムの特質

　以上9節までが『初等学校記録』に収められている実験学校の各グループのカリキュラムの実際の報告である。年齢にすれば13歳で終了している。
　ところが，メイヒューとエドワーズの『デューイ・スクール』には，さらに「14・15歳のカリキュラムの特質」が紹介・検討されている。考えてみれば，学年進行に沿ってそれぞれ上級グループに移行していくと仮定すると，『初等学校記録』で13歳であった児童が，さらに実験学校に残り，そのためのカリキュラムの紹介を彼女たちがしているのだと思えば何らの問題もないであろう。
　ところで，ここで改めて着目したいこととして，実験学校にいた中等教育期に属する子どもの扱いがある。すなわち，実験学校では，初等学校カリキュラムのみならず中等教育カリキュラムも存在していたのか否かという問題である。
　実は，実験学校開設当時においては，6歳から14歳までの8ヵ年を初等学校，そして14歳から18歳までの4ヵ年を中等学校とする学校制度区分が一般的であった[156]。ところが，デューイ自身は，中等教育年齢をもっと早い12歳ないし13歳以降と考え，それ以前を初等教育期として考えていたように思

191

われる[157]。

　すると，既に明らかなように，本論文では，グループⅨ（12歳），グループⅩ（13歳）を紹介したが，彼らのカリキュラムは，実は"中等教育期"のカリキュラムといっても間違いではないようなものであったともいえよう。ところが，思い出すと，グループⅨの報告でも，またグループⅩの報告においても，それ以前とことさら異なった扱いはみられなかった。むしろ，それ以前のグループの報告と同じように作業を進めることができた。つまり，実験学校には，ことさら初等と中等とを区別するようなカリキュラムは存在しなかったのではないかと思われるのである。

　このため，再度そのカリキュラムの特質を紹介するにしても，教科名を掲げるのみで十分にその真意を伝えることができる。それを掲げると，次の表のようになる。すなわち，初等段階の年齢期にあっても，あるいは中等教育年齢期にあっても同じように考えることができるのである。なお，表には，違和感がなかったことを示すために，グループⅧ（11歳）とともに，メイヒューとエドワーズの紹介にある「13歳」及び「14・15歳」のカリキュラムの分析的検討結果も載せることにした。

表　11歳〜15歳までのカリキュラム

教　科　名	1899−1901年度			The Dewey School	
	11歳（Ⅷ）	12歳（Ⅸ）	13歳（Ⅹ）	13歳（Ⅹ）	14・15歳（Ⅺ）
歴　　　史	○	○	○	○	○
理　　　科	○	○	○	○	○
料　　　理	○	○	○		○
裁　　　縫	○	○	○		
織　　　物	○	○			
工　　　作	○	○	○		○
数（数学）	○	○	○	○	○
音　　　楽	○	○	○	○	○
芸　　　術	○	○	○		○
ラテン語	○	○	○		○
フランス語	○	○	○		○

第4章　実験学校のカリキュラムの実際

体　　育	○	○	○		
クラブ・ハウスづくり		○	○	○	○
言語(読む書く)	○	○	○	○	○

注：
1）表中，料理，裁縫，織物，工作，芸術，ラテン語，フランス語，体育，クラブ・ハウスづくりに関して，○印のない時期・年齢がみられるが，それらは実施されなかったというより，スペース等の関係で報告されていなかったものと考えられる。

　さて，表をみると，中等教育期のカリキュラム構成がそれ以前のそれと異なっていたという印象を与えない。各グループで報告されている"教科名"が異なるわけでもないし，また，中等教育期から"選択"が始まるとか選択教科が増えるということでもない。それどころか，この表には省略しているが，各グループの教科内容において，それは以前のグループと同じであることに言及しているケース（たとえば，Ⅸ及びⅩグループの料理はⅦ，Ⅷグループと同じとか，Ⅸの工作の一部はⅧと同じ等）がみられたりする。初等期と中等期との違いが明確でないというか，むしろ初等カリキュラムを延長して中等のそれとするといった印象すら受けるのである。メイヒューとエドワーズの紹介・検討している14・15歳のカリキュラムにおいても，このような特質を裏付けているといえよう。

　なぜであろうか。それについて，彼女たちは次のようにいっている。すなわち，グループⅩ（13歳）の報告に際して「当校の年長の子どもたちのための，そして，とりわけグループⅪ及びⅫのためのプログラムは，……（中略）……あまりにも短かったので，小学校期の終わり及び中等教育期の始まりのために，これらの試験的な始まりを改訂することはできない。」[158]——そしてまた，グループⅪ（14・15歳）の報告に際して「当校の早い終息のゆえ，この年齢のコースの多くは一度，あるいは多くて二度繰り返された。……（中略）……このグループが当校の連続的に発達するプログラムに従う者のみでなっていたら，そして大学入学試験の要求によって妨げられることがなかったら，年長の子どもたちのいろいろなコースは疑いもなく，記録に現れているものとははるかに異なったより論理的な計画や暗示が続いたであろう。」[159]といっ

193

ている。つまり，中等教育期の子どもは実験学校にいたが，しかし該当する年齢の子どもたちの在学する期間が短かかったうえ，大学入試の準備に追われ，この期ならではのプログラムは未開拓であったことが示唆されているのである。

第2項　先行研究にみられる中等教育期のカリキュラムの問題点

　デューイの中等教育研究に詳しい松村は次のように述べている。すなわち，「……彼（デューイ——筆者注）がアカデミックな教育と職業教育とに分離する二重制度（dual system）に反対し，総合学校制度（comprehensive school system）を提唱していることである。例えば，シカゴ大学の附属ハイ・スクール設立時の声明では，『ハイ・スクールによって提供される課程は，できるかぎり中等教育のカリキュラムに属するすべての学科を含むように配置されている。それは，この学校での学習を最後に正式の教育を終える学生を対象に組織的で実際的な訓練をなすとともに，カレッジや工業学校入学のための，十分な準備もする。』と言明しており，カリキュラムにコース別編成を採用し，古典語コース，現代語コース，科学コース，工業コースを設定し，ある種の学科（国語・数学・歴史・科学）はすべてのコースで共通に学習されるべきであるとしている。」[160]と。

　ここにいう「彼が……提唱していることである。例えば，……設立時の声明では……と言明しており，カリキュラムは……べきであるとしている。」を見ると（読むと），あたかもデューイ自身がカリキュラムのコース別編成を提唱し，それが設立時の彼の声明であったかのようである。

　しかし，なぜか上記の引用文には＜注＞がない。調べると，多分，松村が別の部分で引用しているワース（A. G. Wirth）の本の中の「注51」で記述されている部分の翻訳であろうことが分かる[161]。

　そこでワースの「注51」部分をみると，その箇所はデューイからではなく，グスタフソン（David Gustafson）がシカゴ大学教育学部に提出した修士論文からの引用であることが分かる[162]。そこで，次に，そのグスタフソンの修士論文を調べると，カリキュラム案の引用の前に「カリキュラムに関連し

第4章　実験学校のカリキュラムの実際

て，シカゴ大学附属ハイ・スクールの最初の案内（announcement）は次の一般的な声明（statement）をなしている。」[163]と前置きし，そのうえで先に引用されたカリキュラム案を紹介しているのである。そして，彼は，その出典として，Minutes of the Meetings of the General Committee of the University High School の中の「学校の１年間の授業料，入学許可等の取り決めに関する最初の声明」[164]からであることを示しているのである。

　ちなみに，彼自身は，シカゴ大学附属ハイ・スクールのカリキュラムの特質について「新たなカリキュラムは，まず，大部分現存の（統合されるサウス・サイド・アカデミーと手工学校との──筆者注）学習指導要領の組み合わせ（combination）であった」[165]と評している。

　牧野も，松村と同様な誤謬に基づく引用をしている。すなわち，彼は「……デューイの提案した具体的なカリキュラムを吟味して見ようと思う。それはワース氏の前記の書物（John Dewey as Educator──筆者注）に載っていて，多分松村氏もよく検討されたものである。1903年にデューイ・スクールとパーカー・スクールと，他の二つの中等学校が統合されて，シカゴ大学のもとの教育学部のアンダーグラジュエイト・コースに合併されて，同大学の教育学校（教育学部ではなく）ができた。そのときデューイはそれのハイ・スクール部の長を兼ねることにきまっていたが，そのときの彼の所信表明の中にそのハイ・スクールのカリキュラム案がのっている。それによると四つのコースがあり，各コースはそれに特有の科目と四コースに共通の数科目とから成る必修と，選択の数科目とから成っている。各コースごとの特有科目と必修科目──カッコ内は学習年次──は次のごとくである。……（中略）……」[166]と述べているのである。

　筆者は，これらの検討を通して，①デューイが実験学校における中等教育期の具体的なカリキュラム案を提示することはなかったこと，②松村や牧野が依拠していると思われるワース自身はグスタフソンの修士論文に依拠しており，その修士論文には，引用するシカゴ大学附属ハイ・スクールのカリキュラムがデューイのものであるとはいっていないこと等が明らかになったことと思う。

なお，小柳はシカゴ大学附属ハイ・スクールのカリキュラム案を紹介しているが，その＜脚註＞としてグスタフソンの同論文をあげており，それがデューイのものであるといった誤解を与えていない[167]。賛意を表したい。

註

(1) *The Elementary School Record*, No.5, Kindergarten, June, 1900, pp.130−131.
(2) Ibid., pp.131−132.
(3) Ibid., pp132−137.
(4) Ibid., p.137.
(5) Ibid., p.137.
(6) Ibid., pp.137−138.
(7) Ibid., pp.138−139.
(8) Ibid., pp.139−141.
(9) Ibid., pp.141−142.
(10) *The Elementary School Record*, No.1, Art, February, 1900, pp.15−16.
(11) Ibid., pp.17−18.
(12) Ibid., pp.18−19.
(13) Ibid., pp.19−20.
(14) Ibid., p.20.
(15) Ibid., pp.20−21.
(16) *The Elementary School Record*, No.6, Science, September, 1900, pp.167−168.
(17) Ibid., p.168.
(18) Ibid., pp.168−169.
(19) Ibid., p.169.
(20) Ibid., p.169.
(21) Ibid., pp.169−170.
(22) Ibid., p.170.
(23) Ibid., p.170.
(24) Ibid., p.170.
(25) *The Elementary School Record*, No.1, Art, February, 1900, p.23.
(26) Ibid., pp.24−27.
(27) Ibid., p.27.

第 4 章　実験学校のカリキュラムの実際

(28)　Ibid., pp.27 − 28.
(29)　Ibid., p.28.
(30)　Ibid., p.28.
(31)　Ibid., pp.28 − 30.
(32)　*The Elementary School Record*, No.6, Science, September, 1900, pp.170 − 172.
(33)　Ibid., p.173.
(34)　Ibid., p.173.
(35)　Ibid., p.173.
(36)　Ibid., p.173.
(37)　Ibid., p.173.
(38)　Ibid., p.173.
(39)　*The Elementary School Record*, No.2, Music, March, 1900, p.53.
(40)　Ibid., pp.53 − 57.
(41)　Ibid., p.57.
(42)　Ibid., pp.57 − 58.
(43)　Ibid., p.58.
(44)　Ibid., p.58.
(45)　Ibid., p.58.
(46)　Ibid., p.58.
(47)　Ibid., pp.58 − 59.
(48)　*The Elementary School Record*, No.7, Manual Training, October, 1900, pp.186 − 189.
(49)　Ibid., p.189.
(50)　Ibid., p.189.
(51)　Ibid., p.189.
(52)　Ibid., p.189.
(53)　Ibid., pp.189 − 190.
(54)　*The Elementary School Record*, No.2, Music, March, 1900, pp.59 − 61.
(55)　Ibid., pp.61 − 62.
(56)　Ibid., p.62.
(57)　Ibid., p.62.
(58)　Ibid., p.63.
(59)　Ibid., p.63.
(60)　Ibid., pp.63 − 64.

(61) Ibid., p.64.
(62) Ibid., pp.64 – 65.
(63) *The Elementary School Record*, No.7, Manual Training, October, 1900, p.190.
(64) Ibid., pp.190 – 192.
(65) Ibid., pp.192 – 193.
(66) Ibid., pp.193 – 194.
(67) Ibid., p.194.
(68) Ibid., p.194.
(69) Ibid., p.194.
(70) Ibid., p.194.
(71) *The Elementary School Record*, No.3, Textiles, April, 1900, p.86.
(72) Ibid., pp.86 – 87.
(73) Ibid., p.87.
(74) Ibid., p.87.
(75) Ibid., p.87.
(76) Ibid., p.88.
(77) Ibid., p.88.
(78) Ibid., p.88.
(79) Ibid., p.88.
(80) Ibid., p.88.
(81) Ibid., pp.88 – 89.
(82) Ibid., p.89.
(83) Ibid., p.89.
(84) Ibid., p.89.
(85) Ibid., pp.89 – 90.
(86) Ibid., p.90.
(87) *The Elementary School Record*, No.8, History, November, 1900, pp.210 – 211.
(88) Ibid., pp.211 – 212.
(89) Ibid., p.212.
(90) Ibid., p.212.
(91) Ibid., pp.212 – 213.
(92) Ibid., p.213.
(93) Ibid., p.213.

第４章　実験学校のカリキュラムの実際

(94) Ibid., pp.213−214.
(95) Ibid., p.214.
(96) Ibid., p.214.
(97) Ibid., p.214.
(98) *The Elementary School Record*, No.3, Textiles, April, 1900, pp.91−92.
(99) Ibid., pp.92−93.
(100) Ibid., pp.93−94.
(101) Ibid., p.94.
(102) Ibid., pp.94−95.
(103) Ibid., p.95.
(104) Ibid., p.95.
(105) Ibid., p.95.
(106) Ibid., p.95.
(107) Ibid., p.95.
(108) Ibid., p.95.
(109) Ibid., pp.95−97.
(110) Ibid., p.97.
(111) *The Elementary School Record*, No.8, History, November, 1900, p.214.
(112) Ibid., pp.214−215.
(113) Ibid., p.215.
(114) Ibid., p.215.
(115) Ibid., p.215.
(116) Ibid., p.215.
(117) Ibid., p.215.
(118) Ibid., pp.215−216.
(119) Ibid., p.216.
(120) *The Elementary School Record*, No.4, Botany, May, 1900, pp.114−115.
(121) Ibid., pp.115−116.
(122) Ibid., p.116.
(123) Ibid., pp.116−117.
(124) Ibid., p.117.
(125) Ibid., pp.117−118.
(126) Ibid., p.118.

(127) Ibid., p.118.
(128) Ibid., p.118.
(129) *The Elementary School Record*, No.9, Curriculum, December, 1900, p.233.
(130) Ibid., pp.233−235.
(131) Ibid., pp.235−236.
(132) Ibid., p.236.
(133) Ibid., p.236.
(134) Ibid., p.236.
(135) Ibid., p.236.
(136) Ibid., p.237.
(137) Ibid., p.237.
(138) *The Elementary School Record*, No.4, Botany, May, 1900, pp.119−120.
(139) Ibid., p.121.
(140) Ibid., pp.120−122.
(141) Ibid., p.122.
(142) Ibid., p.122.
(143) Ibid., p.122.
(144) Ibid., pp.122−124.
(145) *The Elementary School Record*, No.9, Curriculum, December, 1900, pp.237−238.
(146) Ibid., pp.238−239.
(147) Ibid., p.239.
(148) Ibid., pp.239−240.
(149) Ibid., p.240.
(150) Ibid., p.240.
(151) Ibid., p.240.
(152) Ibid., p.240.
(153) Ibid., p.240.
(154) Ibid., p.240.
(155) Ibid., p.240.
(156) 市村尚久『アメリカ六・三制の成立過程』早稲田大学出版会，1987，pp.160,177,186−187.
(157) デューイは，発達区分を四期に分け，第四期（一般に13歳〜18歳）の「形式化」の時期を中等教育期と考えたり（John Dewey, "The University

第4章　実験学校のカリキュラムの実際

　Elementary School", *The President's Report* : 1897-1898, The University of Chicago, p.233.)，あるいは成長の段階として第一～三期を示し，第三期を「中等教育との境界地にある」という。なお，彼はその際，年齢を明示していないが，第二期との関係からすれば12歳以降ということになろう（John Dewey, "The Psychology of the Elementary Curriculum," *The Elementary School Record*, Number Nine, Curriculum, The University of Chicago Press,p.232.)

(158)　Katherine C. Mayhew and Anna C. Edwards, *The Dewey School: The Laboratory School of the University of Chicago 1896-1903*, 1936, 1965, Atherton Press, p.220.

(159)　Ibid., pp.237-238.

(160)　松村将「デューイ中等教育論」『日本デューイ学会紀要』第10号, 1969, p.19.

(161)　Arthur G. Wirth, *John Dewey as Educator*, 1966, John Willy & Sons, Inc., pp.228-229.

(162)　Ibid., p.229.

(163)　D.Gustafson, The Origin and Establishment of The University High School of The University of Chicago, *A Dissertation submitted to The Graduate Faculty in Candidacy for The Degree of Master of Arts, Department of Education,* June, 1927, pp.101-102.

(164)　Ibid., p.101.

(165)　Ibid., p.103.

(166)　牧野宇一郎『デューイ教育観の研究』風間書房, 1977, pp.634-635.

(167)　小柳正司「シカゴ大学時代のジョン・デューイの書簡について(5)―シカゴ大学教育学部の組織改革案をめぐって：1902～1903年」『鹿児島大学教育学部研究紀要』第58巻, 2007, pp.78-79.

第5章　実験学校のカリキュラム編成の原理的特質

　最後に，第4章で紹介・検討したような実験学校カリキュラムの編成原理をどのように考えることができるであろうか。このようなとき，筆者は，以下のようなカリキュラム編成における八つの原理を取り出すことができるのではないかと考えている。

　デューイ自身，どの論文や著書にも，実験学校カリキュラムの編成原理はこのようなものであるといった説明なり言及をしているわけではない。このため，識者によっては，また本論とは異なるカリキュラムの編成原理を取り上げるかも知れない。このような意味で，以下の八つの編成原理は，あくまでも筆者の考えた原理である。

　なお，扱う文献としては，既に第1章第4節第2項で言及したように，シカゴ大学附属実験学校での研究の方針や実践の成果を発表したデューイの著書・論文（このため，1915年の『学校と社会』までのものを活用），あるいは実践やその開設理由なり考え方を述べている『大学広報』や『初等学校記録』（もっとも『初等学校記録』にあるデューイの執筆論文のほとんどは『学校と社会』（1915年）に収められている）に限定することにした。このため，読者は，デューイの後の論文・著書等における必修概念である「経験（experience）」「生長（growth）」「反省的思考（reflective thinking, thought）」「探究（inquiry）」等が出てこないことに奇異の感を覚えるかも知れない。

第1節　小型の社会としての学校のカリキュラムの編成

　一つ目は，編成されるカリキュラムは，学校が小型の社会であるように編成されなければならないという原理である。

第5章　実験学校のカリキュラム編成の原理的特質

　周知のように、デューイは、実験学校開始後の3年目に、親、学校関係者等を前に教育講演会を開いた。第1回目は「学校と社会の変化」と題するものであったが、そのなかで、彼は、後年の、とりわけ世界恐慌後の"教育による社会改造"という基本的視座やそのための提案等のためのほぼ具体的な内容を示しているように思われる。たとえば、宮原も、その翻訳である『学校と社会』の解説において、「教育理論の面でのデューイの活動は、『学校と社会』から、『民主主義と教育』にいたる、小社会としての学校の理論の展開の時期にたいして、三〇年代以後いちじるしく社会にかたむき、社会の改造と教育との関連が一貫して追求されている。しかし、このばあいにも、『学校と社会』以来のデューイの教育理論の基本的性格は少しもかえられていない。」[1]といっている。

　だから、カリキュラムについていえば、カリキュラムはこのような社会の改造へと連なるものとして構想され、編成される必要があるということになるであろう。

　デューイは、19世紀末から急速に進んでいる社会の変化は、結局は、科学技術の進歩とそれの社会的適用ということに求められるものであるが、次のように述べている。すなわち、「最初にうかんでくる変化は、……産業上の変化、すなわち広大かつ廉価な規模で自然の諸力を利用するというすぐれた発明より生じてくる科学の適用である。すなわち、生産の対象としての世界的な規模の市場の発達、この市場に供給するための広大な製造業のセンターの発達、すべての市場の部分への交通及び分配に関する廉価で急速な手段の発達である。……すべての歴史においてかくも急速で、多面的で、完全な革命が起こったことを人々はほとんど信じることができない。それを通して地球の表面は、その物理的な形すらも作りかえられている。すなわち、政治的な境界は、あたかもそれらは真に紙地図上の線であるかのように、消されたり動かされている。住民は、地球の端から都市へと急いで集まっている。生活習慣は驚くべき速さで、そして徹底さでもって変えられている。自然の真理の探究は無限に刺激され促進され、そして生活へのその適用は実際的のみならず、商業的にも必要である。その性質において最も深く横たわっている

がゆえ最も保守的である。私たちの道徳的そして宗教的な観念や興味でさえ深く影響されている。」(2)と。社会の変化が産業上の変化をもたらすと同時に，地球の物理的側面，政治的側面，そしてもっとも変わりにくいと考えられている人間の道徳的，宗教的信念にまで，まさに広範に，かつ徹底的に生じていることを驚きをもって述べている。

　それでは，このような社会の劇的変化の中で，学校はどのように対応していく必要があるであろうか。学校のカリキュラムはどのように変化しなければならないであろうか。このようなとき，既述のように，デューイは教育の大切さを主張するのである。社会の変化に応じていくことはもちろん，それ以上に，むしろ社会の変化を先導さえしていく学校のあり方を模索するのである。

　なぜこのことが可能になるかといえば，次のような社会観があるからだと私は思う。すなわち，「社会とは，彼らが，共通の線に沿って，共通の精神の中で，そして共通の目的を持って働いているが故に結合されている一定数の人々である。」(3)といった社会観である。つまり，社会を共通の目的をもち共通の精神で共通の線に沿って働く一定数の人々であるといったように，社会の基本的特質を人間的特質に求めている。だから，逆にいえば，社会を変え，変化させるには何よりも人間に共通の目的をもたせ，その下で人々が生活するようになることが最も寛容だということになるのである。まさに「私は，教育は社会進歩と改革の根本的方法であると信ずる。」(4)というゆえんである。

　それでは，現実の学校にとって何がもっとも大切なことであろうか。デューイは「学校」にどのようなことを期待したのであろうか。

　彼によれば，「現在，産業の集中と労働の分化は，少なくとも教育目的にとって，実際上家庭や近隣のオキュペイションを排除した。」(5)という。そのため，真の問題は「学校に，生活の他の側面を代表する何かを，——すなわち個人的な責任を厳しく必要とし，また子どもを生活の物理的現実との関係で訓練するようなオキュペイションを導入すること」(6)であるという。

　そして，このようなところから彼は，いわばオキュペイションを取り入れ

第5章　実験学校のカリキュラム編成の原理的特質

ようとする当時の学校の新しい傾向に注目しながら，次のような傾向を批判——逆には自らの主張をなすのである。すなわち，「私たちは学校に目を転じるとき，現在の最も顕著な傾向の一つは，いわゆる手工（manual training），工作室作業（shopwork），そして裁縫や料理といった家庭技芸（household arts）を導入しようとすることである。」[7]という。しかし，これらは「以前は家で行われていた訓練の要因を供給しなければならないという『目的に基づいて』なされているのではなく，むしろ本能によって，あるいはそのような作業は生徒の活力ある支えを得たり，彼らに他のやり方では得させることはできない何かを与えるという経験や発見によってなされている」[8]にすぎない。あるいは，このような作業は「生徒の十分自発的な興味や注意」を引きつけるとか，生徒を「受動的かつ受容的ではなく，機敏かつ活動的にする」とか「ある程度，後の生活の実際的な義務のために準備する——たとえば，女子であれば，実際に料理や針でなくとも，より効率的な家の管理人であるとか，男であれば将来の職業に備える。」[9]ものとして導入されているというのである。

すなわち，「学校では，追求される典型的なオキュペイションはすべて経済的圧力から自由である。目的は，生産物の経済的価値ではなく，社会的力と洞察の発達である。学校におけるこれらの実際的活動を芸術と同盟させ，科学と歴史のセンターとするのは，狭い実益からのこの開放（liberation）であり，人間精神の可能性に対するこのオープンさ（openness）である。」[10]と。

さて，このように考えていくと，急速に資本主義的な社会へと変貌する中にあっても，デューイが求めたのは，いわばフェイス・ツー・フェイスの関係を基調にする地域社会であり，そこでオキュペイションを中心としながら子どもも大人もともに生活しながら大きくなっていく地域社会にモデルを求めようとするといえよう。

実際，彼はいう。「私たちは，木材や金属，機織り，裁縫，料理を，異なる学科としてではなく，生活及び学習の方法として考えなければならない。」[11]と。というのも，「私たちは，それらの社会的な意義を考えなければならない。すなわち，それによって社会がそれ自身歩み続ける過程の典型として，

205

子どもにコミュニティ生活の原初的な必要のいくつかを家に持ち帰らす機関として，そしてこれらの必要が人の成長する洞察及び才能によって満たされる方法として，端的に，それを通して学校それ自身，課業を学ぶための別に設けられた場所としてではなく，活動的なコミュニティ生活の純粋な形をなす道具として考えられなければならない。」[12]と考えるからである。あるいは，「理想的な家庭が拡大されなければならない。……この学校では，子どもの生活がすべての支配目的となる。子どもの成長を促進させるのに必要なすべての媒体がそこに集中する。学習は？——確かに行われる。しかし，第一には生活であり，そしてこの生活を通して，この生活に関連して学習するのである（learning through and in relation to this living）。」[13]と。

端的に，「学校は，将来なされるであろうある可能な生活への抽象的かつ遠い関係を持つ課業をただ学ぶ場所ではなく，それ自身を生活と合併し，彼が方向付けられた生活を通して学ぶ子どもの生息地となる機会をもつ。学校は小型の地域社会（a miniature community），胎芽的な社会（an embryonic society）となる機会を得る。このことが根本的な事実であり，そしてここから教授の連続した秩序ある流れが起こるのである。」[14]といえよう。

第2節　心理化されたカリキュラムの編成

＜心理的要因と社会的要因との調整＞

デューイは，カリキュラムを学科の集まり，あるいは子どもが学ぶべきものとして予め子どもに対して措定されているものであるといった見方，考え方に反対する。すなわち，彼は，一方に「カリキュラム，ないしは教授の教材」を客観的で，（子どもの心理等への言及なしの）社会的で論理的な考察を考え，他方で「方法」を個人の過程，興味，力から考察しようとする当時の傾向を「二元論」（dualism）として厳しく批判する[15]。

だから，彼の場合，たとえばカリキュラムとは学問の成果であるといって，いうなれば大人，もっといえば社会がこれこれのものが必要であり，だから学校でこれらを子どもに学ばせる必要があるといった考え方はとらない。こ

第5章　実験学校のカリキュラム編成の原理的特質

んなカリキュラム観は大人中心，学科・学問中心であり，子どもの外に中心があるといえよう。彼によれば，「重力の中心が子どもの外にあるということによってまとめられるかも知れない。子ども自身の直接的な本能や活動以外の，教師，教科書，あなたが望むありとあらゆる場所の中にある。その基礎の上には，子どもの生活についていわれることが何もない。」[16]ということになる。そして，この重力の中心の移動が大切であるという。すなわち，「今や私たちの教育にやってきている変化は重力の中心の変更である。それは，コペルニクスによって天体の中心が地球から太陽へと変更したときと同じような変化であり，変革である。この子どもが，そのまわりを教育の諸装置が回転する太陽となる。すなわち，彼はそれらが組織される中心である。」[17]と。

しかし，他方，だからといって，今度は逆に，カリキュラムとは子どもが学ぶ内容の一切であり，極論すれば，子どもが学んだものの総体だと考えてはならない。カリキュラムは，子どもの学習に先だって予め考えることはできないといった考え方でもない。あるいは，ただ活動させればよい，生活させればよいというものでもない。

彼がいうゆえんであろう。「すべての教育の究極的な問題は心理的要因と社会的要因との調整である。心理的には，個人がすべての彼の個人的力の自由な使用をもつことを必要とする。……社会的要因は個々人がすべてのその重要な関係において，彼が生活している社会的環境と親しくなることを必要とする。」[18]と。まさに，彼の場合，カリキュラムを考えるとき，社会的要因と子どもの心理的要因の双方から考えられ，両者の要求を満足すべきことが要求されているといえよう。

では，両者の調整はいったいどのようになされるのであろうか。そのためには，どのように考えればよいのであろうか。

彼によれば，「子どもの経験の外に，それ自身固定した既成の何かとしての教材という考えを捨てよ。また，子どもの経験を硬直し固定した何かとして考えることをやめよ。そして，それを流動的で胎芽的で闊達な何かであるとみよう。そうすれば，私たちは，子どもとカリキュラムは単一の過程を定義するただ二つの限界にすぎないことを理解する。丁度二つの点が一つの

真っ直ぐな線を定義するように，子どもの現在の立場と学科の事実や真理とが教授を定義するのである。それは，子どもの現在の経験から，私たちが学科と呼ぶ組織化された真理の体系によって代表されるものへと動いていく連続的な改造である。」[19]ということになる。すなわち，社会的要因，いうなれば学科なり教材が一方にあり，他方には，心理的な要因，すなわち子どもの経験があり，双方は相互に対立し，あれかこれかの問題となっていると考えることを，まず，やめよという。そうすれば「子どもとカリキュラムは単一の過程を定義するただ二つの限界にすぎない」ことになるという。すなわち，両者を"単一の過程の二つの限界"と考えよというわけである。

　別には，次のようにいわれている。「それでは，何が問題か。それは，子どもの経験と学習指導要領を作る色々な形の教材（subject-matter）との間には，種におけるあるギャップ（程度とは異なるものとして）があるという偏向した観念からまさに脱却することである。子どもの側面からみると，それは，彼の経験が既にいかにそれ自身の要素の中に，形式化された学科（study）に入っていくのと同じ種類の事実と真理とを含んでいるかをみるという問題である。重要であることは，いかに経験がそれ自身の中に，現在占有している地平にまで教材を発展させ組織することに働いている態度，動機，そして興味を含んでいるかをみる問題である。学科の側面からみると，それは諸学科を子どもの生活の中に生起している諸力の自然な発展として解釈するという問題であるし，また，子どもの現在の経験とその一層豊かな成熟との間に介在するステップを発見するという問題である。」[20]と。単一の過程の一方の子どもからみれば，彼の経験の中にどんな形式化された学科が入っているか，教材へと発展させ組織するどんな態度や動機，興味があるかを探すことであり，他方の極であるカリキュラム，いわば学科からみれば，子どもの現在の経験からの発展としてどんな学科が可能になるか，子どもの現在の経験を方向付けるどんなゴールがあるかを発見することであるという。

　そして，デューイは，学校で利用し，活用できる子どもの経験——活動として，具体的に以下の四つの本能を示すのである。いわば，どんなカリキュ

第5章　実験学校のカリキュラム編成の原理的特質

ラム，学科であれ，これら子どもの四つの本能に訴え，満足させるようなものでなければ駄目だということを間接的に述べていると思われる。

　彼によれば，「もし私たちが学校で利用できる本能を概略的に分類するなら，私たちはそれらを4つの見出しのもとに分類することができる。会話，個人的な交際，そしてコミュニケーションの中に示されているような子どもたちの社会的本能（social instinct）である。」[21]――「それから，作るという本能，すなわち構成的衝動がある。最初，遊び，運動，ジェスチャー，そして見せかけの中に表現を見出す子どもの衝動は一層明確になるし，そして材料を触知できる形式や永続的な具体物へ形づくる中に出口を求める。」――「探究（investigation）の本能は構成的衝動と会話的な衝動との組み合わせから生じるように思われる。」[22]――「そしてこのようにして，子どもたちの表現的衝動，すなわち芸術的本能はまた，コミュニケートしたり構成的な本能から成長する。それはこれらの洗練であり，十分な表示である。」[23]と。社会的本能，構成的衝動，探究の本能，そして芸術的本能である。

＜カリキュラムは心理化される必要がある＞

　さて，デューイは，社会的要因（＝いわば学科の体系としてのカリキュラム）と心理的要因（＝いわば子どもの現在の経験）とがともに満足させられるような，いわば単一の過程を形成する二つの限界を調整するとき，カリキュラムを"心理化"せよという表現を好んでする。たとえば，「興味の現象がそれらの最高可能性への参照によって統御される必要があるように，教科の科学的内容は"心理化"される（being psychologized）ことによって作り変えられること，すなわちある具体的な個人が彼自身の衝動，興味，そして力によって経験するであろうものとしてみられることを必要としている。……教科の心理学的な翻訳……」[24]，あるいは「それゆえ，経験の中に教科の教材，あるいは学習の分枝を回復させる必要がある。それ（学科の教材）は，それがそこから抽象化された経験にまで復元されなければならない。それは心理化される（to be psychologized）必要がある。その中にその起源や意義をもつ直接的で個人的な経験へと熟考され翻訳される必要がある。」[25]

209

というように。端的に、"心理化されたカリキュラム"というのが彼のカリキュラム観であるといえよう。

別のところでは、デューイは、"心理化"という言葉こそ使っていないが、このあるべきカリキュラム、ないしは教師のなすべきこととして次のように述べている。すなわち、

「1　児童研究の成果の適応が禁止している根本的な誤りは、私の判断では、子どもを教師や親の立場から扱うという習慣である。つまり、子どもを教育されるべき何か、発達されるべき何か、教授されるべき何か、あるいは面白がらせるべき何かとしてみなすことである。この特殊な原理の適応は次のような積極的な陳述と結合して見出されるであろう。

2　根本的原理は、子どもは、常に、存在しそして性急であり、そして"誘発されたり"、"引き出されたり"、あるいは"発達させられたり"等することを要求されない彼自身の活動をもった存在である。このため、両親であれ教師であれ、教育者の仕事は、これらの活動に適切な機会や条件を与えながら、ただこれらの活動を確かめたり、これらの活動と結合することだけから成っている。」[26]と。

では、いったい心理化されたカリキュラムはどのようにして作られるのであろうか。あるいは、学科なり教材はいかにすれば心理化されるのであろうか。子どもの活動に"適切な機会や条件"を与えるためにはどのようなことが必要であろうか。

デューイによれば、そのためには次のような三つの段階が必要であるという。すなわち、第一に、「私たちは、まず、どんな経験の種類が選択されるべき特別な時期にある子どもにとって適切であるかを見出すために、また、もし可能ならば、この時の子どもの経験の特別な特徴を構成しているものは何かを発見するために、そしてまた、彼の経験が他よりはこの形を取るのは何故かを発見するために、子どもに注意を注がなければならない」[27]。そして、「第二に、これらの心的現象が機会を与え、ヒントを与え、てこを与えるというように、私たちは、事実上、彼らが問題をセットしているといっているのである。……今や、翻訳に関するこの作業において私たちを手助けするの

第5章　実験学校のカリキュラム編成の原理的特質

はその論理的，客観的な側面における教材の領域である。私たちは，それを読むことを通して最初のものの意味をその結果によってみる，粗野なものの意味を成熟したものによってみるのである。私たちは，たとえば，最初の片言しゃべりの本能や衝動の意味するものを社会的コミュニケーション，論理的思考，芸術的表現の道具としての言語の明瞭な構造を熟考することによって見るのである。……この秩序あるそして整理された経験の機能は厳密には解釈的ないし仲介的である。私たちは子どもがそれらを示すときの子どもの興味の価値を理解し，位置付けるためにそれらを心に留めておかなければならない」[28]と。それから，最後には「私たちは，第三に，教授の材料の選択と決定，そしてその学習過程への適合にやってくる。……子どもの生活の一時的な，また多かれ少なかれ表面的な現象はそれらの完全な成果を通して見られなければならない。大人の意識の客観的な達成物やそれらの抽象的で論理的な性質から取り出され，具体的な個人の生きた経験として解釈されなければならない。かくして，私たちは教材と教授の方法との両者が表しているものをみる。教材は，それが導くであろうものに照らして見たときの，子どもの現在の経験である。方法は，教材のある個人の現実の生活経験への表現である。教授の最後の問題は，かくして，その成熟した結果としてその経験に含まれると見られるものの媒介によって，個々の経験を再構成することである。」[29]という。

第3節　生長の過程に沿ったカリキュラムの編成

　デューイの実験学校のカリキュラムをみるとき，そこには「オキュペイション」中心→そこから「歴史」と「地理」に分化→さらには教科ごとの分化的追究といった大きく三つの段階に区別されるように思う。いわば"心理化されたカリキュラム"に沿うとき，そこには大きく三つの段階が考えられるといえるように思う。本節は，この特質を「生長の過程に沿ったカリキュラムの編成」という原理で考えようとする。
　まず，デューイによれば，当時の心理学では子どもの生長ないし発達につ

211

いて彼の主張とは随分と異なっていた。その違いの要点について，彼は大きく三つの点を指摘する。

　第一には，「初期の心理学は精神（mind）を外的な世界との直接的で赤裸な接触において純粋に個人的なことがらとみなしていた。……現在では，その傾向は個人的精神を社会生活の一つの機能として，すなわちそれ自身によって作用したり発達できるものではなく，社会的機関から絶えざる刺激を要求し，そして社会的供給物の中にその栄養を見つけるものとして考えることである」[30]。「第二に，古い心理学は知識，知性の心理学であった。情緒や努力は偶然的で派生的な位置しか占めていなかった。感覚については多くのことが言われたが，運動については何も述べられなかった。観念及びそれが元来は感覚ないし，ある生来の心的能力の中で生じるか否かに関する議論があった。しかし，それらの起源を行為の必要の中に，行為の必要から求める可能性は無視された。それらの行為や行動への影響は外的な不随物とみなされた」[31]。そして，「第三の対照点は，精神を本質的に一つの過程，すなわち生長の過程であり，固定された事物ではないという現代の考え方のなかにある。古い見解にしたがえば，精神は精神であり，それはすべての話であった。精神は，子どもであれ大人であれ，能力の同じ分類を準備しているがゆえ，どこでも同じであった。」[32]——両者の違いといえば「量の違い，総数の違い」であった。しかし，「今や，私たちは，精神は一つの生長することがらであり，それゆえ本質的には変化するもの，すなわち異なる時期に能力や興味といった顕著な局面を示すものとして信じるのである」[33]という。

　伝統的な心理学は，第一は，精神（mind）を外的な世界とは切り離された，それ自身独自的な生長・発達を遂げる存在として考えていたこと，第二には，観念ないし知識は感覚から生じるとか，あるいは生来の心的能力の自己展開などと考えており，行為との関係は外的なものとして避けられていたこと，第三は，精神は，子どもであれ大人であれ，生来，同じ能力が具備されているので（違いは量的な違いのみ），すべて同一であると考えられた，と整理されている。一方，自らの考えは，それらと異なっている。すなわち，精神は絶えず刺激を求める社会的なものであり，観念の起源を行為の要求に求め

第5章　実験学校のカリキュラム編成の原理的特質

ること，また，精神は，本質的には絶えず変化する生長の過程にあり，固定したものではないこと，をあげている。

このため，私たちは，今の時点で何を求め，何が可能であるか。どんな生長の過程にあり，このためにはどんな知識が必要であるか等を絶えず把握していくことが大切になってくるといえよう。まさに，「学科の課程（the course of study）における題材の選択と配置（grading）は，知識という既成の宇宙についての切り刻んだ断片に関連してではなく，一定の時期における活動の支配的な方向に関する適切な栄養供給に関連してなされなければならないということが明らかである。」[34]といえよう。

では，デューイは，心理化されたカリキュラム編成において，子どもの生長に関していかなる過程を提案するのであろうか。

彼は，いろんな機会に，いろいろな場所で，この問題を論じている。なお，年齢の区分は取り扱う論文で若干異なっている。また，何を基にそのように年齢を区分するかについても若干異なっている。たとえば，①当時，外見上顕著であったとはいえないものの，4歳～7歳を最初の区分とし，以後，第二段階は7歳～10歳，第三段階を10歳～13歳とする見方があった。なお，この論文当時は，まだ実験学校に当該年齢の子どもは実際にはいなかったが（当時，11歳までの子どもがいた），「中等期は真には大学の現在の2年生の終わりまでのびている。」[35]と述べ，彼が通常よりは長い期間にわたる中等教育年齢（当時は小学校8年制（6歳～14歳），中等教育，ないし高等学校4年制（14歳～18歳）が一般的であった）を採用していたことが察せられる。②実験学校で知的発達に沿うカリキュラムとして実際に区分しているような，インフォーマルな方法として戸外の社会的経験を導入する6歳から8歳半ないし9歳までを第一期，教科の一層の分化と方法の形式性の導入を特色とする13歳までの第二期，そして，それ以降の，教科の分化が完成し，専門的な知識の追究・獲得が可能になる第三期に区分する見方[36]，③同じく実験学校で実際に区分している4歳～8歳までを第一期，8，9歳～11，12歳を第二期，中等教育期以降を第三期とする提案[37]，④20歳～25歳を含む人生の教育期を，身体や精神等一般にいう心理学的に，大まかには，次の四つの段階に

213

分割する。すなわち，初期幼児期（2～2年半続く）及び後期幼児期（6～7歳まで）という，いうなれば幼児期が最初である。次は，6・7歳～13ないし14歳までの子ども時代，さらに13歳～18歳の青年期（思春期）（なお，クラウストン（Clouston）にしたがえば，およそ24歳まで続くことになる），そしてそれ以後とする見方である[38]。

このように年齢区分やその根拠等において若干異なってはいるものの，しかし，公約数を求めれば4歳～8歳前後の第一期，8歳前後～12ないし13歳の第二期，12ないし13歳以後の第三期という，大きく3段階区分が特質的であるといえよう。

なお，今一度この年齢区分，その根拠及びそれに対する教育的対応の特質を求め，『学校と社会』にみられる生長区分の様子を検討することにしたい。すると，以下のようである。すなわち，

「第一段階（いわば，4歳から8歳までの子どもに見られる）は，社会的で個人的な興味の直接性，そして印象，観念，そして行動との間の関係の直接性及び迅速性によって特徴づけられる。」[39]――「それゆえ，これらの年齢の教材は子ども自身の社会的環境に入って来る生活の局面から選択され，そして，彼によって社会的形式に近づく何かの中で，すなわち遊び，ゲーム，オキュペイション，あるいは小型の産業芸術，物語，イメージ，そして会話の中で，ある程度まで，再生できるものである。」[40]――つまり，子どもにとって「目的は，子どもにとって離れた場所としての学校に行くことではなく，むしろ学校外での彼の経験の典型的な側面を繰りかえす，そしてそれを拡大し，豊かにし，そして次第に形づくるものとしての学校に行くことである」[41]。

次の，「8ないし9歳から11ないし12歳まで延びている第二段階においては，目的は，より永続的で客観的な結果の可能性やこれらの結果を達成するために必要な技術のための機関の制御の必要に関する彼の成長する感覚（sense）から子どもにやってくる変化を認識し，反応することである。」[42]――「それゆえ，教育的側面では，……彼自身のための結果を実現することを可能にする作業や探究の方法に関する実際的，知的な制御を確保する必要

性である。」[43]——このため,「より直接的に社会的側面では,アメリカ史（特に植民地時代の）が,忍耐,勇気,器用さ,そして大きな危険や障害にあってさえ,手段を目的に適合させる持続的な判断力といった典型的な実例を提供するために選択される。そして他方,材料自身は,子どもの表現的で構成的な想像力の範囲内に直接にやってくるように,それゆえ,少なくとも代理的に,彼自身の拡大する意識の部分となるように明確で,生き生きしており,そして人間的であるのである。」[44]ということになる。

そして,「初等教育の第三期は中等教育との境界線上にある。それは,子どもがいろんな現実の形式及び活動様式に関して,かなり直接的な種類の十分な親熟さを持つときにやってくる。そしてまた,子どもが,顕著な学科や芸術を専門的で知的な目的のために専門化することが有利になるように,経験のいろんな側面にとって適切である方法,すなわち思考,探究,そして活動の道具を十分にマスターするときにやってくる。当校はこの時期にいる多くの子どもたちを有しているが,もちろん何らかの典型的な推論を安全に引き出すことができるほど十分に長くは存在していない。」[45]という。

第4節　オキュペイションを中心とするカリキュラムの編成

<オキュペイションとは何か>

デューイが「すべての教育の究極的な問題は心理的要因と社会的要因との調整である。心理的には,個人がすべての個人的力の自由な使用をもつことを必要とする。……社会的要因は個々人がすべてのその重要な関係において,彼が生活している社会的環境と親しくなることを必要とする。」[46]というように,編成されるカリキュラムは社会的要因と子どもの心理的要因の双方から考えられ,両者の要求を満足させるものであるように検討される必要がある。

このようないわば両要因をカリキュラム編成において具体化したものが「オキュペイション」である。すなわち,彼によれば,「オキュペイションによって,私は,社会生活の中で営まれているある形の作業を再生し,ある

いはその作業に対応する子どもの側における活動の一様式を意味している。」[47]というのである。オキュペイションは，社会的には作業であるし，心理的には子どもの活動の一様式であるというわけである。

　ところで，彼はこのようなオキュペイションは，学校のカリキュラムを編成するよりずっと昔から，いわば人類が今日まで歩んできた歴史的な必然であったという。すなわち，オキュペイションは人類がその初期から採用してきた社会生活の方法であり，それを中核にして，人間の活動様式や生活習慣等の一切が形づくられてきたという。「もし，私たちが，どの社会的グループであれ，精神がこのようにして相対的である特別な機能を探すなら，オキュペイションがそれら自身であることを直ぐに示唆する。オキュペイションは活動の根本的な様式を決定するし，それゆえ，習慣の形成や使用を制御する。」[48]——「オキュペイションは満足の主要な様式，成功や失敗の基準を決定する。それゆえ，オキュペイションは価値の実用的な分類と定義を与える。また，望ましい過程を制御する。……一群のオキュペイショナルな活動は基本的であり，すべてに浸透しているので，心的な諸特性の構造的組織の枠組みないし型を与える。オキュペイションは特殊な諸要素を一つの機能的な全体へと統合するのである。」[49]と。

　そして，彼は，このような特質を，狩猟生活（hunting vocation）を基本とするオーストラリアの原住民（aborigine）の場合で検証する。デューイによれば，まず，彼らは次のような生活をしているとされる。すなわち，彼らは「概して穏和な環境に，そして（ある地域での日照りとか洪水が交互にくることを除いた以外の）自然の力の強烈な，ないし暴力的な都合の悪い提示なしに，また野獣の餌食になるといった危険なしに，そしてよい栄養状態で小さなグループを維持するには十分な食べ物がある——もっとも住居の絶えざる変化なしにこのことをなすほど十分ではないけれども，小さな集団をよい栄養状態に保つための食べ物の十分な供給のある環境の中で生活している（しかし，蓄えようとはしない——筆者注）。この種族は何らの栽培した植物はもっていないし，（野犬の犬以外）飼い慣らした動物をもっていない。それゆえまた，家畜の負担もなければ，金属の知識や使用もない。」[50]。あ

第5章　実験学校のカリキュラム編成の原理的特質

るいは，寒さに備えて動物の皮を蓄えたりもせず，ボートもない。また道具と設備といっても，食べ物を得たり戦争の武器でも必要とするとき以外には道具なり設備を必要としない。罠やネットでさえ獣や鳥を捕まえるときのみ必要とする[51]。このような環境の中での狩猟が中心的な活動である。

そして，このような環境の中で生活することにより，次のような「心的型」（mental, psychic pattern）が形成されるという。すなわち，「最初に，芸術をとりあげよう。オーストラリア原住民の芸術は，構成的ではないし，建築的でも，写実的（graphic）でもなく，劇的で模倣的である。オーストラリア原住民の乱舞に関する直接的な知識を有している作家であれば，時々かつ現世的なものであれ，あるいは公式的かつ儀式的なものであれ，劇的再現の中に示されている顕著な興味を証言する。ダンスによる再現，追撃の際の動物の動きや行動の再現ははっと驚くようなものである。……これらの行為は高度に情緒的な攻撃に伴われている。そして飾り，歌，音楽，見物人の叫び声等一切の達成物は未開人にとって非常に多くを意味している直接的な葛藤場面（conflict-situation）にとって適切な感情を復活させるために意図されている」[52]と。

さらに，「儀式的な乱舞」（ceremonial corroboree）は，狩猟族にとって唯一の例外である「食べ物の葛藤場面の情緒的な興奮を再説すること」[53]である。「宗教」[54]，「死と病気」[55]など，すべて狩猟場面なり，狩猟活動の内容や精神の同化である。「結婚」そして「両性間の関係」に関しても[56]，同様であるという。

以上のように，デューイはオーストラリア原住民の狩猟を基本的なオキュペイションとし，それを中心としながら発達させた精神的な側面における諸特質を描く。そして，このような特質は，オーストラリア原住民のみならず，「牧畜的な，軍事的な（military），商業的な，手工生産的（あるいは製造）なオキュペイション等々」[57]を中心とする歴史的場面においても同様であるという。そして，それぞれの違いはといえば，彼によれば，たとえば「食べ物とセックス」にみられる原住民と文明人との間の違いのように，「刺激と明白な行為，明白な行為と最終の満足の間の中間的な諸要因（intermediate

217

terms) の流入」[58]にすぎないという。つまり，反応がより直接的か間接的か，手段と目的とが非分離か分離かという二者択一的なことがらではなく，その違いはあくまでも程度の差，程度の違いであるというわけである。

　こんな考えと一致してのことであろう。デューイは，「教育上の文化史段階説（culture-epoch theory），そして生物学上の反復説（recaptulation theory）」に関して，「ポイントは，子どもは，彼の試みていない力，少ない経験にあり，世界や人生に対して未開人（early man）とほとんど同じような態度の中にいるということである。子どもは原始人（primitive man）と全く同じ外的条件，達成状況（performances），そしてしくじりを反復しなければならないということはばかげた主張である。」[59]という。すなわち，子どもと未開人とは同じ態度を持っているという。しかしそうはいっても，現在までの歩みをそっくりそのまま，したがってしくじりも成功も全く正確に繰り返すということは馬鹿げた主張であるという。彼は「教育は，反復を遅らせたり延期させるのではなく，この反復を促進したり豊かにすることを意味している」[60]という。

　そして，その反復を促進したり豊かにする典型として，彼は，小学校における「手工」（manual training）を取り上げるのである。すなわち，「手工の位置に関してどんなことになるであろうか。丁度このようであろう。すなわち，原始人も子どももともに彼らの活動において確かに運動的（motor）である。両者ともに，観照的で理論的な立場からではなく，それらにとって何がなされるか，そして何を逃れることができるかといった立場から，対象や題材に関心がある。」[61]と。しかしながら，同時に，彼は次のようにいうことも忘れてはいない。すなわち，「一つの重要な点において，子どもと原始人との間には根本的な違いがある。原始人には生活の糧を得るという必然性や圧力がある。子どもは経済的圧迫や緊張から守られているし，また守られるべきである。……原始人の運動的活動の価値は主に外的結果，たとえば殺されたゲームとか捉えられた魚の中に見られ，そして技術や洞察は偶然的にのみ得られるが，子どもの場合は，まさに反対のことが真となる。」[62]と。

第5章　実験学校のカリキュラム編成の原理的特質

＜三つの典型的なオキュペイション＞

　さて，デューイは，学校にオキュペイションを導入しようとするのであるが，その際「料理（cooking）」「木工（carpenting）」「裁縫（sewing）」という三つを典型とするオキュペイションをあげる。

　それは一方では＜社会的要因＞からの必然である。すなわち，「一つの機関として，学校は家庭と他の一層大きな社会的組織との間の仲介者である。それゆえ，学校は，一つのものから自然に生じ，そして他のものに自然に向かっていかなければならない」[63]と。つまり，学校は家庭と社会組織との仲介者である。このため，学校における三つに代表されるオキュペイションを導入する理由は，一方では「子どもは，相互の奉仕といった倫理的精神を深め，広げることはもちろん，たとえば小屋，家自体そしてその構造，そして被服とその構成，また食べ物とその準備といった家庭での中心になる活動について考え，ある実際的な支配を得なければならない」[64]というように，家庭と連なっているし，また他方では「これらの同じ活動の考察や熟達は子どもを，彼らが依存している一層大きな関係へと連れ出すのである。たとえば木材，石そして食べ物は現存の社会的活動の大きな領域を考慮するし，また，現在の社会が生長した以前の社会の状態へと人を連れ戻すのである。」[65]というように，より大きな社会組織と連なっているとされるのである。

　そして彼の場合，三つに代表されるオキュペイションの導入は，同時に，＜心理的要因＞をも満足することでなければならなかった。それゆえ，彼はいう。「子どもは，元来，活動的な，自己表現的（self-expressing）な存在である。」[66]のであり，このため「出発点は常に自己表現の衝動である。そして，教育的過程は題材を供給し，そしてその表現が，内容と形式ないし様式の両者に関して，普通の社会的方向で生じるような条件を（積極的にであれ消極的にであれ）提供することである。……その結果，最初は，基本的に社会的な題材である家（木工），被服（裁縫），食べ物（料理）を取り扱う子どもの表現的な活動である。」[67]と。

　このようなところから，彼は，教育講演会において，学校に「いわゆる手工，工作室，そして家庭技芸——すなわち裁縫や料理を導入する」顕著な当

時の状況に言及し，その理由を「子どもたちの十分に自発的な興味と注意に従事させること」及び「後の時代の実際的な義務――女性であれば，実際の料理人や裁縫師にならなくとも，一層有能な家事のやりくりをする人になり，男子であれば（もし，私たちの教育制度を適切に職業学校へと仕上げるのであれば）彼らの将来の職業のための準備をする」[68]といった点に求め，自らも「私はこれらの理由の価値を低く評価するのではない。」[69]と述べていた。

しかし，ここで彼が「過小評価するのではない」と述べていたところの，女性－男性の，その後将来の準備のためという点は，もしそれが"経済的理由"として考えられることであれば，彼がもっとも嫌うことであった。というのも，「学校においては，追求される典型的なオキュペイションはすべての経済的圧力から解放されている。目的は生産物の経済的価値ではなく，社会的力や洞察の開発である。」[70]と考えていたからである。

第5節　カリキュラム編成における「相関」の原理

それでは，三つに代表されるオキュペイションを中心にカリキュラムを編成するというとき，いったいカリキュラムはどのように編成されるのであろうか。筆者は，デューイの実験学校の運営，あるいはその言説等をみると，彼の場合，三つに代表されるオキュペイション，あるいはその概念は，ある意味では多義的に使われているという気がする。

たとえば「小学校の学科課程における手工の位置」によれば，初等カリキュラムの学科（study）は，次のような三つの見出しのもとに位置付けられる。一つは「活動的な追求あるいはオキュペイション」（active pursuit or occupation）であり，二つめは社会生活の背景を与える教材（subject-matter）としての「地理と歴史」（geography and history），すなわち，「人々が共同生活の形式をそれらがあるように提示したものの記録」としての歴史であり，「自然条件（physical condition）や人々の社会的活動の劇場の声明」としての「地理」である。そして，第三には，読み，書き，算といった「知的コミュニケーションや探究の形式や方法」を与えるような学科であるという[71]。

第５章　実験学校のカリキュラム編成の原理的特質

　そして，彼はこの三つの関係について「これら三つのグループの系列をみれば，私たちは，直接的に個人的かつ社会的な興味からその間接的で遠く離れた形式へと立ち去ることをみる。最初のグループは，毎日の生活に直接的に従事させるのと同じ種類の活動を子どもに提出する。そして，子どもが毎日の環境の中で徹頭徹尾親しんでいる社会的オキュペイションの様式を彼に再提出する。第二のグループは依然として社会的ではあるが，しかし，私たちに，結合された生活の直接的現実というよりはむしろその背景を与える。第三は，社会的ではあるが，しかし，それ自体において，あるいはより直接的な暗示や結合の何かよりも，むしろその究極的な動機や結果において，文明の知的連続性を維持するという点において社会的である。」[72]という。

　彼のいうところによれば，①小学校の学科課程は大きく三つの学科群，すなわち「活動的な追求あるいはオキュペイション」，「地理と歴史」，及び「読み・書き・計算といった知的コミュニケーション」学科より成っていること，②しかも，これらの間には，第一グループから第二，第三グループへというように推移するというのである。なお，第二と第三とは同じ社会的なグループであると考えられているといえよう。そして，「社会生活との直接的な関係を失うような方法でこれらの教科が専門化する」より進んだ段階として"中等教育期"が考えられていたといえよう。

　ところで，このように「手工」から「地理と歴史」，及び「読み・書き・算といった知的コミュニケーション」学科へというカリキュラムの推移は，彼の場合，＜生長・発達の原理＞とともに，「相関」の議論を踏まえることが大切になってくる。

　その「相関」について，彼は次のようにいう。すなわち，「経験の自然なフォームが教室で実行されるとき，"相関"の問題は大部分が解決され，消失するということが見出される。いろいろな学科と真実を一緒に結びつけている絆は，子どもが従事するいろいろなオキュペイションや子どもが学校の外で接触するいろいろな周囲の事物の統一を保ったりするのと同じである。そこから全てが成長し，そのために全てが貢献する経験の共通の蓄積がある。学科は子ども自身の生活に関する現実の結合から切り離されないとき，一つの学

221

科と他の学科との強いられた相関は必要とされない。何らかの特殊な方向，たとえば数の学習，読書，書き方等のような特殊な方向における事実の何らかの特殊な進路のための必要や動因が感じられるときにはいつでも，その特殊な進路における特別な学習を与えることに何のためらいもなくなる」[73]と。

　すなわち，子どもの経験は，元来，そこからすべてが生長し，貢献するようになっている統合体である。学科といえども，最初は子どもの生活（＝経験）から切り離されてあるのではない。しかし，経験からやがて特殊な方向における特殊な学習が必要になることが生じる。そのときに「相関」の必要が生じてくるというのである。いわば統合状態から，やがて分化の必要が生じるが，その分化を「相関」概念で表そうとするのである。デューイ自身，次のようにいっている。すなわち，「通常"相関"の名前の下で議論されている実際上の問題。……採用した立場からいえば，その問題は，普通に理解されている相関というよりは，むしろ分化（differentiation）の問題である。」[74]と。

　だから，次のようにいえるのである。「もっと特殊的に言えば，いろいろな形の建設的な学習，たとえば台所や仕事場における建設的な学習は経験の自然の様式を与え，そして他のクラスにおけるより専門的で形式的なやり方で追究されるような問題を引き起こす。同時に，それらは実践的であろうと知的であろうと，どこかで獲得されたどのような技能も適用する豊富な持続的な機会を提供する。それらは，子どもたちを自然にそして不可避的に算術や幾何学，地理学，鉱物学，物理学，化学等と結合する題材，道具，題材を扱う過程や様式へと導き入れる。さらに，適用の必要と可能性に基づいて相互関係がなされたときには，ある科目は自然に一緒になる。たとえば，地理学と一方では歴史，他方では理科のように。あるいは数と建設的な活動や理科のように。読み，綴り，書くといった言語と全ての他の科目のように。最後に，音楽，線，そして色彩といった美術は経験の中で実現されるどこでも価値を表現しコミュニケートする不可避的な一様式である。」[75]と。

　それでは彼の場合，「手工」ないし「三つに代表されるオキュペイション」中心のカリキュラム編成というとき，これらが「地理と歴史」「読み・書き・

第5章　実験学校のカリキュラム編成の原理的特質

算といった知的コミュニケーション」学科へと"相関"するとき，全く消失してしまうのであろうか。「手工」はいったいどのような学科となるのであろうか。結論から先にいえば，決して消えてなくなるわけではない。

すなわち，先ず，最初には，既述のように，彼の場合，いわゆる最初は（いわば8歳より以前には），「手工」ないし「活動的な追求あるいはオキュペイション」学科は，「身体的諸器官を使う物理的な活動（physical activity）」であるとされる。このためであろう。彼は，たとえば「遊び」「ゲーム」「戸外への遠足」「自然の研究におけるより活動的な観察や実験的作業の多くのもの」「芸術的作業（art work）」「学校の庭園」「ボール紙や木材や曲がった鉄（bent iron）での作業，料理，裁縫，機織り等」を，この最初の学科の中にカウントしている[76]。

いうなれば，すべての課程が手工で占められているというわけである。ところが，この段階から，次の新たな段階に入る。そして，その特質について次のようにいう。すなわち「のこぎり，ハンマー，かんな，木材や粘土，針と布，そしてこれらが扱われる過程は，それ自体が目的ではない。それらはむしろ子どもが人間の努力を要求する典型的な問題や，人間の生産と達成の法則，そして人間が自然をコントロールし，生活において彼の理想を達成する方法へと始めるような機関である。このより大きな人間的意義から，手工の専門的な問題や過程に関する興味が徐々に成長しなければならない。興味が純粋に専門的なものとなるとき，そのとき，必然的に，手工は最早中心的な位置を占めなくなる。それは，すべて他の形の専門的な技能が見出されるレベルに属することになる。」[77]という。

「手工」は存在するが，しかし，それまでのすべての課程を占める物理的活動としてではない。それぞれの「興味が専門的となり，手工は中心的な位置を占めなくなる」時期が到来するというのである。「相関」という立場からいえば，次のようである。

すなわち，「手工と歴史及び理科との必然的な相関（correlation）がある。……秩序ある方法で，社会的な産業社会を反復する彼の運動の力（motor power）を秩序あるやり方で方向付けようとする子どもは，外的な事実が依

223

存している典型的な題材及び典型的な因果力を知るようになってくる。……手工と理科との相関は，手工自体が専門的な目的のために，すなわちそれ自身の中に存在する目的のために運営されるというようなむしろ実験的で人為的でありがちな傾向がある。しかし，相関が子どもの力を社会的方向において組織する手段として取り扱われるなら，その範囲は必然的に，地理学，物理学，化学，植物学，数学等の顕著な事実を取るように広げられる。」[78]という。また，「顕著に知的進歩のシンボルや形式を処理するような，第三の学科グループとの結合は，仮により間接的であれ，等しく重要である。……子どもはある数の事実や関係を認識したり取り扱うことにおける卓越さを手に入れるのみでなく，それ以上により重要でさえあるが，彼は"数のセンス"を手に入れる。彼は数の使用と意味に気付くようになる。疑いもなく，巧妙かつ抜け目のない教師は，また，読む，書くといったことがらとの自然な結合を見出す。」[79]といった具合にである。

　すなわち，「相関」のケースにおいても，「手工」自体が消えてしまうわけではない。時には「手工」自体が目的であるような実験的かつ人為的なことがあるケースもあるという。たとえば，この時期（8歳～中等教育期まで）の「料理」とか「工作室」とか「裁縫・機織り」といった，実験学校のカリキュラムの実際で報告されたことを思い出せばよい。

　つまり，小学校教育の課程全体を通して，手工ないしオキュペイションはなくなるわけではない。子どもの生長・発達につれ，そのあり方が変わっていくといえよう。いわば4歳～8歳くらいまでは，すべての活動，すべての課程が手工ないしオキュペイションとして機能する。しかし，「相関」の時期（8歳～中等教育期）以降になると，やや様相が変わってくる。すなわち，「手工」「地理と歴史」「読み・書き・算といった知的コミュニケーション」という三つの学科に区分できるようになる。そして，その場合，「手工」が依然として他の学科の「相関」の基礎になるということである。彼がいうゆえんであろう。すなわち，「もし初等教育という場合のprimaryという用語が，単に時間的な要素以上の何かを指すとしたら，それが質を意味するならば，またその用語が根本的で基礎的であることを意味するなら，構成的芸

術（constructive art）なり手工的オキュペイション（manual occupation）は初等教育の顕著で特徴的な特色と考えられる要求をもつ。」[80]と。

第6節 初等教育カリキュラムにおける歴史及び理科の意義

第1項 歴史

　デューイによれば，「もし歴史が単に過去の記録としてみなされるなら，初等教育のカリキュラムの中で何らかの大きな役割を演じるべきだと主張する何らの根拠も見出すことは困難となる。」[81]という。つまり，彼は歴史とは「単なる過去の記録」ではない。もっと他の特徴を備えていると考えるべきだというのである。ではいったい，どのように考えるか。彼によれば，歴史を「社会生活の力と形式の説明」[82]として考えよ。そうすれば，見方が大きく違うことになるという。だからまた，「教育者にとって，歴史とは間接的な社会学，すなわちその生成の過程とその組織の様式を露わにするような社会の研究でなければならない。」[83]というのである。

　すなわち，歴史は「単なる過去の記録」ではなく，人々の社会生活を，すなわちなぜ人はそのようにしたか，そのような組織を作ったのはなぜかといったことを明らかにする社会生活の研究であるというわけである。だからまた，次のようにもいうのであろう。「歴史を学ぶ（study）ことは情報を蓄積することではなく，人がかくかくしかじかのことをし，そして彼らの成功を成し遂げたり，あるいは失敗した方法や理由に関する生き生きとした状況を構成することに情報を用いることである。」[84]と。つまり，歴史は，いわば過去の情報を使って人々の成功や失敗，その理由に関するリアルな状況を構成するものでなければならないという。

　すると，彼の場合，最初から「年代記順序」に沿って歴史の授業を行うということは厳につつしまなければならなくなる。ユーフラテスやナイル渓谷から始め，ギリシャ，ローマ等々と降りてくるといった年代記順序は改めなければならない。「人間がいかに生きるかという問題は，実に，子どもが歴

225

史的題材に取りかかる支配的な興味である。過去に従事した人々を子どもが毎日交際している人々と親密にしたり，彼に共感的洞察という贈り物を与えたりするのはこの見地である」[85]。歴史の授業は，このように"人間はいかに生きるか，生きてきたか"という問いからスタートせよというのである。

　そして，このように歴史を考えれば，学校においては，歴史教育には次のような「三つの時期ないし局面」が認められることになるという。——引用が少し長くなるが——すなわち，「最初には一般化され単純化された歴史，すなわち地域的ないし年代記的な意味においていやしくも歴史とはいえないが，しかし，子どもにいろいろな社会的活動への洞察や共感を与えることを目指すような歴史がくる。この時期は，現在の地方や都市における人々の典型的なオキュペイションを学習する６歳の子どもたちの作業，それに発明と生活へのそれらの効果の発展を調べる７歳の子どもたちの作業，そして全体が丸い世界を人間の視野にもたらした移民，探検，そして発見に関する大運動を扱う８歳の子どもたちの作業を含むのである。最初の２年間の作業は明らかにある特別な人々あるいはある特定の人から全く独立している，つまり言葉の厳密な意味における歴史的データから独立している。同時に，多くの範囲が個別の要因の導入のための劇化を通して与えられる。偉大な探検家や発見者の説明が地方的で特殊的であるものへの移行，すなわちある特定の場所と時間に住んでいたある特別な人に依存しているものへの移行をなすのに役立つ。

　このことが，私たちを，地方的条件及び特別な人々の集団の一定の活動とが顕著となり，また限定的かつ積極的な事実を扱う力の子どもの生長に一致する第二の時期へと導入する。シカゴ，そして合衆国は，事態の性質上，子どもが最も効果的に扱うことができる地方であるので，次の３年間の題材は直接的及び間接的にこの源から導かれる。ここで，再び，３年目が移行期であり，アメリカ人の生活とヨーロッパ人の生活との関連が取り上げられる。このときまでに，子どもは社会生活一般ではなく，あるいは彼が最も馴染んでいる社会生活ですらなく，ある徹底的に分化した，いわば特別なタイプの社会生活を扱う，すなわち各々の特別な意義及びそれが全世界史に対してな

第5章　実験学校のカリキュラム編成の原理的特質

した特別な貢献を扱う準備ができていなければならない。したがって，次の時期においては，地中海付近の古代世界から始まり，再びヨーロッパの歴史を通して，アメリカ史の特別で分化した要因へとやってくる年代記的秩序が辿られることになる。」[86]という。

　要点を整理して示せば，歴史の扱いにおける①第一期は6歳〜8歳までの子どもが該当する。そして，この中でも，6，7歳の2年間はおよそ歴史とはいえないような歴史の時期であるが，8歳は移行期として，移民，探検，発見という大運動を取り扱う，②第二期は9歳〜11歳の子どもが該当する。そして，この時期はシカゴ，そして合衆国の歴史が陰に陽に扱われ，中でも3年目の移行期（11歳）にはアメリカ人の生活とヨーロッパ人の生活との関連が扱われる，③そして，いよいよ年代記順序により古代→ヨーロッパ→アメリカを学ぶ第三期（中等教育期）が到来する。こんな歴史授業のあり方が素描されている。

　ところで，このような歴史に関して，まず，検討したいことは，前節との関連である。前節では，およそ8歳より以前（本節でいえば6，7歳が中心といえよう）を一つの区切りとし，そこでは「手工」ないし「活動的な追求あるいはオキュペイション」学科群のみが扱われることに言及した。また，8歳後から中等教育期にかけては，この学科は消失しないが，さらには「地理と歴史（そして理科）」及び「読み・書き・算といった知的コミュニケーション」という二つの学科（群）が取り扱われることになる，という特質に言及した。私が，ここで取り上げ指摘したいことは，ここで扱った「歴史」が，実は，相関といわれる8歳以前にも言及され，取り上げられているということである。

　小柳によれば，1897年の報告（『大学広報』のXXI（4月21日付））において「社会的オキュペイション」という表記が初めて登場し，それは「単なるオキュペイション」とは異なる。「オキュペイション」は家庭での日常生活の衣・食・住にかかわる仕事を意味するが，「社会的オキュペイションはこれらの仕事をより広い社会的文脈の中で捉えるようにするためのカリキュ

ラム上の方法概念である。」[87]そして，その「アイデアが，実は「歴史」学習のカリキュラムを整えていく中から生まれてきた」[88]という。かくして，彼は，「図式的に言えば，実験学校カリキュラムは，家庭生活の「典型的な活動」である「裁縫」「料理」「木工」から始まり，それらを「現在の社会生活」の理解へとつなげるために「社会的オキュペイション」が取り上げられ，そこから「方法としての歴史」の学習が展開していくように構成されるようになったということであろう。」[89]と論理展開している。

では，小柳が「典型的な活動」→「社会的オキュペイション」→「歴史」という図式でいう年齢区分はどうなっているのであろうか。それについて，小柳は「社会的オキュペイション」はGroup Ⅰ，Ⅱを対象にした学習領域であること，つまり年齢的には５〜６歳児，そして歴史は「Group Ⅲ以上」としている[90]のである。

さて，このように考えれば，次のように整理することができると思う。すなわち，前節の検討では，同じくデューイの説に沿って，「手工ないしオキュペイション」と表現し，ことさら「オキュペイション」と「社会的オキュペイション」との違いにはふれなかった。また，それらと「相関」しながら「歴史」等が分化してくるのは８歳前後としておいた。

今，このような扱いに対し，小柳の分析・検討を加えていえば，「典型的な作業」は４歳〜５歳の初等下位グループの特性であり，→６歳〜７歳からは，いわば"歴史とは言えない形で歴史を扱う"ところの「社会的オキュペイション・歴史」が登場し，→そしてその後，８歳以降からは独自的な学科群として「歴史」が登場するようになる，と。

第２項　理科

デューイの実験学校のカリキュラムの特質なり彼の主張によると，「理科」も，「歴史」と同様な扱いを受けているように思われる。すなわち，「第３節　生長の過程に沿ったカリキュラムの編成」において，子どもの生長・発達に沿ったカリキュラム編成の必要を検討した際，「８ないし９歳から11ないし12歳まで延びている第二段階においては，目的は，より永続的で客観的な

第5章　実験学校のカリキュラム編成の原理的特質

結果の可能性やこれらの結果を達成するために必要な技術のための機関の制御の必要に関する彼の成長する感覚（sense）から子どもにやってくる変化を認識し，反応することである。」[91]という点に言及した。端的には，"手段－目的関係の直接性から間接性への移行"である。そして，5，6節において，この時期からカリキュラム上の「相関」が顕著となり，「歴史」が分化してくることを検討した。この「一般的な見地——すなわち，手段の目的への適合は，理科の作業をも制御する。」[92]というのである。

そして，「実験的側面は，それ自身人々に価値に関する典型的な結果を生ぜしめる過程の研究である。子どもの活動は，初期においては，探究的というよりはむしろ直接的に生産的である。子どもの実験は，彼の遊びやゲームとほとんど同じであるような活動的な為すことの様式である。後には，彼はある結果を与えるためにいかにいろいろな材料ないし行為が操作されるかを見出そうと努める。それゆえ，それは，その目的は事実の発見及び原理の検証であるといった中等教育期に適しているような理科的な意味での実験とは明らかに異なっている。実際的な興味が支配的であるので，それは，純粋科学というよりむしろ，応用科学の研究である。」[93]という。

実験学校の先生であったキャンプ（Katherine B. Camp）が，『初等学校記録』の中でいうゆえんである。すなわち，「初等の時期が過ぎるまでは実験的作業（experimental work）は学校のカリキュラムにおける場所はなく，理科の作業，すなわち自然研究は方法においては観察的でなければならないという反対がなされてきた。しかし，この反対は，実験が，抽象的な形式化のための基礎として，大人の立場からみなされた時にのみ主張できる。実験が例解なり表現様式として，それゆえ子どもの自然的な探索精神が利用され訓練される方法として考えられる時，その反対は力を失う」[94]と。

そんな彼女によれば，理科に関して，発達的には大きく二つの時期に分けて考えられるという。一つは，7歳ないし8歳までの第一期である。そして，「この時期の特色を簡単に再説すれば，この時期は活動の時期であり，経験を得る時期であるといえよう。これらの経験において，意識的な形式化あるいは目的とそれを達成するための手段との間の分離なしに，イメージが子ど

もによって直接に遂行される。事実や過程は子どもの生活と直接的かつ親しく結合しているのと同じ社会的経験の部分としてやってくる。ある活動を選択したり，現代の子どもの観察のもとに絶えずやってくる物理学，化学そして生物学的な事実は理科的な問題というよりはより社会的な問題をもつものである。……それゆえ，理科的に考えれば，この時期の主な問題はそれらを具体的に目に見えるようにすることによって，これらの社会的活動に関する過程の根本的側面を選択したり強化することである。」[95]という。

　つまり，既述の歴史において，歴史は，「典型的な活動」を広く社会的な文脈において捉えさせる「社会的オキュペイション」において，いわば歴史とはいえないような形で早くから扱われる特質に言及したが，この理科においても，同様なことが指摘されているといえよう。すなわち「理科的な問題というよりは社会的な問題」として扱われるのである。この点を，彼女はより詳しく述べている。すなわち，「この時期の後半において，アプローチの方法に関して同じ意見が有効である。まさに社会的側面に関しては典型的なオキュペイションが選択されねばならないように，理科的には，研究している物理的な力の行為の典型であるものを見出すために例解の選択の中に大変な注意が用いられなければならない。これらの例解はある直接的で社会的な目的から切り離されてはならない。植物や動物に関する子どもの興味はそれらの人との関係との直接的な関連性の中にある。物理学的環境の条件は一定の社会的活動のための機会や題材を提供する時にのみ取り上げられなければならない」[96]と。たとえば，原始時代における石の使用が，あるときには武器づくりとして，別には研ぐためとして，あるいは料理のための道具として学習されるようにである[97]。

　その後，「8歳，一般には9歳になると，彼の作業に向けた子どもの態度が変化し，専門的な側面，すなわち手段と結論の関係における興味（interest in the relation of means to ends）を示し始める。……彼は初等教育の第二の時期と呼ばれるような段階に入っていく。この時期において，教材の取り扱いにおける便宜のために，そして子どもの態度におけるこの変化はより詳細にかつより長い過程を可能にするので，物理学，生物学，そして生理学と

いった教材の一層の分化が可能となる」[98]。この第二期たる反省期の様子は，彼女によれば，次のようにも描かれている。「歴史的作業は湖の地方の探検及びシカゴの創設と発展から始まる。このことは，次に2つの典型的な植民地，すなわちバージニアとニューイングランドの学習によって続けられる。地理は，学習される植民地の発展と関連した資源及び自然地理的な条件を詳細に解明しながら，歴史と関連して与えられる。湖の地域の生態と関連して与えられるものとは別にして，実験的な作業がある植民地の産業の学習に付随して行われる。植民地時代の家庭的な織物産業の中で遂行される過程が羊毛，アマ，そして綿の栽培と準備を詳細に取り上げる。消化に関する生理学はたんぱく質の食べ物の料理との直接的な関連の中で与えられる」[99]と。

そして，子どもは，「非反省的な活動」から，「子どもが意識的に法則を作り，事実をある選択された観点に沿ってたやすく配列したり分類したりできる時に始まる」第二期を経過し，やがて「より明確な専門化，すなわち彼が化学的，物理的，機械的，等と呼ばれる専門化された立場から現象を取り上げることができる段階」たる中等教育期としての第三の時期に至ることが報告[100]されている。

第7節　反省的思考を育てるカリキュラムの編成

この点は，カリキュラムは以下のような扱いが可能になるように編成することが大切であると思われる編成原理である。あるいは，編成されるカリキュラムは以下の点を満足させるようなものでなければならないともいえよう。

デューイによれば，「伝統的な教育においては，多くの強調が既成の題材（本，実物教授，教師の話等）を子どもに提示することにおかれてきたし，子どもはほとんど排他的にこの既成の題材を暗誦するというただそれだけの責任を守らされ，反省的注意を発達させるためには偶然の機会や動機しかなかったといっても過言ではない。基本的に必要なこと，すなわち，子どもが問題を彼自身のものとして理解するよう導き，そこで彼はその答えを見出すために注意するよう自己誘導する（self-induce）ということにほとんど考慮

が払われなかった。」[101]という。

　当時の教育界は，まさに大人中心，教材中心，教師中心等といわれるような時代であり，子どもは，教師の準備した題材を暗誦する，暗記することが中心となっていた。それゆえ，子どもの「反省的注意」を発達させ，子どもが自ら問題を持ち，それを自己追求するといった力の育成や方法は皆無であったと批判している。

　デューイがここにいう「反省的注意」というのは，後に彼が「反省的思考」（reflective thinking），あるいは単に「探究」（inquiry）と呼ぶような望ましい人間の思考を指していると思うのであるが，彼は，実験学校において，その在籍する子どもに早くからこのような力を育てるカリキュラムなり方法を意図していたと思われる。

　その特質をみると，彼は，初期の子どもには「オキュペイション」（4歳〜5歳）→「社会的オキュペイション」（6歳〜7歳）中心の課程を考えていた。そして，ここでは「私たちは7歳までの子どもを特徴付けている直接的で自発的な態度（the direct, spontaneous attitude）──すなわち，新たな経験への彼の要求及びイメージを築き，それらを遊びの中で表現することによって，彼の部分的な経験を完成させようとする彼の欲求」[102]を扱ってきたという。いうなれば"手段－目的関係の直接性"を前提に，子どもの観察力，想像力，表現力等を働かせ，指導する必要があるというわけであろう。

　そして，やがて手段－目的関係を意識し，ある目的を達成するためにある手段が必要であるという認識が発達してくると，私たちが「間接的，ないし有意的注意」（indirect, voluntary attention）と命名するような思考段階に入ることになる。すなわち，「有意的注意は，子どもが問題ないしは疑問の形である結果を抱き，彼が自身のために求める解決策を抱くときにのみ十分にやってくる。中間的段階では（8歳から，いわば11歳か12歳までの子どもでは），子どもは，彼が達成したいと望むある目的に基礎づけられて一連の中間的な活動を指図するが，この目的はなすべき，あるいはなされるべき何かであるか，あるいは達成されるべきある触知できる結果である。すなわち，問題は知的な疑問というよりは，むしろ実際上の困難さである」[103]。あるい

第5章　実験学校のカリキュラム編成の原理的特質

は，オキュペイションの導入と関連して，「思考は，また，それ自身のために生じるのではないし，それ自体が目的ではない。それはある困難に対処する必要から生じるし，それを克服する最善の方法を熟考することにおいて生じ，そして次に，計画すること，すなわち到達すべき心的な結果を考え出し，そして必要な段階及びそれらの連続的な手順を決定することに導くのである。」[104]と表現している。

　だから，この第二期においては，たとえば彼もいうように，「歴史の作業では，物語や伝記の形式から，そこで生じた疑問の議論から，問題の設定への変化がある。意見の相違が可能になる点，経験，反省等が生じるできごとが，常に歴史に現れてくる。しかし，この疑問や相違のことがらを一定の問題へと発展させるために議論を用いたり，それゆえまた，その点を支える材料を探すために彼に自分自身の資源を産出させ，そしてそれを活かすために，あるいは一つの解決策を得るために彼の判断を産出することは，顕著な知的進歩である。理科においても同様で，カメラを作ったり使用する実際的態度からこの中に含まれている知的な問題の考察，すなわち，その実際に関する理論や説明を与える光，角度，測定，等の原理への変化がある。」[105]といった扱い——指導が大切になってくるのである。

　そして，彼によれば，「力が生長するにつれ，子どもは，目的を見出され，発見されるべき何かとして考えることができる。そして，彼の行為とイメージを探究と解決を手助けするように制御することができる。これが正当な反省的注意である。」[106]という。すなわち，"知的な問題解決"ということが中心となると，それは中等教育期たる第三期の到来ということになるのである。

　後に『思考の方法』を書いたとき，デューイは，その序文において，「この本は，必要とされる確固とした，そして中心となる要素は，努力の結果として，私たちが科学的と呼ぶ精神のあの態度，すなわちあの思考の習慣を採用する中に見出されるという確信を表している。この科学的な精神態度は，おそらく子どもたちや若者を教えることとは全く無関係であるかもしれない。しかし，この本は，また，そんなことは正当な論拠ではない。そして，

燃えるような好奇心，豊富な想像力，そして実験的な探究への愛情によって特色づけられる子ども時代の生来の，そして損なわれていない態度は科学的精神の態度に近い，非常に近いという確信を表している」と述べ，そして，このような本の観念を引き起こし，また，その観念を実践において具現し，検証したような具体性を獲得することができたのは「妻のお陰であり，また1896年から1903までシカゴに存在した実験室学校と関連した彼女の仕事を通して」であるし，また，「その学校の運営における教師や管理者として協力した人々の知性と共感」のお陰であるとして感謝の言葉を述べている[107]。シカゴの実験学校の成果がその後のデューイの理論的著作に与えた一つの成果であるといえよう。

第8節　カリキュラム編成における3R'sの処遇

　デューイが実験学校を始めた当時の小学校の伝統的なカリキュラムでは，「入学した子どもの最初の三年間の75％ないし80％の学習が読み・書き・算という記号の学習」——いわゆる3R'sの学習に充てられていた。このような現実を改め，それらの学習を「子どもが真に獲得するのに値するもの」と考え，取り組むためにはどうすればよいか。こんな問題意識が実験学校の開設を支える一つであったことは既述の通りである（第2章参照）。
　そして，実際の実験学校では，子どもがグループⅥ（8歳〜8歳半）になるまでは，これらの記号学習を独立した形では行わず，常に他の学科の学習と"相関"して行っていた。そして「教科の分化の開始」となるこのグループになって，初めて，今までの相関的な学習とともに，いわばそれ自体の学習として独立的な3R'sの学習が実践されていたことは，第4章で報告した通りである。
　それでは，その結果はどうであったのだろうか。実験学校の扱いにより，子どもは3R'sの学習を「真に獲得するのに値するもの」と考え，学習したのであろうか。
　この点に関する報告が『学校と社会』でなされているので，次にその部分

第5章　実験学校のカリキュラム編成の原理的特質

を紹介することにする。すなわち，デューイによれば，「これまでの当校における経験は，たとえ論証的でないにせよ，次のような可能な結果を示している。すなわち，(1)より直接的な活動の様式，すなわち構成的でオキュペイションの作業，理科の観察，実験等々は，読み，書き（そして綴り），そして数の作業の必要な使用のための多くの機会や場を提供している。これらの事物は，それゆえ，孤立した学科としてではなく，子どもの経験の有機的な自然な結果として導入されるかも知れない。問題は，組織的かつ進歩的な方法によって，これらの機会を利用することである。(2)これらの学科がこのようにして確実にしている付加的な活力と意味は，通常それらに配当されている時間のかなり大幅な減少を可能にする。(3)読みであれ，計算であれ，作文であれ，記号に関する最終的な使用は，より知的であり，より機械的ではなくなっている。また，より活動的であり，受動的に受容的ではなくなっている。また，より力の増大であり，単なる享受の様式ではなくなっている。」[108]というような成果が上がっているという。

　今のところ順調である。すなわち，①相関の原理はうまく機能しており，子どもの3R'sの学習は，それ自体独立した機械的学習としてではなく，子どもの経験の有機的な自然の結果として行われていること，②このような学習方法により，これらの3R'sの学科のもつ活力と意味を増すことは，伝統的なカリキュラムにおいて通常，配当されている時間よりかなり大幅な減少の中で実現できること，③3R'sの使用は，従来と異なり，より知的で活動的，より力の増大をもたらすものとなっていること，が報告されている。

　そしてまた，経験から次のようなことも明らかになりつつあるという。すなわち，「(1)記号の認識と使用を教える際，生産と創造に関する子どもの力に訴えることが，早い年齢において，可能であること。また，原理としては，はるかに一層直接的であるように思われる他の方向における作業においても全く同様である。そしてまた，子どもが自分の進歩を測定できる一定の明確な成果という利点があること，(2)この事実を十分に考慮することの失敗は，これらの仕事の方向の他の面を不当に遅らせ，知的により進歩した面にまで発達した子どもがより初期に力と創造の形式であったものを退屈な課業であ

235

ると感じる結果をもたらす。(3)これらの学科（study），そして技術ないし特別な方法の習得が勧められるすべての学科に配当される時間に関する学校プログラムにおける定期的な集中と交替への要求がある。つまり，すべての教科（subject）を同時に，そしてプログラムを同じ速さで取り扱うのではなく，子どもが今前に進み，独立して使用することができる力ないし技術を持っていると認識するようになるまで，時にはあるものが前面にもたらされ，他のものが背後に下げられなければならない。」[109]と。

　3 R'sの学習はもっと早い年齢にある子どもの経験から可能であること，しかも子どもが自らの進歩の状況を自分で測定できるような成果があげられつつあること，さらには子どもの認識の状況に応じて，ある教科・プログラムを集中して，次には交替させて指導するというように時間配分の工夫を重ねながら実行すると都合のよいこと等も明らかにされつつあるという。しかし，忘れてならないことは，このようなことは何も3R's自体の独立的学習を早くから始めよということではなく，現に実験学校で行っている取り組みを早め，あるいはかける時間にしても集中－交替という配慮をしながらということであろう。

　註
(1)　デューイ，宮原誠一訳『学校と社会』岩波文庫，昭和32（1957）年，p.183.
(2)　John Dewey, The School and Social Progress, in *The School and Society*, MW, Vol. 1, p.6－7.
(3)　Ibid., p.10.
(4)　John Dewey, *My Pedagogic Creed*, MW, Vol. 5, p.93.
(5)　John Dewey, The School and Social Progress, in *The School and Society*, MW, Vol.1, p.8.
(6)　Ibid., p.9.
(7)　Ibid., p.9.
(8)　Ibid., p.9.
(9)　Ibid., p.9.
(10)　Ibid., p.12－13.

第 5 章　実験学校のカリキュラム編成の原理的特質

(11)　Ibid., p.10.
(12)　Ibid., p.10.
(13)　Ibid., p. 24.
(14)　Ibid., p. 12.
(15)　John Dewey, *The Psychological Aspect of the School Curriculum*, EW, Vol. 5, p.164.
(16)　John Dewey, The School and The Life of The Child, in *The School and Society*, MW, Vol. 1, p.23.
(17)　Ibid., p.23.
(18)　John Dewey, *Plan of Organization of the University Primary School*, EW, Vol. 5, p.224.
(19)　John Dewey, *The Child and the Curriculum*, MW, Vol.2, p.278.
(20)　Ibid., pp.277−278.
(21)　John Dewey, The School and The Life of The Child, in *The School and Society*, MW, Vol. 1, p.29.
(22)　Ibid., p.29.
(23)　Ibid., pp.29−30.
(24)　John Dewey, *The Psychological Aspect of the School Curriculum*, EW, Vol. 5, p.175.
(25)　John Dewey, *The Child and the Curriculum*, MW, Vol.2, p.285.
(26)　John Dewey, *Results of Child-Study Applied to Education*, EW, Vol. 5, p.204.
(27)　John Dewey, *The Psychological Aspect of the School Curriculum*, EW, Vol. 5, pp.171−172.
(28)　Ibid., pp.173−174.
(29)　Ibid., pp.174−175.
(30)　John Dewey, *The Psychology of Elementary Education*, MW, Vol.1, p.69.
(31)　Ibid., p.70.
(32)　Ibid., p.71.
(33)　Ibid., p.71.
(34)　Ibid., p.72.
(35)　John Dewey, *The University Elementary School: History and Character*, 1897, MW, Vol. 1, pp.330−332.
(36)　John Dewey, *The University Elementary Record*, July 1, 1898, in The President's Report 1897−1898.
(37)　John Dewey, *Mental Development*, MW, Vol. 1, pp.192−237.

(38) John Dewey, The Psychology of Elementary Education, in *The School and Society*, MW, Vol.1, pp.73－74, 79－80.
(39) John Dewey, *The Psychology of Elementary Education*, MW, Vol.1, p.73.
(40) Ibid., p.73.
(41) Ibid., p.74.
(42) Ibid., p.74.
(43) Ibid., p.74.
(44) Ibid., pp.74－75.
(45) Ibid., p.79.
(46) John Dewey, *Plan of Organization of the University Primary School*, EW, Vol. 5, p.224.
(47) John Dewey, *The Psychology of Occupations*, MW, Vol.1, p.92.
(48) John Dewey, Interpretation of the Savage Mind, 1902, in *Philosophy and Civilization*, 1931, 1968, Peter Smith, p.175.
(49) Ibid., p.176.
(50) Ibid., pp.176－177.
(51) Ibid., pp.178－179.
(52) Ibid., p.183.
(53) Ibid., p.184.
(54) Ibid., pp.184－185.
(55) Ibid., p.185.
(56) Ibid., p.186.
(57) Ibid., pp.176, 187.
(58) Ibid., p.177.
(59) John Dewey, *The Place of Manual Training in the Elementary Course of Study*, MW, Vol. 1, p.233.
(60) Ibid., p.233.
(61) Ibid., p.233.
(62) Ibid., p.234.
(63) John Dewey, *Plan of Organization of the University Primary School*, EW, Vol. 5, pp.224－225.
(64) Ibid., p.225.
(65) Ibid., p.225.

第5章　実験学校のカリキュラム編成の原理的特質

(66) Ibid., p.226.
(67) Ibid., pp.229-230.
(68) John Dewey, The School and Social Progress, in *The School and Society*, MW, Vol.1, p.9.
(69) Ibid., p.9.
(70) Ibid., p.12.
(71) John Dewey, *The Place of Manual Training in the Elementary Course of Study*, MW, Vol. 1, p.230.
(72) Ibid., pp.230-231.
(73) *University Record*, December 30, 1898, p.253.
(74) John Dewey, The Development of Attention, in *The School and Society*, MW, Vol.1, p.99.
(75) *University Record*, December 30, 1898, 254.
(76) John Dewey, *The Place of Manual Training in the Elementary Course of Study*, MW, Vol. 1, p.231.
(77) Ibid., pp.235-236.
(78) Ibid., p.236.
(79) Ibid., p.237.
(80) Ibid., p.237.
(81) John Dewey, The Aim of History in Elementary Education, in *The School and Society*, MW,Vol. 1, p.104.
(82) Ibid., p.104.
(83) Ibid., p.104.
(84) Ibid., p.104.
(85) Ibid., p.105.
(86) Ibid., pp.108-109.
(87) 小柳正司「シカゴ大学実験学校の記録：1896-1899年」『鹿児島大学教育学部研究紀要　教育科学編』第51巻，2000, p.149.
(88) 同上書，p.150.
(89) 同上書，p.151.
(90) 同上書，p.160.
(91) John Dewey, The Psychology of Elementary Education, in *The School and Society*, MW, Vol. 1, p.74.

239

(92) Ibid., p.75.
(93) Ibid., pp.75−76.
(94) Katherine B. Camp, Science in Elementary School, in *The Elementary School Record, No.6, Science,* The University of Chicago Press, September, 1900, p.155.
(95) Ibid., p.156.
(96) Ibid., pp.157−158.
(97) Ibid., p.158.
(98) Ibid., p.161.
(99) Ibid., p.161.
(100) Ibid., p.162.
(101) John Dewey, The Development of Attention, in *The School and Society*, MW, Vol. 1, p.103.
(102) Ibid., p.100.
(103) Ibid., p.101.
(104) Ibid., p.93.
(105) Ibid., pp.101−102.
(106) Ibid., p.101.
(107) John Dewey, *How We Think*, 1910, MW, Vol. 6, Preface.
(108) John Dewey, The Psychology of Elementary Education, in *The School and Society*, MW, Vol. 1, pp.78−79.
(109) Ibid., p.79.

第6章 研究のまとめと課題

第1節 研究のまとめ

　本書のタイトルは『デューイの実験学校カリキュラムの研究』であり，筆者は，この追究のために本書を6章構成にした。ここではまず，以下のように，このうちの5章までのまとめをしておきたい。

　筆者は，まず「第1章　研究の目的，意義，内容及び方法」では，第1節として，本論文は明星大学人文学研究科に提出の博士論文であること，また，この論文では，ジョン・デューイ（John Dewey, 1859-1952）がシカゴ大学に開設した附属の実験学校（1896年1月～1904年6月）のカリキュラムの実際的特質及びその編成原理等を明らかにすることを目的にしていることを述べた。

　続いて，第2及び3節においては，このような目的をもつ本論文の意義として，わが国及びアメリカにおけるデューイ研究，就中カリキュラム研究の状況を扱った。

　このうち，第2節のわが国の場合をいえば，第1項～第5項から構成されており，そのうちの第1項では，船山謙次の著書によれば，第二次大戦後のわが国では最初デューイを熱狂的に取り入れたが，――デューイの実験学校や彼のカリキュラムには目をつむり――，やがてデューイの理論ではカリキュラムを編成できないのではないかと批判されるようになった点を取り上げて記述した。次に第2項では，筆者の二つの論文を基に，第二次大戦後のわが国の文部省「社会科」や，コア連には，デューイの説なりカリキュラム論の紹介が欠如していたことを指摘した。

　次に，第3項では明治期から今日までのデューイ研究を，第4項では日本

デューイ学会「紀要」を中心に，わが国におけるデューイ研究の特質を取り上げ，それらの結果，わが国には明治20年代から今日まで極めて多くのデューイ研究があるものの，彼のカリキュラム研究は少なく，ましてや彼が開設したシカゴ大学附属の実験学校の実践的資料を駆使した研究は始まったばかりの状況にあることを指摘した。

また，第5項では，デューイの実験学校期の論文・著書の翻訳状況，及び10冊に及ぶデューイのカリキュラム関連の研究図書を分析し，これらにおいても実践的資料を使っての実験学校カリキュラムの研究は皆無であることを明らかにした。

一方，第3節では，アメリカにおけるデューイのカリキュラム研究の状況を取り上げている。そして，デューイの哲学なり教育理論一般が多いのに比べ，カリキュラム研究の少ないこと。また，メイヒューとエドワーズ両女史に成る『デューイ・スクール』（初版は1936年）以後，この本の資料にたよったデューイのカリキュラム研究がみられたりするものの，実験学校の実践的資料を駆使するカリキュラム研究は，最近のタナー女史（Laurel N. Tanner）に象徴されるように，まだ始まったばかりとの印象を受けることを記述した。

そして，最後の第4節では「論文構成の内容及び研究の方法・資料」を扱っている。研究の内容としては本書の構成を扱い，研究の方法・資料としては，とりわけ本論文で使用する実験学校の実践的資料として1900年2月～12月にかけてシカゴ大学出版部より刊行された9分冊よりなる『初等学校記録』（The Elementary School Record）に絞った理由，及びこの資料にある各グループ別のカリキュラムの実際について全訳しながら紹介する理由等を詳述した。

次に，「第2章　実験学校の開設とその歩み」と題して，第1節から第4節にわたり，実験学校の開設とその歩みを検討した。

第1節では，この学校は大学附属学校，大学附属小学校，実験室学校，実験学校等いろいろと呼称されているが，本論文では「実験学校」ないし「デューイの実験学校」と呼ぶことにした理由を取り扱った。続く第2節では，「実験」

第6章 研究のまとめと課題

ということばについて検討し，その結果，デューイは，教育学においても自然科学のように実験が必要だと考えたこと，すぐに役立つ成果を求めるのではなく，ある原理をテストしたり，またその原理や事実を増やすことを目的と考えていたこと，大学・大学院学生と実験学校とが相互乗り入れのできる良好な関係を築くこと等を明らかにした。

　第3節では，実験学校を開設して実験すべき内容として五つのことを検討した。そのうちの一つは「学校と生活との結合」ということであり，当時の学校が教科を学ぶ場と考えられていたのとは異なり，学校と生活とを結合させ，学校に家庭や近隣の生活にみられる内容を導入する方策を求めていたこと。二つめは「歴史と理科と芸術のたて直し」と題し，当時の3R'ｓ中心の学校に導入されかけていた歴史，理科，芸術等の内容や方法をいかにすれば子どもの生活に秩序ある発展を図ることができるかを探そうとしていたこと。三つめは「読み・書き・算の，いわゆる3R'ｓの改善」とし，ここでは，当時，最初の3年間の75〜80％が3R'ｓで占められていた現状を生理学上の運動筋肉の発達面からみても不当であると考え，この現状を改め，いかにすれば子どもがその必要を感じ，かつ他教科等の学習と関連をもつようにできるかを探ろうと考えていたこと。四つめは「子どもへの個的対応」と題し，子ども個々人の知的，道徳的，身体的生長・発達等を把握し，それに応じる少人数編成や集団編成の問題，教師の配置問題をいかにするかという課題をもっていたこと。

　そして，以上の四点はデューイ自身が，いわば公的に認めている開設理由であるが，本論文では，今一つ，いわば個人的な理由として，「自分の子どもたちの教育のため」を取り扱った。そして，ここでは，当時，デューイには3人の子どもがいたが，その子どもに，知的に退屈な当時の小学校教育を味わわせたくなく，自らの考える新しい教育をうけさせたいという願いのあったことを明らかにした。

　最後の第4節は「実験学校の歩み」と題して，大きく二点について検討した。一つは，実験学校が最初の1896年1月から，その終息する1904年5月までの間に経験した3回の移転（計4ヵ所で開設）について，それぞれの場所，

243

子どもや教師の数等について明らかにした。今一つは，そのような実験学校の発達の時期区分の問題であった。

　第3・4章では，それぞれ実験学校のカリキュラムの様子を扱ったが，このうち「第3章　実験学校のカリキュラムを支える要因」においては，実験学校カリキュラムを支える三つの要因を検討した。

　第1節は「異年齢混合集団編成からグループ別集団編成へ」と題し，子どもの集団編成の問題を検討し，その結果，実験学校では当初は異年齢混合による集団編成をしていたが，途中からは（1896年10月頃），やや年齢別に近い"グループ"別の集団編成へと変更したことを明らかにした。続く第2節は「オール・ラウンド型教師からスペシャル型教師へ」と題し，このような集団編成の変化につれ，当初の一人の教師がいろいろな教科を受け持つオール・ラウンド型教師から，それぞれの教科の専門家であるようなスペシャル型教師の配置へと転換したことを明らかにした。

　第3節は「時間割編成について」と題し，メイヒューとエドワーズの『デューイ・スクール』に紹介されている時間割に沿って，実験学校の授業の時間割を検討した。

　そして，「第4章　実験学校のカリキュラムの実際」では，第1節〜第9節において，『初等学校記録』に掲載されている各グループ別（4歳〜13歳までの計9グループ）のカリキュラムの実際的な特質について，まず「要点」を記述し，次いで「実践の特質」として『初等学校記録』の報告を全訳している。

　「要点」では，それぞれのグループの年齢や人数等の特質，担当者，報告者等について紹介した上で，それぞれのグループのカリキュラムの概略を示した。

　『初等学校記録』に見られる各グループの報告は9分冊中の2冊ずつにわたりなされている。そして，各グループの最初のものは秋学期の報告と冬及び春学期の予定であり，他の1冊では冬及び春学期において実際に行われた実践の報告がなされている。このため，「実践の特質」ではこのままの順序に沿うことにし，その際，筆者なりの見出しをつけながら，各グループの報

第 6 章　研究のまとめと課題

告を全訳した。

　最後の第10節は「中等教育期のカリキュラムについて」と題し,『初等学校記録』には報告がみられないが,『デューイ・スクール』には報告されている実験学校の14・15歳児のカリキュラムを取り出し,検討した。その結果,実験学校にいる中等教育期の子どもの在校期間が短かったことに加え,大学入試の準備等もあり,中等教育カリキュラムと銘打つようなものは認められず,むしろ初等の延長という色彩の強いことを明らかにした。同時に,わが国におけるデューイの中等教育カリキュラム研究の再検討が必要なことを指摘した。

　「第 5 章　実験学校のカリキュラム編成の原理的特質」においては,第 4 章で検討したようなカリキュラムを編成する原理的な特質と思われるものを八つ取り上げ,検討した。

　第 1 節は「小型の社会としての学校のカリキュラムの編成」と題し,ここでは,産業化の進行するアメリカの学校にコミュニティの生活を取り戻すべくオキュペイションを中心とした小型の社会となるように,学校のカリキュラムを編成すべきことを検討した。

　第 2 節は「心理化されたカリキュラムの編成」と題し,ここでは,一方の極にある教科内容をカリキュラム編成する場合には,他方の極にある子どもの経験へとそれらを翻訳しなければならないこと(「心理化する」)を扱った。

　第 3 節は「生長の過程に沿ったカリキュラムの編成」と題し, 4 歳〜 8 歳, 8 歳〜12ないし13歳,それ以後という大きく 3 段階区分に沿ったカリキュラム編成を考えることの必要を検討した。

　第 4 節は「オキュペイションを中心とするカリキュラムの編成」と題し,オキュペイションとは社会生活の中で営まれる作業の子どもの側における活動の一様式であるとの見解をもとに,人類の歴史を振り返りつつ(その際,文化史段階説ないし反復説の意義に言及),当時の実験学校では,実際には料理,裁縫,木工を典型とするオキュペイションを中心にカリキュラムを構成したことを明らかにした。

　第 5 節は「カリキュラム編成における「相関」の原理」と題し,実験学校

ではオキュペイション中心の統合的なカリキュラム編成から，やがてそれと「相関」しながら次第に地理・歴史，理科，読み・書き・算の知的コミュニケーション等へと"分化"する．→さらには専門分化する中等教育期へと至るカリキュラムの必要なことが提案されていることを検討した．

第6節は「初等教育カリキュラムにおける歴史及び理科の意義」と題し，当時の考え方とデューイの考え方とを検討した．その結果，デューイが歴史の本質を，単なる過去の記録としてではなく，社会生活の力と形式の説明と考えるところにあると考え，実験学校においてもそのような歴史教育を実践したこと．他方，理科も，抽象的な形式化のための実験とは考えず，むしろ歴史と同様，手段－目的関係の直接性から間接性へという発達的特質の中に位置付ける実践をしたことを明らかにした．

第7節は「反省的思考を育てるカリキュラムの編成」と題し，当時の教師中心，教材中心の行き方の中にあって，デューイは，むしろ子どもの反省的注意（後に反省的思考ないし探究）を育てるカリキュラム編成の必要を述べ，実践も行ったことを明らかにした．

最後の第8節では「カリキュラム編成における3R'sの処遇」と題し，実験学校ではグループⅥ（8歳～8歳半）になるまでは独立した3R'sの学習はなされず，すべては他の学習と「相関」してなされたこと．また，この年齢以後は，「相関」的な扱いとともに，独立した扱いがなされるようになったこと等を明らかにした．

第2節　わが国の学校教育への示唆

第1項　「心理化されたカリキュラムの編成」の必要性

筆者は，本論文の第1章第2節第1項において，戦後の新教育期にアメリカの経験主義教育，とりわけデューイの教育論が注目されたが，やがて"はいまわる経験主義"とか"指導性・方向づけの後退"[1]などと批判されたことに触れた．それは，結局は，「知識の主体的組織」を重視し，その反面に

第6章　研究のまとめと課題

おいて「知識の客観的組織」を軽視，ないし無視するからであるという点に求められた。末吉悌次によれば，「『何を経験させるか』についての内容的観点が確立されない」[2]という点——「系統ということのおこりは，学習内容の系統であり，問題解決学習とそのカリキュラムとに欠けたところの系統であったと考えられる」[3]ということになる。

　しかし，考えてみれば，このようなデューイ教育学のコメントをする際，彼が1896年から1904年までシカゴ大学に附属の実験学校を開き，また，そこで行われていた4歳から15歳までの子どものカリキュラムの存在がどれほど念頭に置かれていただろうか。第1章第2節第2項において筆者が扱った戦後初期の二つの拙論（「戦後初期『社会科』と J. Dewey」「コア・カリキュラム連盟の『三層四領域』論と J. Dewey」）を通しても，注目され，導入されたのはせいぜい"問題解決学習"という方法的側面であり，デューイのカリキュラム論が本格的に研究され，導入された形跡はない。否，むしろ，デューイにカリキュラムなどという物が存在するかといった声の方が強かった気さえするくらいである。

　そこで，今，シカゴ大学附属の実験学校における4歳から15歳までの各年齢段階の実践カリキュラムからみると，当時のわが国における「知識の客観的組織かそれとも主体的組織か」といった議論は，どうも"あれかこれか"の二者択一的な議論に陥っていたように思われる。デューイの見方からすれば，元来，単一の過程である一方の極を他方から切り離し，専ら大人中心，学科中心の観点からものを見る結果に陥ってしまったということになるのではあるいまいか。

　彼の場合，"知識の主体的組織"（＝いわば知識は経験から再構成されるとする見方）が重視されたことは確かと思うのであるが，しかし，それは決して教える内容を決めることを躊躇させたのではない。彼によれば，教える内容は"心理化されたもの"でなければならない。つまり，単一の過程の他方の極である子どもの現在の経験を分析し，それを方向付けるどんな知識が必要とされているかを明らかにすることが大切とされている。ところが，わが国の議論は"あれかこれか"といった二者択一に陥り，デューイの"心理化

247

されたカリキュラムを"という主張やその実践にまで目を向ける余裕がなかったように思われる。

　デューイは，この知識の問題を探検家にとっての"地図"の問題として受けとめ，次のようにいっている。是非とも味わうべき言葉だといえよう。すなわち，「私たちは，論理的な見地と心理的な見地との相違というものと，探検家ができるかぎり最適の方法で自分の道を発見し，道しるべをつけて，新しい土地にしるしをつけることと，その土地が完全に探検しつくされた後に構成され，最終的に仕上げられた地図とのあいだの相違とを比較してみることができるだろう。……地図というものは，個人的な経験を秩序立てたものであって，その個人的な経験を，その原初的な発見における地域特有で当面する周囲の状況や偶然的な出来事とは無関係に，相互に結び合わせたものである。」[4]──「地図は，それ以前になされた経験の要約であり，配列であり，順序よく整理された展望図であるが，その地図は，未来の経験へのガイドとして役立つのである。地図はまた方向性を導き，コントロールすることを促す。地図はまた，期待する結果である目的地へ，最も速やかにかつ最も着実に導かれる小道を指示してくれることにより，……労力を節減してくれるのである。……わたしたちが理科であるとか，教科の学習とか呼んでいるものは，未来のために最も役立つようにつくられた形式において，正味過去そのものの経験が投入され掲載されたものである。」[5]と。

第2項　オキュペイションと生活科→総合的な学習の時間との関係

　周知のように，わが国では，「生活」科が平成元年の学習指導要領によって，また，「総合的な学習の時間」が平成10年の学習指導要領によって，それぞれ新設された。日本デューイ学会も，この動きに呼応する形で，1992（平成4）年度に第36回全国研究大会が上越教育大学で開催された際，シンポジューム「生活科の基礎理論を問う──デューイから学ぶもの──」を組んでいる[6]。また，2000（平成12）年度に第44回全国研究大会が東京の富士短期大学で開催された際には，課題研究「総合的な学習の時間とデューイ」を設けている[7]。

第6章　研究のまとめと課題

　他教科等とデューイの関係はこれまで取り上げられてこなかったが，生活科や総合的な学習の時間が新設された際には，これらとデューイ教育学との関係が問われたわけである。もっといえば，日本デューイ学会が日本の学校現場の動きとデューイ教育学との関係を問うようになったとすら考えられよう。
　では，この「生活」，そして「総合的な学習の時間」とデューイとの関係はどのように考えることができるであろうか。
　まず，「生活」科であるが，この教科は，小学校第1・2学年（7・8歳）を対象に新設された教科である。そして，各学校では，その目標にあるような，「具体的な活動や体験を通して，自分と身近な人々，社会及び自然との関わりに関心をもち，自分自身や自分の生活について考えさせるとともに，その過程において生活上必要な習慣や技能を身に付けさせ，自立への基礎を養う。」[8]教育が展開されている。
　生活科では，同じ教科でありながらも，他教科の学習が知識・技能等をいわば目的として行われるのとは異なり，それら知識や技能（広くは文化遺産であろうが），あるいは生活習慣・技能自体は，いわば子どもが「自分自身や自分の生活について考える」手段・道具であると考えられている。この"道具主義"という観点を実験学校でみると，3R'sの受け止め方や実践，あるいは歴史や地理，理科等の扱いはすべてそのようであったといえよう。いずれもそれら自体を目的として学習させるのではなく，それらは「心理化され」たもの——だからまた，子どもにとっては自己の世界を広げ，深めることになると考えられたのである。
　ただ実験学校では，生長の過程に沿い，カリキュラムは料理（cooking），木工（carpenting），裁縫（sewing）を三典型とするオキュペイション中心の総合的な（ないし統合的な）カリキュラム編成から，次第にいろいろな教科へと分化する（彼の場合，「相関」の原理）カリキュラム編成が採用されていたが，わが国の場合，第1・2学年であっても，生活科のほかにいろいろな教科が並列的に存在し（二元論的ないしは多元論的），学習されるべきとされているところは異なっている。

それでは，料理，木工，裁縫，換言すれば衣・食・住といった内容（＝コミュニティの生活を支える内容）をオキュペイションと考える点はどうであろうか。

　生活科の場合，たとえば「学校生活」「家庭生活」「地域の人々や場所」「公共物」「身近な自然や季節や地域の行事」「遊び」「動・植物の飼育栽培」「自分の成長」が内容となっていることを考えれば，一部に共通的な内容も可能であろうが，基本的には，19世紀後半から20世紀初等にかけての料理，木工，裁縫を典型とするオキュペイションそのものが取り入れられているとはいえない。しかし，デューイによれば，オキュペイションが「社会生活の中で営まれているある形の作業を再生し，あるいはその作業に対応する子どもの側における活動の一様式」であったことからすれば，衣・食・住，遊びや自然の学習等において子どもの"活動や体験"を重視する学習が展開される生活科は，オキュペイション中心の実験学校と類似した活動を展開する教科と考えられ，共感を呼ぶことであろう。

　次に，「総合的な学習の時間」であるが，この時間は，小学校第3学年から中学校および高等学校を対象に新設された。なお，教育職員養成審議会は「新たな時代に向けた教員養成の改善方策について　第一次答申」の中で"総合演習"を教職科目として新設する答申をしているが[9]，この"総合演習"は，まさに大学版の総合的な学習の時間であると考えられる。

　この総合的な学習の時間と「生活」との関係をねらいからみることにする。そうすると，小・中・高校の学習指導要領にはこの総合的な学習の時間のねらいが(1)(2)(3)という3点にわたって記述されている。その中でも，(2)の「……自己の生き方（高校は「在り方生き方」）を考えることができるようにすること。」[10]と規定されていることに，この総合的な学習の時間のねらいの中核が求められる。そして，この「自己の在り方生き方を考える」というねらいは，まさに生活科でいう，子どもが「自分自身や自分の生活について考える」というねらいと同質であるといえよう。

　こんな事情も手伝い，生活科は第1・2学年に特有の教科として新設され，その後は小学校第3学年から中学校及び高等学校の総合的な学習の時間へ，

第6章　研究のまとめと課題

さらには大学における総合演習へと連続するといった見方・考え方が提案されたのであろう。

　それでは，この総合的な学習の時間にはいかなる内容がどのような活動を通して実践されているのであろうか。

　生活科の場合とは異なり，総合の時間においては，内容は学習指導要領には規定されず，例示にとどめられている。すなわち，小・中学校の学習指導要領には「国際理解，情報，環境，福祉・健康などの横断的・総合的な課題，児童（生徒）の興味・関心に基づく課題，地域や学校の特色に応じた課題など」と例示されている。ところが，この例示がうまく伝わらなかったのか，平成15年の中教審答申[11]には，改めて「各学年の『目標』・『内容』を含めて『総合的な学習の時間』についての『学校としての全体計画』を作成」することが各学校に求められた。

　しかし，先導的な学校では，この答申の出る前から各学校なりの内容（＝「内容系列表」，いうなれば，学習指導要領）を作って，実践を重ねている。そして，これらの中でも，たとえば広島県福山市立光小学校，鳥取県倉吉市立上北条小学校，富山県入善町立黒東小学校などは，生活科との関連性を入れながら総合的な学習の時間の「内容系列表」を作成している。そして，その下で，たとえば「昔の生活を調べて，昔のワールドをつくり，みんなに発表しよう」（第3学年），「下山，新発見！－下山のよさをみつけよう」（第3学年），「黒東っ子クリーン大作戦」（第4学年），「お米の大切さを伝えて，より多くのお米を食べてもらおう」（第5学年），「日本の味ってどんな味？」（第5学年），「光小に残そう，輝いている自分～表現活動を通して～」（第6学年）といった単元を開発しての学習が展開されている[12]。

　このような総合的な学習の時間の考え方やその展開などと実験学校の様子とを比べると，デューイの場合，「相関」（＝分化）の原理が導入されても，オキュペイションそのものがなくなるわけではなく，「手工」として残るとともに，オキュペイションから分化した他の学科，すなわち「歴史と地理」「知的コミュニケーション」学科もともに存立していた。一方，わが国の場合，諸学科の並列とともに総合的な学習の時間が存在しているので，形の上

から判断すれば，両者は類似しているといえよう。

　また，内容や単元からみると，生活科の延長・発展としての総合的な学習の時間においては，先の単元例からも伺えるように，実験学校の内容とは異なるものの（一部に共通的なものも可能であろう），地域性豊かな子どもの"活動や体験"を重視した学習が展開されていることも類似しているといえよう。

第3節　実験学校とその後のデューイ教育学の発展

第1項　実験学校の意義と課題

　デューイにとって実験学校は約8年ちょっとという短期間の教育実験であった。実験学校を中止してコロンビア大学に赴任するようになった理由は，彼の実験学校が財政的に行き詰まり中止せざるを得なかったわけでもないし，あるいは実験学校を支える理論が破綻したとか，あるいはその必要がなくなったとかいったものではなかった。次年度以降の学校の管理スタッフの何人かを辞めさせるという理事会との行き違いということであった（第2章第4節参照）。彼がシカゴ大学に赴任したときには想像することすらできなかった出来事であったと思う。

　ところで，彼が実験学校を開設したとき，「実験」が意味するように，理論的な考え方を試したり，それを支える事実を増やしたり等するためであり，決してある固定的な理論がありそれを適用したり，あるいはすぐにその成果を公立学校で実践化できる方法を探るという類いのものではなかった。

　タナーもいうように，実験学校を開設したときにはデューイにはほとんど著作した論文なり本はなかった。だから，試す理論があったといっても，それは彼の心の中に暖められていた思いであり，それらは実験を通して確かにされ，あるいは具体化されたり，変更されたりしたのではないかと思われるのである。このような意味で，実験学校を開設したとはいえ，まさに，ある考えをもって実践に臨み，その成果を持って一層の理論化をし，再びそれを実践に移し，その考え方を豊かにするといった，まさに理論と実践の行きつ

第6章　研究のまとめと課題

戻りつの関係の連続であったと思われるのである。
　たとえば，実験学校当初，異年齢の子どもを一人の教師で受け持つというシステムで出発しながら，すぐに（1896年10月頃に）スペシャルな専門別の教師による年齢別に近い子どもグループの担当というシステムに変えたり（第3章第1・2節），あるいは「社会的オキュペイション」概念の創出（第5章第6節）などを考えればよい。
　また，大学にしても，まだ開始早々の大学であり（＝シカゴ大学はデューイの着任の2年前に創設される），哲学科に教育学科を加えたり，教育学を正規の学問としようとするなど本格的な体制を整えようとしていた。小柳は，シカゴ大学が大学院中心の研究大学であったことを前提にしながら，デューイのねらいは「実験科学としての教育学」の構築であったとし，次のように述べている。「大学の教育学科は初学者を対象に初歩的な教育理論を教授したり，教授法の基本について実践的な訓練を施すことを目的としているのではない……。それは，既にカレッジや師範学校を卒業して一定の学識を有している者，あるいは教育現場の実情にある程度精通している者を対象に，既存の教育理論や実践を批判的に吟味し，彼らが『教育学上の発見や実験』というオリジナルな研究活動に従事することを目的にしているのである。」[13]と。──そして，この一環として，自然科学の場合と同様，教育学研究においても実験室（laboratory）が必要であるとして，後の「実験学校」の開設に行き着いたのである。──
　デューイのシカゴ大学時代をこのように考えるところから，筆者は，次のような評に対し，少なからず疑問を抱くのである。すなわち，「この（シカゴでの──筆者注）教育実践は彼の教育的信条をますます強固なものにし，1916年の『民主主義と教育』出版の基礎となったことを意味するとともに，コロンビア大学へ移籍した1904年以降，彼は実験学校を設立し得る立場に再び就きながら，それに踏み切らなかった原因は何であったかに関する一つの推論を可能にするといえる。その推論とは，すなわち，彼の立てた仮説が実践の結果に照らして吟味された際に，ほとんどそれに変更を加える必要がないほどに完全なものであると，自信に満ちて結論づけてしまったのではなか

253

ろうかというものである。それは，換言すれば，実践による経験にもとづいて，第二の仮設を新たに設定する必要を彼がほとんど認めなかったのではなかろうかというものである。」[14]——「いずれにせよ，新しい仮説を立て，それに導かれて実践に力を尽くし，より完全な教育実践と教育理論の結実に努力していこうとする姿勢を彼は放棄してしまったと言わざるをえない点で，ある程度の批判をどうしても免れ得ないのではなかろうか。」[15]

この評にみられるように，デューイがシカゴでの実験学校以外に実験学校を作って自ら運営に乗り出したということはその後の人生にとって確かになかった。しかし，筆者は，既述のように考えるところから，シカゴ時代に"彼の立てた仮設が実践の結果に照らして吟味された際に，ほとんどそれに変更を加える必要がないほど完全なものであった"——"第二の仮設を新たに設定して理論と実践をより完全なものにしていく努力を放棄した"とする評には異論を差し挟みたい。

また，ここにいわれる「第二の仮説」によって，論者がいったいどんな内容を期待しているのかに関しても不明である。いったいデューイはシカゴに何を残し，また，だからその後に何を追究すべきであったというのであろうか。

筆者には，既述の理論と実践との行きつ戻りつの関係の中から次第に教育理論を確かなものにしていったのではないかという指摘をするとともに——もしその後も実験学校が継続していたなら——，当時，実験学校に在学していた中等教育期の子どもを含め，中等期の教育実践やその理論化作業はどうなっているか，さらには高等教育はどうかといった課題も残されている。シカゴ時代以降，これらの面はどのような展開をしているかを検討することも残された課題である。

第2項　実験学校後のデューイ教育学の発展

ところで，同時に，この引用の中には，「この教育実践は彼の教育的信条をますます強固なものにし，1916年の『民主主義と教育』出版の基礎となったことを意味する」というように，シカゴ時代のよさや意義についての言及

第6章 研究のまとめと課題

もみられる。すなわち，シカゴ大学での教育実験がその後の彼の教育の理論化作業に大きな影響を与えたという指摘である。本論文の第5章第7節においても紹介したように，デューイ自身，後年に，たとえば1910年に『思考の方法』を書いたとき，その序文において，このシカゴの実験学校の実践に言及し，その知見が本書のアイデアとなったことを率直に認めているほどである。

　それではこの1910年の特質はどんなものであるのか，そしてまた1936年の『思考の方法』の改訂版との関係等はどのように考えればよいであろうか。もっといえば，実験学校の後のデューイの理論のどんなところにシカゴ大学での実験学校の成果が生きているとみればよいであろうか。たとえば，タナーによれば，後年の『思考の方法』(1910)や『民主主義と教育』(1916)に影響したと言うが[16]，果たしてどんな点であるのか。また，彼のその後の思想展開がもし「中期」，「後期」と分けられるとするなら，シカゴ期の成果は中期，後期のどんなところにどのように生きていると考えられるか。シカゴ期を初期とすると，中期，さらには後期との異同関係をどう見るか（＝デューイ思想が劇的に変化したとみるか，あるいは力点の置き所が変わったにすぎないとみるか等も含め）といった課題も気になる。

　たとえば大浦は，デューイの「実験主義の教育思想」について，「結果論的に言えば，デューイのシカーゴウへの転任そのものが(1894年――筆者注)，彼の実験主義哲学をいっそう洗練させるとともに，特にそれを教育学中心の（すくなくとも，教育に焦点を置いた）思想体系として展開させたもの」[17]といって，デューイの実験的な教育思想の開花期がシカゴ大学時代にあったという。そこで，同氏はデューイのシカゴ大学時代の教育的著作について丹念な分析を加えるのである。

　ところで，同氏は，このシカゴ大学時代までを実験主義教育思想の「初期」ととらえ，しかも「彼の教育思想の精髄は，ほとんどその時期（初期――筆者注）の内に既に獲得されていた。」[18]という。しかし，もし「初期」というなら，中期さらには後期といった時期区分も可能であろうが，この点はどのようにみればよいのであろうか。あるいは初期と後期といった二分法が可

能かも知れない。

　宮原は「三〇年代に入ると（直接的には「1929年の大恐慌にもとづくアメリカ社会自体の変動であった」[19]という――筆者注），デューイにおける社会への力点は決定的となり，社会改造のための社会理論と教育理論が展開される。しかし，デューイにとっては，社会の改造は，本質的には心的傾向の改造を意味し，……それはすなわち教育的過程にほかならない。」[20]――「そうであるから，教育理論の面では，社会の強調が三〇年代をつうじてつづけられ，第二次大戦後にまでおよんでいるのに，同じ時期に全体としてのデューイの活動の力点が社会のうえから個人のうえに移ったとしても不思議ではない。……ここでデューイにもういちど転機が訪れているのであり，力点が社会のうえから個人のうえに移されている。」[21]という。つまり同氏は，「個人と社会の相互作用」[22]というデューイの思想が根本的に変化したことはないが，しかし，力点が個人に置かれた時期および社会に置かれた1930年代以降とに二分可能であるというのである。

　ところで，同氏ははたしてシカゴ大学期のデューイの思想とその後の思想，たとえば『思考の方法』（1910）とか『民主主義と教育』（1916）の発展関係をどうみるのであろうか。1930年代を境にすると，いずれもその前ということになり，同氏によれば，力点が個人に置かれた時期ということで共通ということになる。しかし，それでは，たとえば「個と社会との相互作用」といったような思想がいつ，いかにして誕生し，発展したかといった議論は出てこない。

　さらには，シカゴ大学時代の教育学的著作には，たとえば『思考の方法』（1910）にみられる"反省的思考（reflective thinking）"とか，あるいは『民主主義と教育』（1916）において明らかにされたような，彼の教育学の基本的な用語である"経験（experience）"概念（たとえば人間を「経験」存在ととらえたり，「経験」に「教育的経験」と「非教育的経験」があり，教育的経験の目標を「経験の連続的改造」としての「生長」ととらえたりする等）などはなかったように思う。ということは，大浦氏のようにシカゴ時代を実験主義教育思想の「初期」ととらえ，それ以降のコロンビア大学以降と区別

第6章　研究のまとめと課題

する必要があるように思われる。

　つまり，このシカゴ大学時代のデューイ教育学の「初期」のあとを，はたして「中期」→「後期」とするか。あるいは「後期」として二分的にとらえるか。あるいはもっと別の，違った時期区分ができるのか。そして，それぞれの期の異同をどのようにとらえるか。「初期」は彼の基本的な教育学上の特質がほぼできあがった時期とするなら，「中期」，さらには「後期」はどのようにみるか。宮原のような整理の仕方ははたして妥当な見方であるか。このような課題も残されている。

註
(1)　船山謙次『戦後日本教育論争史』東洋館，1958，p.102.
(2)　同上書，p.106.
(3)　末吉悌次『現代の学習形態』明治図書，1966，p.160.
(4)　John Dewey, *The Child and the Curriculum*, MW, Vol. 2, pp.285-286.
(5)　Ibid., p.287.
(6)　このとき，筆者もシンポジストの一人として口頭提案するとともに，次の論文，すなわち，高浦勝義「生活科とJ.デューイ」『日本デューイ学会紀要第34号』1993を執筆した。
(7)　このとき，筆者も課題研究者の一人として口頭提案するとともに，次の論文，すなわち，高浦勝義「『総合的な学習の時間』の創造とJ.デューイ」『日本デューイ学会紀要第42号』2001を執筆した。
(8)　文部省『小学校学習指導要領』（平成10年12月）の第2章第5節「生活」参照。
(9)　教育職員養成審議会「新たな時代に向けた教員養成の改善方策について　第一次答申」平成9年7月28日。
(10)　文部省『小学校学習指導要領』，『中学校学習指導要領』，および『高等学校学習指導要領』（いずれも，平成15年12月一部改正）参照。
(11)　中央教育審議会『初等中等教育における当面の教育課程及び指導の充実・改善方策について（答申）』（平成15年10月7日）。
(12)　国立教育政策研究所『総合的な学習の時間の授業と評価の工夫－評価規準及び評価基準を介した指導の改善，自己学習力の向上及び外部への説明責任に向けて（第一次報告書）』平成15年3月参照。
(13)　小柳正司「シカゴ大学実験学校の創設の背景にあったデューイの教育学構想

－師範教育から教育科学へ－」『鹿児島大学教育学部研究紀要　教育科学編』第50巻，1999，p.226.
(14)　松村将『シカゴの新学校－デューイ・スクールとパーカー・スクール－』法律文化社，1994，pp.98－99.
(15)　同上書，p.99.
(16)　Laurel N. Tanner, *Dewey's Laboratory School—Lessons for Today—*, Teachers College, 1997, p.20.
(17)　大浦猛『実験主義教育思想の成立過程－デューイにおける初期教育思想の形成－』刀江書院，1965（昭和40），p.461.
(18)　同上書，p.1.
(19)　デューイ，宮原誠一訳『学校と社会』岩波書店，1957（昭和32）年，p.174.
(20)　同上書，p.183.
(21)　同上書，p.185.
(22)　同上書，pp.173－174.

あとがき

　本書『デューイの実験学校カリキュラムの研究』は、明星大学人文学研究科に提出し、受理された学位請求論文（教育学博士）をもとに、若干の加筆・修正を行ったものである。

　この実験学校は、1896年1月に、デューイによって大学近辺の民家を借りてスタートした。そして、本書では、1904年5月のデューイの辞任まで存続したものとして考察している。シカゴ大学附属小学校は今日においても存続しているが、いわゆる実験学校、すなわち、デューイがシカゴ大学に開設した実験学校はデューイがシカゴ大学を辞することになった1904年5月までと筆者は考え、それ以降の同校の実践は本書の視野には入れないことにした。

　この論文の構成等については「はしがき」で述べた通りである。

　そこで次に、この機会を利用して筆者自身のデューイ研究の歩みを記すことにしたい。すると、そのはじまりは筆者の大学時代という遠きに遡る。すなわち、大分大学教育学部に提出の筆者の卒業論文は『デューイの学習指導論』であり、そして同学部教育専攻科に提出の修了論文は『デューイ教育思想における生長の意味』と題するものであった。そして修了後、九州大学大学院教育学研究科に進学することになったが、そこに提出の修士論文は『デューイの教育目的論としての社会改造論とその教育方法論』と題するものであり、そして同大学院博士課程修了のために提出した特選題目研究論文は『デューイ教育学におけるカリキュラム構成の原理について』と題するものであった。このように、それぞれのタイトルは異なってはいる。しかし、戦後初期のわが国のデューイ受容の特質に問題を抱き、何とかしてデューイの教育方法面（カリキュラムや学習指導法）のよさをわが国の学校教育に導入したいとする願いは一貫していたように思う。本書も、実はこのような問題意識に支えられていたのである。

そして，この過程で多くの恩師や先輩等のお世話になった。とりわけ大分大学時代の野村新先生，そして九州大学大学院時代の岩橋文吉先生には言葉では尽くせぬほどのお世話になった。また，大学院時代から今日まで，当時大阪市立大学におられた牧野宇一郎先生（故人），大阪府立大学におられた竹内巧先生には一方ならぬお世話になった。そして，大学院修了後の研究生活において，わが国や欧米を中心とするそれこそ名前を挙げることができないほど多くのデューイ研究者やデューイ学会に所属する先生方（故人も含め）にお世話になった。ここに記して，心より感謝申し上げる次第である
　最後に，学位請求論文（教育学博士）の審査委員を務められた明星大学の佐々井利夫教授（主査），同・鯨井俊彦教授（副査），名古屋大学の早川操教授（副査）に対し，この場を借りて衷心より感謝申し上げる次第である。

　平成21（2009）年5月

高　浦　勝　義

著者紹介

高浦勝義

九州大学大学院博士課程修了。
現在：明星大学人文学部心理・教育学科教授，博士（教育学）。
1984年，日本デューイ学会研究奨励賞受賞。
著書：『生活科の考え方・進め方』黎明書房，1989年
　　　『生活科における評価の考え方・進め方』黎明書房，1991年
　　　『総合学習の理論』（編著）黎明書房，1997年
　　　『総合学習の理論・実践・評価』黎明書房，1998年
　　　『ポートフォリオ評価法入門』明治図書，2000年
　　　『学力低下論批判』（共編著）黎明書房，2001年
　　　『絶対評価とルーブリックの理論と実際』黎明書房，2004年
　　　『平成20年学習指導要領対応　生活科の理論』（共著）黎明書房，2009年
　　　『平成20年学習指導要領対応　生活科の授業づくりと評価』（共著）黎明書房，2009年，他多数。

デューイの実験学校カリキュラムの研究

2009年10月25日　初版発行

著　　者　　高　浦　勝　義
発　行　者　　武　馬　久仁裕
印　　刷　　藤原印刷株式会社
製　　本　　株式会社渋谷文泉閣

発　行　所　　株式会社　黎　明　書　房

460-0002　名古屋市中区丸の内3-6-27　EBSビル　☎052-962-3045
　　　　　　振替・00880-1-59001　ＦＡＸ 052-951-9065
101-0051　東京連絡所・千代田区神田神保町1-32-2南部ビル302号
　　　　　　☎03-3268-3470

落丁本・乱丁本はお取替えします。　　ISBN978-4-654-01831-4
ⓒ K.Takaura, 2009, Printed in Japan

高浦勝義・佐々井利夫著　　　　　　　　Ａ５判・191頁　1900円
平成20年学習指導要領対応　生活科の理論
生活科の目標，内容，学習指導，評価，生活科の発展としての総合的な学習の時間の意義と展開等，生活科の全体像を詳述。2000年刊，同名書籍の改訂版。

高浦勝義・佐々井利夫著　　　　　　　　Ａ５判・183頁　1800円
平成20年学習指導要領対応　生活科の授業づくりと評価
生活科の意義と特質，年間指導計画及び単元指導計画の作成，学習指導の実際的展開，生活科の評価活動の基本設計等を詳述。2000年刊，同名書籍の改訂版。

高浦勝義著　　　　　　　　　　　　　　Ａ５判・223頁　2500円
絶対評価とルーブリックの理論と実際
単元指導計画の作成から評価計画の立案，評価基準としてのルーブリックの作成等を，日米の実践を交えて説く，絶対評価の全体像がわかる一冊。

高浦勝義著　　　　　　　　　　　　　　Ａ５判・259頁　2600円
総合学習の理論・実践・評価
総合学習の意義，総合学習の基底原理，統合的カリキュラムの構想，学習指導・評価活動の展開等，総合学習の全体像を語る。

高浦勝義編著　　　　　　　　　　　　　Ａ５判・279頁　2600円
総合学習の理論
総合学習に焦点をあてた統合的なカリキュラムづくりと学習指導の改善を目指し，意義と進め方，評価のあり方，展開等を，第一線に立つ執筆陣が徹底追究。

加藤幸次・高浦勝義編著　　　　　　　　Ａ５判・248頁　2600円
学力低下論批判　子どもが"生きる"学力とは何か
「ゆとり」の教育は本当に学力低下を生み出しているのか。教育学研究の第一線で活躍する執筆陣が，真の学力とは何かを明らかにする。

論文集編集委員会編　　　　　　　　　　Ａ５判・296頁　3200円
学力の総合的研究
日本の学校教育のめざす「学力」とは何かを，高浦勝義氏他，国立教育政策研究所を中心とした，第一線で活躍する研究者らが徹底追究する。

※表示価格は本体価格です。別途消費税がかかります。

中野　光著　　　　　　　　　　　　　　　　　Ａ５判・384頁　8000円
学校改革の史的原像　「大正自由教育」の系譜をたどって
名著『大正自由教育の研究』発刊から40年。近代日本の学校改革の本質を歴史的に明らかにした著者渾身の労作。「東洋の先進国」をめざした日本の教育／他。

中野　光著　　　　　　　　　　　　　　　　　Ａ５判・305頁　6000円
大正自由教育の研究
大正自由教育運動は，どのような社会的・政治的背景の中で生まれたか，今日いかに評価されるべきかを鋭く論及した名著。復刊。

深谷昌志著　　　　　　　　　　　　　　　　　Ａ５判・312頁　7500円
昭和の子ども生活史
長年にわたり，子どもの調査研究に取り組んできた著者が，膨大な歴史資料に基づき，自らの生きた「昭和」の子どもの姿を描き出す。

西郷竹彦著　　　　　　　　　　　　　　　　　Ａ５判・368頁　7000円
宮沢賢治「二相ゆらぎ」の世界
宮沢賢治の作品に秘められた「二相ゆらぎ」の謎を，個々の作品を分析しながら総合的に解明し，賢治の世界観・人間観に迫った画期的な宮沢賢治論。

Ｖ．ローウェンフェルド著　竹内清他訳　　　　　Ａ５判・654頁　11000円
美術による人間形成　創造的発達と精神的成長
世界最高の権威ある名著"Creative and Mental Growth"の全訳。児童の発達段階に即し，一貫した美術教育の実際的・体系的な指導書。

Ｅ．Ｗ．アイスナー著　仲瀬律久他訳　　　　　Ａ５判・379頁　8800円
美術教育と子どもの知的発達
リード，アルンハイム，ローウェンフェルド等を批判し，教科において周辺的地位を強いられている美術教育に理論的根拠を与えた名著の完訳。

Ｈ．ガードナー著　仲瀬律久・森島慧訳　　　　Ａ５判・474頁　11000円
芸術，精神そして頭脳　創造性はどこから生まれるか
芸術教育研究の先端をいくガードナーの，芸術発達心理学の構築をめざした名著の完訳。偉大な学者たち／子どもの芸術的発達／教育とメディア／他。

※表示価格は本体価格です。別途消費税がかかります。

堀真一郎著　　　　　　　　　　　　　Ａ５判・281頁　2800円
増補 自由学校の設計　きのくに子どもの村の生活と学習
「隠れ里の自由学校」は，なぜ設立され，どのような実践を行っているのか。子どもたちの伸び伸びとした姿を，初版後の状況も補い詳しく紹介。

堀真一郎著　　　　　　　　　　　　　Ａ５判・303頁　2800円
ニイルと自由な子どもたち　サマーヒルの理論と実際
自由学校サマーヒル学園の実際の学習や生活から，ニイルの追究した教育理想を考察する。著者は，きのくに子どもの村学園長。新装・大判化。

Ａ．Ｓ．ニイル著　堀真一郎訳　　　　Ａ５判・244頁　2400円
問題の子ども
新版ニイル選集①／問題の子どもは，実は不幸な子どもであり，理解と愛の手がさしのべられるべき子どもであると主張。善と悪／愛と憎しみ／他。

Ａ．Ｓ．ニイル著　堀真一郎訳　　　　Ａ５判・256頁　2600円
問題の親
新版ニイル選集②／「問題の子どもというものは決してない。あるのは問題の親ばかりだ」という有名な言葉で始まる名著。親としつけ／他。

Ａ．Ｓ．ニイル著　堀真一郎訳　　　　Ａ５判・260頁　2600円
恐るべき学校
新版ニイル選集③／教師の外面的権威の排除，出欠自由の授業。ニイルの学校サマーヒルを人は「恐るべき学校」と呼ぶ。自治／子どもの味方になる／他。

Ａ．Ｓ．ニイル著　堀真一郎訳　　　　Ａ５判・232頁　2400円
問題の教師
新版ニイル選集④／威厳を保つために子どもを支配し，子どもを服従させようとしている教師に自覚と反省を迫る。教師とその自我／他。

Ａ．Ｓ．ニイル著　堀真一郎訳　　　　Ａ５判・281頁　2800円
自由な子ども
新版ニイル選集⑤／問題児を治療し，救済することにもまして大事なことは，問題児を作らない育児・教育である。本書は，このことを徹底的に明らかにする。

※表示価格は本体価格です。別途消費税がかかります。